U0513293

权威·前沿·原创

皮书系列为
"十二五""十三五"国家重点图书出版规划项目

金融法治建设蓝皮书

BLUE BOOK OF RULE OF
FINANCIAL LAW CONSTRUCTION

中国金融法治建设年度报告
（2016~2017）

ANNUAL REPORT ON CHINA'S RULE OF FINANCIAL LAW
CONSTRUCTION (2016-2017)

主　编／朱小黄
副主编／刘　建　罗　英　马丽仪　张微林

社会科学文献出版社
SOCIAL SCIENCES ACADEMIC PRESS（CHINA）

图书在版编目（CIP）数据

中国金融法治建设年度报告. 2016～2017 / 朱小黄
主编. －－北京：社会科学文献出版社，2018.10
　（金融法治建设蓝皮书）
　ISBN 978 - 7 - 5201 - 3654 - 9

　Ⅰ.①中… Ⅱ.①朱… Ⅲ.①金融法 - 研究报告 - 中
国 - 2016 - 2017 Ⅳ.①D922.280.4

　中国版本图书馆 CIP 数据核字（2018）第 232977 号

金融法治建设蓝皮书

中国金融法治建设年度报告（2016～2017）

主　　编／朱小黄
副主编／刘　建　罗　英　马丽仪　张微林

出 版 人／谢寿光
项目统筹／恽　薇　王楠楠
责任编辑／王楠楠

出　　　版／社会科学文献出版社·经济与管理分社（010）59367226
　　　　　　地址：北京市北三环中路甲 29 号院华龙大厦　邮编：100029
　　　　　　网址：www.ssap.com.cn
发　　行／市场营销中心（010）59367081　59367018
印　　装／三河市龙林印务有限公司

规　　格／开　本：787mm × 1092mm　1/16
　　　　　　印　张：19　字　数：287 千字
版　　次／2018 年 10 月第 1 版　2018 年 10 月第 1 次印刷
书　　号／ISBN 978 - 7 - 5201 - 3654 - 9
定　　价／98.00 元

皮书序列号／PSN B - 2017 - 633 - 1/1

摘　要

2016～2017 年，我国继续坚持金融改革与创新发展的方向，更加重视用法治手段推动金融更好地服务实体经济。银行、证券、保险、信托等领域的法律政策制定以及金融监管、金融司法等相关法律制度随着金融改革与创新发展进行了相应的调整。通过开展互联网金融（包括金融科技）风险整治、继续出台专门的金融消费者保护相关规范性文件、对侵害金融消费者的违法犯罪活动予以严厉处罚，对投资者和金融消费者予以保护。

《中国金融法治建设年度报告（2016～2017）》共分五个部分，第一部分是总报告，包括 2016～2017 年中国金融法治建设整体状况和中国金融改革与创新发展两个方面；第二部分是分报告，共三篇，分别详述了 2016～2017 年中国金融立法、中国金融监管与行政执法以及中国金融司法建设情况；第三部分是热点篇，研究了非法集资融资法律、金融科技法治和新型金融犯罪三个热点问题。第四部分是专题篇，包括中国金融安全法治战略构建、金融欺诈问题研究和洗钱犯罪问题研究三个专题；第五部分是附录，包括 2016～2017 年中国十大金融法治事件和相关金融法律法规。本报告紧扣我国金融法治建设现状、问题与研究热点，为促进我国金融业健康发展提供有力参考和决策支持。

关键词： 金融法治　金融改革　金融创新　风险整治　金融消费者保护

Abstract

From 2016 to 2017, China continued to adhere to financial reform and innovation development, and paid more attention to using the rule of law to promote finance to better serve the real economy. Legal and policy making in banking, securities, insurance, trust and other fields, as well as financial supervision, financial justice and other related legal systems have been adjusted accordingly with financial reform and innovation. By carrying out risk management of Internet finance (including financial technology), continuing to introduce special normative documents related to financial consumer protection, criminal activities against financial consumers have been severely penalized, and investors and financial consumers have been protected.

Annual Report on China's Rule of Financial Law Construction (2016 – 2017) is divided into five parts. The first part is the general reports, including the overall situation of China's rule of financial law construction in 2016 – 2017 and China's financial reform and innovation development; the second part is the sub-reports, including China's financial legislation, China's financial supervision and administrative law enforcement, and construction of China's financial law; the third part is key issues, which studies three hot issues of illegal fund-raising and financing, law of financial technology and new financial crime-related issues; the fourth part is the special topics, including China's Financial Security Situation, financial fraud and money laundering crime; the fifth part is the appendixes, including China's top 10 financial rule of law cases in 2016 – 2017 and related laws and regulations. The report closely follows the status quo, problems and research hot-spots of China's financial rule of law construction, and provides a reference and decision support for regulating the healthy development of China's financial industry.

Keywords: Financial Rule of Law; Financial Reform; Financial Innovation; Risk Management; Financial Consumer Protection

目 录

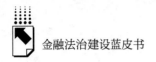
Ⅲ 热点篇

Ⅳ 专题篇

Ⅴ 附录

皮书数据库阅读**使用指南**

CONTENTS

I General Reports

II Sub-reports

III Key Issues

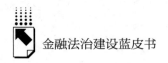
Ⅳ Special Topics

Ⅴ Appendices

总 报 告

General Reports

B.1

中国金融法治建设整体状况

摘 要： 2016~2017年，我国在银行、证券、保险、信托等领域的法律政策制定以及金融监管和金融司法，都比以往更加重视用法治手段推动金融更好地服务实体经济。同时，通过开展互联网金融（包括金融科技）风险整治、继续出台专门的金融消费者保护相关规范性文件、对侵害金融消费者的违法犯罪活动予以严厉处罚，对投资者和金融消费者予以保护。

关键词： 金融法治 法治保障 服务实体经济 金融消费者保护

---

* 董新义，法学博士，中央财经大学科技与金融法律研究中心主任，中央财经大学法学院副教授。主要研究方向为金融法、金融科技法制、民商法。Email：dongxinyi@cufe.edu.cn。

一 金融服务实体经济的政策法治保障

金融是现代经济的核心，金融关系到生产生活的方方面面，"金融搞好了，一着棋活，全盘皆活"。只有金融服务于实体经济，国民经济才能健康、快速、稳定地发展，而其根本的要求，就是有效发挥金融媒介资源配置的功能。为实体经济提供更好的金融服务，则要求降低流通成本，提高金融的中介效率和分配效率。2017 年 7 月 14～15 日，五年一度的全国金融工作会议在北京召开。习近平总书记指出，做好金融工作要把握好以下重要原则，其首要原则为：回归本源，服从服务于经济社会发展。金融要把服务实体经济作为出发点和落脚点，全面提升服务效率和水平，把更多金融资源配置到经济社会发展的重点领域和薄弱环节，更好地满足人民群众和实体经济多样化的金融需求。习近平总书记强调，金融是实体经济的血脉，为实体经济服务是金融的天职，是金融的宗旨，也是防范金融风险的根本举措。

在 2016～2017 年度，无论是 2017 年 7 月全国金融工作会议，还是 2017 年 10 月下旬召开的党的十九大报告都提出，提高金融服务实体经济的能力。国家在银行、证券、保险、信托等领域的法律政策制定以及金融监管和金融司法，都比以往更加重视用法治手段推动金融更好地服务实体经济。从整体来看，2016～2017 年度，银行、证券、保险和信托领域的金融服务实体经济政策法律保障工作主要体现在以下几个方面。

（一）开展确保整个金融业服务实体经济的法治保障工作

2016～2017 年度，为了更好地促进金融服务实体经济，国务院以及国务院多部门联合制定出台了许多政策和规范性文件，从以下几个方面对金融服务实体经济的法治保障做出了安排。

第一，为推动降低企业杠杆率提供政策法治保障。比如国务院发文[①]宣

---

① 2016 年 10 月 10 日，国务院发布了《关于积极稳妥降低企业杠杆率的意见》，并同时发布了《关于市场化银行债权转股权的指导意见》，标志着我国债转股在 17 年后正式重启。

布我国债转股正式重启。国家重新启动银行对企业债权转为股权，有利于降低企业杠杆率、防范和化解金融风险，而重启的主要原因是中国企业近年来较高的企业杠杆率以及增速过快的债务规模及债务负担，尤其是近年来引发关注的企业债务违约风险事件。按照现有法律法规，商业银行不能直接持有股权，只是"支持银行充分利用现有符合条件的所属机构，或允许申请设立符合规定的新机构开展市场化债转股"。正因为如此，商业银行债转股仍然面临亟须解决的困境，尤其需要注意防范商业银行"为债转股而债转股"①。"市场化"不能停留在表面机构及代持关系上，必须建立在真实业务的基础之上。为了将债转股"市场化"最大化，解决多层面的兜底问题，国务院发文明确了政府的责任范围，政府不得干预市场化债转股的具体事务，同时也不承担损失的兜底责任。

第二，为推动工业稳增长、调结构和增效益提供政策法治保障。例如，2016 年 2 月，央行等八部委联合发文②，强调工业是国民经济的主导力量，是实体经济的骨架和国家竞争力的基础。工业发展有助于稳定增长、调整结构、转变方式、加速创新。金融与实体经济（尤其是工业领域）休戚与共。金融工具的选择与创新将推动实体经济和工业发展，是壮大和发展金融业、防范金融风险的关键一步，并从六个方面对金融服务实体经济做出了要求。③

第三，为金融服务绿色产业发展提供政策法治保障。例如，2016 年 8 月，央行等七部委联合发文④，鼓励社会资本投入绿色产业，严格管控

---

① 即按照要求找到了名义上无关联关系，但实际控制的机构代持"股份"，原有债权关系并未转移，只是名义报表科目腾挪，真实债权性质及风险毫无变化。

② 2016 年 2 月，中国人民银行、国家发展改革委、工业和信息化部、财政部、商务部、银监会、证监会和保监会八部委联合印发了《关于金融支持工业稳增长调结构增效益的若干意见》。

③ 六个要求包括：第一，加强货币信贷政策支持，营造良好的货币金融环境；第二，加大资本市场、保险市场对工业企业的支持力度；第三，推动工业企业融资机制创新；第四，促进工业企业兼并重组；第五，支持工业企业加快"走出去"；第六，加强风险防范和协调配合。

④ 2016 年 8 月 31 日，中国人民银行、财政部等七部委联合印发了《关于构建绿色金融体系的指导意见》。

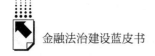
污染性投资。《"十三五"生态环境保护规划》明确提出"建立绿色金融体系"①，推动我国经济向绿色化转型，促进环保、新能源、节能等领域的技术进步，加快培育新的经济增长点，提升经济增长潜力。

第四，为科创企业发展提供政策法治保障。例如，2016 年 4 月 21 日，银监会、科技部、中国人民银行针对推动科技金融工作发展发文②。实践当中的投贷联动试点③为大批科技企业提供"创业投资 + 银行信贷"相结合的融资模式，助力科技型中小微企业走出融资难、融资贵的困境。

第五，多部委联合协同整治跨金融领域的"脱实向虚"问题。多年以来，我国金融业已进入混业经营时代，在此过程中形成的结构化金融泛滥、"金融体内循环"、"资金空转"现象，以及监管套利不断、金融"脱实向虚"和存在巨大风险的问题亟须得到治理。为此，我国金融监管部门显示出了协调监管的合作精神。最具代表性的合作范例是，2017 年 11 月 17 日《关于规范金融机构资产管理业务的指导意见（征求意见稿）》（以下简称《征求意见稿》）的发布④。《征求意见稿》的说明中指出，资管业务有利于满足居民财富管理需求、优化社会融资结构、支持实体经济。但由于同类资管业务的监管规则和标准不一致，也存在部分业务发展不规范、监管套利、

---

① "建立绿色金融体系"涵盖绿色评级、绿色信贷、绿色保险、绿色债券、绿色股票指数及其相关投资产品、绿色发展基金等内容。

② 2016 年 4 月 21 日，银监会、科技部、中国人民银行联合召开发布了《关于支持银行业金融机构加大创新力度开展科创企业投贷联动试点的指导意见》，这是贯彻落实中共中央办公厅、国务院办公厅《深化科技体制改革实施方案》的重大举措，也是支持国家自主创新示范区、深入推进科技金融工作、提升金融服务科技型中小微企业的重要探索。

③ 根据《关于支持银行业金融机构加大创新力度开展科创企业投贷联动试点的指导意见》，投贷联动是指银行业金融机构以"信贷投放"与本集团设立的具有投资功能的子公司"股权投资"相结合的方式，通过相关制度安排，由投资收益抵补信贷风险，实现科创企业信贷风险和收益的匹配，为科创企业提供持续资金支持的融资模式。第一批投贷联动试点地区包括北京中关村国家自主创新示范区、武汉东湖国家自主创新示范区、上海张江国家自主创新示范区、天津滨海国家自主创新示范区、西安国家自主创新示范区。第一批试点银行业金融机构共 10 家，涵盖政策性银行、国有大型商业银行、股份制商业银行、民营银行、外资银行、城商行等多种类型。

④ 2017 年 11 月 17 日，中国人民银行、银监会、证监会、保监会、外汇局联合发布了《关于规范金融机构资产管理业务的指导意见（征求意见稿）》。

产品多层嵌套、刚性兑付、规避金融监管和宏观调控等问题。《征求意见稿》将坚持以资管业务服务实体经济为根本目标，既充分发挥资产管理业务的功能，切实服务实体经济的投融资需求，又严格规范引导，避免资金脱实向虚在金融体系内部自我循环，防止产品过于复杂，加剧风险的跨行业、跨市场、跨区域传递。

（二）银行业服务实体经济的金融法治保障

长期以来，银行业一直在我国金融业发展中处于核心地位，作为间接金融最为核心的力量，银行业服务实体经济水平的高低直接决定着实体经济发展的景气度。基于此，2016～2017 年度，在银行业服务实体经济方面，我国法治工作做了如下努力，主要有以下几方面内容。

第一，银监会直接出台促进银行业服务实体经济的规范性文件。最为值得一提的是，2017 年 4 月 7 日中国银监会发布了《关于提升银行业服务实体经济质效的指导意见》（银监发〔2017〕4 号），一方面提出了总体要求，要求银行业金融机构按照风险可控、商业可持续原则，坚持以推进供给侧结构性改革为主线，深化改革、积极创新、回归本源、突出主业，进一步提高金融服务实体经济的能力和水平，并且按照突出重点、疏堵结合、内外发力、抓好落实的基本思路，从正向引导、改革创新、监管约束、外部环境、工作机制五个维度提出 24 项政策措施；另一方面又提出了十项重大工作。①

第二，对重大违法犯罪行为进行打击。为促进银行业更好地服务实体经济，银监会对破坏服务实体经济的违法行为进行了严厉打击。例如，2017 年 12 月 8 日，银监会重罚广发银行违规担保案，开出 7.22 亿元巨额

---

① 十项重大工作包括：1. 深入实施差异化信贷政策和债权人委员会制度；2. 多种渠道盘活信贷资源，加快处置不良资产；3. 因地因城施策，促进房地产市场长期稳健发展；4. 积极稳妥开展市场化债转股；5. 进一步提升服务质量，加强服务收费管理；6. 持续提升"三农"和小微企业金融服务水平；7. 大力支持国家发展战略，满足重点领域金融需求；8. 积极推动产业转型升级和支持振兴实体经济；9. 深入推进消费金融和支持社会领域企业发展；10. 加快发展绿色金融助力生态环境保护和建设。

罚单。① 广发银行在案发时存在公司治理薄弱等多方面问题，比如无视同业、理财等方面监管禁令，违规"兜底"，承诺保本保收益，不仅违反法律法规，扰乱同业市场秩序，更破坏了金融生态。此外，涉案机构还采取多种方式，违法套取其他金融同业的信用，为已出现严重风险的企业提供巨额融资，掩盖风险状况，致使风险扩大并在一部分同业机构之间传染，资金面临损失，削弱了这些金融机构服务实体经济的能力。

（三）证券业服务实体经济发展的法治保障

促进资本市场健康发展，健全多层次资本市场体系，对于加快完善现代市场体系、拓宽企业和居民投融资渠道、优化资源配置、促进经济转型升级具有重要意义。在资本市场发展中，坚持市场化和法治化取向至关重要。2016～2017 年，我国证券业服务实体经济发展的法治保障工作主要有以下内容。

第一，促进证券业支持贫困地区产业发展。需要重点提及的是，证监会于 2016 年 9 月 9 日发布了《关于发挥资本市场作用服务国家脱贫攻坚战略的意见》（以下简称《意见》）。《意见》是落实《中共中央国务院关于打赢脱贫攻坚战的决定》（中发〔2015〕34 号）和中央扶贫开发工作会议精神的重要举措。《意见》的贯彻和执行有利于发挥资本市场行业优势，更好地服务于国家的精准扶贫攻坚战略。针对贫困地区的资源、禀赋的劣势，有必要对贫困地区企业首次公开发行股票、新三板挂牌、发行债券、并购重组等

---

① 广发银行违规担保案件是一起银行内部员工与外部不法分子相互勾结、跨机构跨行业跨市场的重大案件，涉案金额巨大，牵涉机构众多，情节严重，性质恶劣，社会影响极坏，为近几年罕见。2016 年底，广发银行惠州分行员工与侨兴集团人员内外勾结、私刻公章、违规担保案发，涉案金额约 120 亿元，其中银行业金融机构约 100 亿元，主要用于掩盖该巨额不良资产和经营损失。最终，银监会对广发银行总行、惠州分行及其他分支机构的违法违规行为罚没合计 7.22 亿元。其中，没收违法所得 17553.79 万元，并处以 3 倍罚款 52661.37 万元，其他违规罚款 2000 万元。同时，还对其员工予以严厉处罚，对广发银行惠州分行原行长、2 名副行长和 2 名原纪委书记分别给予取消五年高管任职资格、警告和经济处罚，对 6 名涉案员工终身禁止从事银行业工作，对广发银行总行负有管理责任的高级管理人员也将依法处理。上述 6 名涉案员工已被依法移交司法机关处理。

开辟绿色通道。

第二，对破坏证券服务实体经济的证券违法犯罪行为严厉处罚。2016～2017年，证监会针对许多违反资本市场法治的违法行为给予了严厉处罚。例如，证监会给予违反虚假陈述规定、欺诈发行的欣泰电气直接退市的处罚，包括不得重新上市、冻结或限制发行人减持、承销商兴业证券先行赔付等措施。证监会对公司以及相关人员处以罚款1900余万元，给予公司董事长温德乙、刘明胜终身禁入证券市场，终身不得从事证券业务或担任上市公司董事、监事、高级管理人员职务的处罚。此外，欣泰电气承销商兴业证券及相关责任人也被罚没近5800万元，相关会计师事务所、律师事务所、评估公司也被予以严厉的行政处罚。

（四）保险业服务实体经济的法治保障

第一，出台保险业支持实体经济发展的法律文件。2017年5月4日，保监会发布了《关于保险业支持实体经济发展的指导意见》（保监发〔2017〕42号，以下简称《指导意见》），要求发挥保险业务和资金的独特优势，做实体经济服务者和价值的发现者；坚持改革创新的理念，适应实体经济发展的不同需求，不断创新保险产品、业务模式和保险资金运用方式，拓宽支持实体经济的渠道。《指导意见》要求积极构筑实体经济的风险管理保障体系，完善社会风险保障功能，发挥实体经济稳定器作用，积极发展企业财产保险、工程保险、责任保险、意外伤害保险等险种，为实体经济稳定运行提供风险保障。《指导意见》强调大力引导保险资金服务国家发展战略。支持供给侧结构性改革，紧紧围绕供给侧结构性改革和"去产能、去库存、去杠杆、降成本、补短板"的要求，积极发挥保险资金融通和引导作用。同时要求不断创新保险业服务实体经济形式；明确要求持续改进和加强保险监管与政策引导，逐步调整和优化比例及资本监管，注重风险实质判断。

第二，对保险业中破坏实体经济的违法行为进行处罚。这主要针对保险公司违法违规、触犯监管底线、破坏实体经济的行为予以严厉处罚。例如，2017年2月24日，保监会对前海人寿股份有限公司（以下简称前海人寿）予以了严厉处罚，由于前海人寿存在提供虚假材料、违规使用保险资金等重大违法事实，对时任董事长予以撤销前海人寿任职资格并禁入保险业 10 年的处罚。这主要是由于前海人寿在证券二级市场上违规收购并购上市实体企业，包括万科、南玻集团、南宁百货等多家企业，引起了监管机构的注意。

（五）司法机关积极参与金融服务实体经济的司法保障

在金融服务实体经济发展的法治保障中，司法机关尤其是人民法院的司法审判保障必不可少，异常关键。为此，2017 年 8 月 9 日最高人民法院出台了《进一步加强金融审判工作的若干意见》，该意见要求，要将服务实体经济作为出发点和落脚点，引导和规范金融交易。既要尊重经济、金融的发展规律，将金融服务实体经济作为价值本源，依法审理各类金融案件，也要依法保护能够实际降低交易成本、实现普惠金融、合法合规的金融交易模式。尤其需要注意的是，对于打着"金融创新"的名号，实则掩盖金融风险、规避金融监管、进行制度套利的金融违规行为，要以其实际构成的法律关系确定其效力和权利义务。对于以金融创新名义非法吸收公众存款或者集资诈骗，构成犯罪的，依法追究刑事责任。我们应当规范和促进直接服务实体经济的融资方式，拓宽金融与实体经济的对接渠道。依法保护融资租赁、保理等金融资本与实体经济相结合的融资模式，支持和保障金融资本服务实体经济；优化多层次资本市场体系的法治环境，满足多样化金融需求；准确适用保险法，促进保险业发挥长期稳健风险管理和保障的功能，妥善审理保险合同纠纷案件，依法保障各方当事人利益；依法审理互联网金融纠纷案件，规范发展互联网金融，依法认定互联网金融所涉具体法律关系，据此确定各方当事人的权利义务；加强新类型金融案件的研究和应对，统一裁判尺度。

二 对投资者与金融消费者的政策法治保障

国务院办公厅《关于加强金融消费者权益保护工作的指导意见》（国

办发〔2015〕81号）提出，金融消费者是金融市场的重要参与者，也是金融业持续健康发展的推动者。金融消费者权益的保障必须依赖金融法治，完善金融消费者保护法治环境，是防范和化解金融风险的重要内容，有助于提升金融消费者信心、维护金融安全与稳定、促进社会公平正义和社会和谐。而对于非属于金融消费者的投资者，大力保护投资者是金融市场自身改革创新和健康发展的基本前提，是金融市场服务实体经济发展的根本保障。同时，强化投资者保护有助于促进金融监管转型，有助于投资者信心的强化和金融市场的长治久安，推动金融市场在更高水平上规范持续健康发展。从本质上看，金融法治的一个核心原则便是金融消费者保护和投资者保护。

2016～2017年，为了更好地保护投资者和金融消费者的合法权益，金融监管部门和其他部门一起，在银行、证券、保险、信托和互联网金融行业政策法治方面，做出了巨大的努力，主要开展了以下工作。

（一）开展互联网金融（包括金融科技）风险整治以确保金融消费者利益

第一，针对过去几年在互联网金融领域出现的众多违法犯罪现象，鼓励和保护真正有价值的互联网金融创新，整治违法违规行为，切实防范风险，建立监管长效机制，促进互联网金融规范有序发展。2016年4月12日，国务院办公厅印发了《互联网金融风险专项整治工作实施方案》（国办发〔2016〕21号，以下简称《方案》），对互联网金融开展了专项整治活动。①

---

① 《方案》提出互联网金融风险整治的工作目标是，落实《关于促进互联网金融健康发展的指导意见》要求，规范各类互联网金融业态，优化市场竞争环境，扭转互联网金融某些业态偏离正确创新方向的局面，遏制互联网金融风险案件高发频发势头，提高投资者风险防范意识，建立和完善适应互联网金融发展特点的监管长效机制，实现规范与发展并举、创新与防范风险并重，促进互联网金融健康可持续发展，切实发挥互联网金融支持大众创业、万众创新的积极作用。《方案》也指出整治的工作原则是打击非法，保护合法；积极稳妥，有序化解；明确分工，强化协作；远近结合，边整边改。依据《方案》，全国开展了声势浩大的互联网金融风险整治工作。截至2018年1月10日，该项工作仍在进行。

《方案》明确了互联网金融风险整治的工作目标，同时详细规定了重点整治问题和工作要求，分别对 P2P 网络借贷和股权众筹业务、通过互联网开展资产管理及跨界从事金融业务、第三方支付业务、互联网金融领域广告等行为的重点整治问题和工作要求做出了安排；并要求采取严格准入管理、强化资金监测、建立举报和"重奖重罚"制度、加大整治不正当竞争工作力度、加强内控管理和用好技术手段等整治措施。

第二，完善了互联网金融的自律管理。具有代表性的事件是 2016 年 3 月 25 日，中国互联网金融协会在上海成立。这主要是为了鼓励金融创新，促进互联网金融健康发展，明确自律监管责任，规范市场秩序。中国互联网金融协会作为全国性互联网金融行业自律组织，通过充分发挥行业自律机制，从而在规范从业机构市场行为和保护行业合法权益等方面发挥了积极作用。

第三，针对金融科技中的违法行为进行监管，以保护投资者的合法权益。例如，2017 年 9 月 4 日，中国人民银行、中央网信办、工业和信息化部、工商总局、银监会、证监会和保监会共同发布《关于防范代币发行融资风险的公告》。该公告发布的背景是，国内通过发行代币形式包括首次代币发行（ICO）进行融资的活动大量出现，投机炒作盛行，涉嫌从事非法金融活动，严重扰乱了经济金融秩序，这是贯彻落实全国金融工作会议精神、保护投资者合法权益、防范化解金融风险的重大措施。

第四，监管部门还针对校园贷和现金贷等进行了整治。一是 2017 年 5 月 27 日，中国银监会、教育部、人力资源和社会保障部三部门联合印发了《关于进一步加强校园贷规范管理工作的通知》。该通知按照"疏堵结合、打开正门、扎紧围栏、加强治理"的总体思路，在前期与教育部、工业和信息化部、公安部、国家工商总局等部门合力出台制度举措的基础上，进一步完善顶层监管制度设计，完善了校园贷的相关监管制度。二是整顿现金贷。2017 年 12 月 1 日，国家互联网金融风险专项整治、P2P 网贷风险专项整治工作领导小组办公室发布《关于规范整顿

"现金贷"业务的通知》，提出统筹监管，并对网络小额贷款展开清理整顿工作。①

（二）继续出台专门的金融消费者保护相关规范性文件

第一，2016 年 12 月 27 日，中国人民银行印发了《中国人民银行金融消费者权益保护实施办法》，重点强调金融消费者个人金融信息保护问题，金融机构应采取有效措施确保个人金融信息安全，按期排查个人金融信息安全隐患。金融机构及其相关工作人员应当对业务过程中知悉的个人金融信息予以保密，不得以非法形式泄露个人金融信息。相关金融机构应当着手建立个人金融信息数据库分级授权管理机制，根据个人金融信息的重要性、敏感度及业务开展需要，在不影响其履行反洗钱等法定义务的前提下，合理确定本机构员工调取信息的范围、权限及程序。金融机构通过格式条款取得个人金融信息书面使用授权或者同意的，应当在条款中明确该授权或者同意所适用的向他人提供个人金融信息的范围和具体情形，并应当在协议的醒目位置使用通俗易懂的语言明确向金融消费者提示该授权或者同意的可能后果。金融机构不得以概括授权的方式，索取与金融产品和服务无关的个人金融信息使用授权或者同意。金融机构保护消费者个人金融信息安全的义务不因其与外包服务供应商合作而转移、减免。

第二，2016 年 12 月 12 日，中国证监会发布和实施了《证券期货投资者适当性管理办法》（以下简称《办法》）。《办法》于 2017 年 7 月 1 日起正式实施。正如证监会对出台《办法》的说明，《办法》的制定是落实习近平同志"加快形成融资功能完备、基础制度扎实、市场监管有效、投资者合法权益得到充分保护的股票市场"重要指示精神和国务院有关文件部署，

---

① 《关于规范整顿"现金贷"业务的通知》指出，小额贷款公司监管部门暂停新增批设网络（互联网）小额贷款公司；暂停新增批小额贷款公司跨省（区、市）开展小额贷款业务；已经批准筹建的，暂停批准开业。小额贷款公司的批设部门应符合国务院有关文件规定；对于不符合相关规定的已批设机构，要重新核查业务资质；同时暂停发放无特定场景依托、无指定用途的网络小额贷款，逐步压缩存量业务，限期完成整改。未依法取得经营放贷业务资质，任何组织和个人不得经营放贷业务。

以及"依法监管、从严监管、全面监管"工作要求的重要举措，标志着我国资本市场投资者合法权益保护的基础制度建设又向前迈进了重要一步。《办法》是适当性管理的"母法"，不仅明确了投资者分类、产品分级、适当性匹配等适当性管理各环节的标准或底线，也归纳整合了各市场、产品、服务的适当性相关要求，成为各市场、产品、服务适当性管理的基本依据。《办法》从投资者分类、金融产品分级、经营机构适当性匹配以及监管措施和法律责任等方面，全面、系统地阐述了投资者适当性管理制度。《办法》极大地完善了现有投资者适当性制度体系，体现了落实"依法监管，从严监管，全面监管"的要求，是我国资本市场法制建设的重要一步。

第三，加强私募投资基金的规制以保障投资者的合法权益。2017 年8 月 30 日，国务院法制办公室发布了《私募投资基金管理暂行条例（征求意见稿）》，共计 11 章 58 条，分别从私募基金管理人和托管人的职责、资金募集、投资运作、信息提供、行业自律、监督管理、法律责任等方面确立了监管规则。征求意见已于 2017 年 9 月 30 日结束，截至 2018 年10 月 1 日，《私募投资基金管理暂行条例》尚未正式出台。上述征求意见稿整合了现行与私募基金相关"一法三规五办法三指引"。具体来讲，"一法"是指《证券投资基金法》；"三规"是指《私募投资基金监督管理暂行办法》《证券期货经营机构私募资产管理业务运行管理暂行规定》《证券期货投资者适当性管理办法》；"五办法"是指《私募投资基金登记和备案管理办法》《私募投资基金募集行为管理办法》《私募投资基金信息披露管理办法》《基金从业资格考试管理办法（试行）》《私募投资基金服务业务管理办法（试行）》；"三指引"是指《私募投资基金合同指引》《私募投资基金管理人内部控制指引》《基金募集机构投资者适当性管理实施指引（试行）》，以及中国证券投资基金业协会制定的《私募基金等级备案相关问题解答》等其他行业规范性文件的相关规定。未来《私募投资基金管理暂行条例》的正式出台，对于规范私募投资基金活动、保护投资者及相关当事人的合法权益、促进私募投资基金行业健康规范发展具有重大意义。

（三）严重侵害金融消费者的违法犯罪活动受到最严厉的惩罚

2016～2017年度，金融监管机构的强监管态势显现，一批重大的侵害投资者和金融消费者的违法犯罪案件受到史上最为严厉的惩罚，比较有代表性的事件列举如下。

第一，证监会针对鲜言操纵股价一案做出"天价"处罚。在鲜言案件中，鲜言主要通过利用集中资金优势、持股优势、信息优势连续买卖，在自己实际控制的证券账户之间交易，以虚假申报等方式，影响"多伦股份"交易价格和交易量，违法所得共计约5.78亿元，严重侵害投资者合法权益，扰乱证券市场秩序。交易行情显示，2014年1月17日至2015年6月12日，"多伦股份"股价涨幅为260%，同期上证指数涨幅为155.29%。2017年3月30日，证监会对鲜言正式下发行政处罚决定书，针对鲜言操纵"多伦股份"的证券市场价格操纵行为，做出了没收鲜言违法所得5.78亿元，并处以28.92亿元罚款的行政处罚。同时，对鲜言信息披露违法行为，给予警告，并处以60万元罚款。值得一提的是，此次处罚成为证监会对单个自然人罚没金额最大的一次。

第二，"e租宝"互联网金融犯罪案件终审宣判。针对安徽钰诚控股集团、钰诚国际控股集团有限公司以及被告人丁宁、丁甸、张敏等26人集资诈骗、非法吸收公众存款、严重侵害投资者合法权益和扰乱金融秩序的案件（即"e租宝"案件），经过两级法院审理，最终以集资诈骗罪、走私贵重金属罪判处钰诚国际控股集团有限公司罚金人民币18.03亿元；对安徽钰诚控股集团以集资诈骗罪判处罚金人民币1亿元；对丁宁以集资诈骗罪、走私贵重金属罪、非法持有枪支罪、偷越国境罪判处无期徒刑，剥夺政治权利终身，并处没收个人财产人民币50万元，罚金人民币1亿元；对丁甸以集资诈骗罪判处无期徒刑，剥夺政治权利终身，并处罚金人民币7000万元。同时，分别以集资诈骗罪、非法吸收公众存款罪、走私贵重金属罪、偷越国境罪，对张敏等24人判处有期徒刑3年至15年不等刑罚，并处剥夺政治权利及罚金。"e租宝"案件的宣判，也是一次生动的投资者教育。

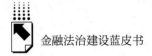

　　第三，赵薇夫妇因上市公司杠杆收购违规被处罚。从处罚告知书看出，由赵薇控股的龙薇传媒在自身境内资金准备不足、相关金融机构融资尚待审批、存在极大不确定性的情况下，以空壳公司收购上市公司，且贸然予以公告，对市场和投资者产生严重误导。2017 年 11 月 9 日，为了维护证券市场秩序，保护投资者的合法权益，中国证监会对上海证券交易所上市公司万家文化（目前已更名为祥源文化）做出行政处罚及市场禁入事先告知书。2018 年 4 月 16 日，中国证监会正式公布了行政处罚决定：对黄有龙、赵薇、孔德永分别予以 5 年证券市场禁入措施；同时，对万家文化、龙薇传媒责令改正，给予警告，并分别处以 60 万元罚款；对孔德永、黄有龙、赵薇、赵政给予警告，并分别处以 30 万元罚款。

B.2

中国金融改革与创新发展

罗 勇[*]

摘　要：　2016～2017 年，中国继续坚持金融改革与创新发展的方向，金融相关法律制度也随着金融改革与创新发展进行了相应的调整。其中突出的特点是：着眼社会经济发展，加大金融创新力度，进一步规范了普惠金融、金融科技和绿色金融发展；落实了开发性、政策性金融机构改革方案；加大支持科技创新力度，推动投贷联动创新试点；坚持稳中有序推进，进一步推进金融改革开放；放宽境外金融机构的市场准入限制；积极发展债券市场，扩大债券融资规模；加大多种方式金融创新力度，继续推进人民币国际化，完善各类金融市场规制；大力整治金融乱象，加强互联网创新金融监管。

关键词：　金融改革　金融创新　普惠金融　绿色金融　金融科技

2016～2017 年中国金融改革与创新发展

2016～2017 年，中国继续坚持金融改革与创新发展的方向，金融相关法律制度也随着金融改革与创新发展进行了相应的调整。在"降杠杆"、加强监管防范风险的同时，也着眼社会经济发展，加大金融创新力度，颁布了有关推进普惠金融、金融科技和绿色金融发展的规范制度，其中推动投贷联

---

* 罗勇，银旗资本创始人、董事长，主要研究方向为金融科技、产业金融、文化产业等。

动创新试点便是以规范支持金融创新、加大支持科技创新力度的有力措施；另一方面，中国积极面向全球化，坚持稳中有序推进，进一步推进金融改革开放，对境外金融机构的市场准入放松了限制，并加强了管理，颁布了多项法律规定，以多种方式积极发展债券市场，扩大债券融资规模，并加大多种方式金融创新，继续推进人民币国际化，完善各类金融市场规制。此外，对于金融创新，大力整治金融乱象，加强互联网创新金融监管。

一 着眼社会经济发展，加大金融创新力度

（一）规范发展普惠金融、金融科技和绿色金融

1.推进普惠金融，积极推进金融扶贫

（1）确立国家层面普惠金融实施战略

2016 年 1 月 15 日，国务院印发《推进普惠金融发展规划（2016～2020年)》（以下简称《规划》），这是我国首个发展普惠金融的国家级战略规划，《规划》明确了普惠金融的概念和普惠金融重点服务对象，同时确立了推进普惠金融发展的指导思想、基本原则和发展目标等重要内容。《规划》明确了普惠金融的概念，中国的普惠金融概念既强调民众获取金融服务的机会平等，也要求普惠金融遵循商业可持续原则，其目标是以可负担的成本为各阶层提供适当有效的金融服务。我国普惠金融发展迅速，《规划》针对我国普惠金融不均衡、不健全、不完善等诸多问题与挑战，对我国普惠金融发展做出了全面的规划。基于国家战略，要统筹兼顾，根据普惠金融服务需求变化趋势，金融监管部门将适时调整完善金融管理政策，以有效地调配金融资源，使普惠金融能获得更多的支持。

一是确定了我国普惠金融较高的目标。到 2020 年，建立与党中央所确立的全面建成小康社会相适应的普惠金融服务和保障体系，并且使我国普惠金融居于国际中上游发展水平。同时确立了实现较高水平普惠金融的三个衡量标准，即有效提高满足人民群众日益增长金融服务的可得性、获得感和满

意度。

二是注重发挥传统金融和创新金融"双轮驱动"合力。《规划》紧密联系金融产业特点和金融创新的发展，推动金融机制、组织机构和产品服务的创新以提高普惠金融水平。通过市场化方式积极发挥传统金融机构和各类新型金融组织机构的积极性和创造性，通过政策引导各类金融机构和组织结合自身特点开展普惠金融，尤其是推动各类金融机构积极将网点和服务下沉到基层。同时，尤其鼓励金融机构借助互联网、大数据、云计算等新兴信息技术创新产品和服务方式，拓展普惠金融服务的广度和深度。

三是特别强调法律和基础设施的建构。完善的金融基础设施建设有助于改善普惠金融发展环境，有利于提高金融机构服务效率和质量，优化金融资源均衡分布，因此《规划》强调加强金融基础设施建设，尤其是要鼓励银行机构和非银支付机构推进农村支付环境建设，建立健全普惠金融信用信息体系和普惠金融指标体系，以便更好地引导各类金融服务主体开展普惠金融服务。同时，《规划》要求逐步制定和完善系统性的普惠金融相关法律法规，健全普惠金融消费者权益保护法律体系，确保普惠金融服务的法治化水平，更好地发挥政策引导和激励作用。

（2）建立金融精准扶贫机制

依照中央精神，为落实中央扶贫开发工作会议和《中共中央　国务院关于打赢脱贫攻坚战的决定》（中发〔2015〕34 号）精神，中国人民银行、国家发展改革委、财政部、银监会、证监会、保监会、扶贫办于 2016 年 3 月 16 日联合印发了《关于金融助推脱贫攻坚的实施意见》（以下简称《意见》）。《意见》要求紧紧围绕"精准扶贫、精准脱贫"基本方略，结合各类金融机构的特点积极推进普惠金融规划实施和精准扶贫，以全面改进和提升扶贫金融服务，增强扶贫金融服务的精准性和有效性，完善了金融精准扶贫顶层设计，建立金融精准扶贫工作机制，《意见》提出的金融助推脱贫攻坚的具体措施主要如下。

一是加强基础信息梳理，精准对接脱贫攻坚多元化融资需求。通过明晰信息规划等方式找准金融支持的切入点，针对扶贫地区和扶贫特色产业，通过精准对接贫困地区发展规划等信息、梳理精准扶贫项目金融服务需求清单等方式，精准对接贫困地区发展规划和特色产业。对贫困户实行"一户一档"建档立卡，深入了解贫困户的基本生产、生活和金融服务需求等信息。积极开展扶贫金融服务主办行制度、订单质押、仓单质押等金融产品和服务方式创新。

鼓励金融机构发放扶贫小额信用贷款、创业担保贷款、农户联保、助学贷款等，加大对建档立卡贫困户的精准支持，精准对接贫困人口就业就学金融服务需求，增强贫困户自我发展能力。加强开发性、政策性金融机构与商业性、合作性金融机构的协调配合，精准对接易地扶贫搬迁金融服务需求，做好与易地扶贫搬迁项目的对接。同时，加大对安置区贫困人口直接或间接参与后续产业发展的各项金融支持和监测考评。

利用多种融资工具精准对接贫困地区基础设施、民生工程建设等重点项目，对连片特困地区、革命老区、民族地区、边疆地区等重点地区的金融需求给予倾斜，夯实贫困地区经济社会发展基础。

二是加大金融基础设施建设，大力推进贫困地区普惠金融发展。加强贫困地区支付基础设施建设，深化农村支付服务环境建设，推动支付服务进村入户。加强政策扶持，推动结算账户、支付工具、支付清算网络等在贫困地区的应用，提升贫困地区基本金融服务水平。鼓励探索利用移动支付、互联网支付等新兴电子支付方式开发贫困地区支付服务市场，填补其基础金融服务空白。

探索农户基础信用信息与建档立卡贫困户信息的共享和对接，完善贫困地区金融信用信息基础数据库，加强农村信用体系建设，促进贫困地区信用与信贷联动。强化贫困地区金融消费者教育和权益保护，加大金融知识普及，完善多元化纠纷调解机制，配合有关部门严厉打击金融欺诈、非法集资等非法金融活动，保障贫困地区金融消费者合法权益。

三是大力推进贫困地区普惠金融发展。针对贫困地区的特点，尤其要重视深化农村支付服务环境建设和农村信用体系建设，这样才能有利于促进信用与信贷联动，为贫困地区发展脱贫提供良好的基础。另外，加强金融消费者教育和权益保护，尤其是要配合有关部门严厉打击金融欺诈、非法集资等非法金融活动，以维护贫困地区良好的金融秩序。

四是加强组织机构建设，发挥各类金融机构助推脱贫的主体作用。开发性、政策性金融要完善内部机构设置，加快设立"扶贫金融事业部"，发挥好在精准扶贫中的作用。大中型商业银行要下沉金融服务重心，稳定和优化县域基层网点设置，完善商业性金融综合服务。鼓励深化三农金融事业部改革，通过委托贷款、增加授信等方式增加贫困地区有效信贷投放。

强化农村中小金融机构支农市场定位，依托网点多、覆盖广的优势，发挥好农村金融服务主力的作用。通过推进农村信用社改革、规范发展小额贷款公司、农民资金互助组织等，完善贫困地区多层次农村金融服务组织体系。完善贫困地区上市企业后备库，加强对贫困地区企业的上市辅导培育和孵化力度，鼓励和支持发行企业债券、公司债券等债务融资工具，拓宽贫困地区企业融资渠道。

鼓励保险机构建立健全乡、村两级保险服务体系，鼓励保险机构建立健全针对贫困农户的保险保障体系，创新发展精准扶贫保险产品和服务，扩大贫困地区农业保险覆盖范围。支持贫困地区金融机构建设创新型互联网平台，以新兴金融业态支持精准扶贫，多渠道提供金融服务。

五是加强各项政策协调，完善精准扶贫金融支持保障措施。通过设立扶贫再贷款、加大再贴现支持力度等方式，发挥多种货币政策工具的引导作用，引导金融机构扩大贫困地区涉农和小微企业信贷投放。有效整合各类财政涉农资金，加强金融与财税政策协调配合，充分发挥财政政策对金融资源的支持和引导作用，健全和完善贫困地区农村金融服务的正向激励机制，引导更多金融资源投向贫困地区。

根据贫困地区金融机构贷款的风险、成本和核销等具体情况，实施差异化监管政策，推行和落实信贷尽职免责制度，对不良贷款比率实行差异化考核，优化银行机构考核指标，适当提高贫困地区不良贷款容忍度。

六是加强组织领导，完善脱贫金融服务工作机制。加强组织领导，建立和完善脱贫攻坚金融服务工作联动机制，加强政策互动、工作联动和信息共享。开展金融扶贫示范区创建活动，发挥示范引领作用。中国人民银行及时出台脱贫攻坚金融服务专项统计监测制度，完善涵盖货币政策工具运用效果、信贷投放、信贷产品、利率和基础金融服务信息的监测体系，强化扶贫金融监测机制。

建立脱贫攻坚金融服务专项评估制度，将对金融机构的评估结果纳入中国人民银行分支机构综合评价框架内，作为货币政策工具使用、银行间市场管理、新设金融机构市场准入、实施差异化金融监管等的重要依据，增强脱贫攻坚金融政策的实施效果，强化政策导向。

2016 年 5 月 25 日，五部门联合印发《关于加强金融精准扶贫信息对接共享工作的指导意见》，推进扶贫基础信息对接共享，促进金融扶贫信息精准匹配和精准采集，加强对金融精准扶贫工作的数据支持。

（3）建立了资本市场服务扶贫的实施方案

2016 年 9 月 9 日，证监会公开发布了《关于发挥资本市场作用服务国家脱贫攻坚战略的意见》和实施方案，该实施方案强调要贯彻中央精准扶贫基本方略，发挥资本市场优势，从政策支持、引导行业机构参与、加强定点扶贫工作等方面提出全面服务扶贫的措施。其突出特点是，一是强调以制度创新为动力，形成多层次、多渠道、多方位的精准扶贫工作格局，在不降低发行条件和审核标准的前提下，对全国 592 个贫困县企业首次公开发行（IPO）、"新三板"挂牌、发行债券、并购重组等开辟绿色通道，实行"即报即审、审过即发"的政策。二是支持和鼓励上市公司、证券基金经营机构和期货公司等资本市场主体通过采用特定帮扶、创新产品等多种方式履行社会责任，服务国家脱贫攻坚战略。

2. 构建绿色金融体系，促进经济可持续发展

结合党中央加快推进生态文明建设的总体部署，绿色经济和绿色金融越来越受到重视。2016 年 8 月 31 日，中国人民银行、财政部、国家发展和改革委员会、环境保护部、中国银行业监督管理委员会、中国证券监督管理委员会、中国保险监督管理委员会联合印发了《关于构建绿色金融体系的指导意见》（银发〔2016〕228 号），从经济可持续发展全局出发，对建立健

全绿色金融体系做了全面的规范。随着中国和全球经济的新发展，需要更有效地抑制污染性投资，并动员和激励更多社会资本投入绿色经济，因此构建绿色金融体系，不仅有助于加快我国经济向绿色化转型，也有利于促进环保、新能源、节能等绿色经济和科技进步，加快培育新的经济增长点。该指导意见提出了打造绿色信贷政策体系，发挥资本市场优化资源配置功能，支持和促进绿色经济发展和生态文明建设；首次从部委层面确立了绿色金融的概念，并将绿色信贷与银行、绿色资本市场、绿色保险等绿色金融的多种形式纳入一个统一的框架中，明确规定了构建绿色信贷制度框架、绿色信贷统计制度、绿色金融交流合作机制，以及绿色金融和风控制度等。尽管该指导意见还只是一个相对宏观的指引，但为我国绿色金融的发展确立了基本框架，有利于我国绿色环保权益交易市场的培育和创新的绿色金融标准的建立。

2016 年 9 月 G20 杭州峰会首次将绿色金融纳入议题，在轮值主席国中国的倡议下，G20 设立了绿色金融研究小组，随后发布了《G20 绿色金融综合报告》，明确提出要扩大全球的绿色投融资，从七个方面对绿色金融的发展问题和挑战进行了梳理，并对推进绿色金融发展的措施进行了深入研究。

（二）落实开发性、政策性金融机构改革方案

2015 年由中国人民银行会同有关单位提出的中国三大政策性银行改革方案正式获得批准。为进一步强化开发性、政策性金融的功能作用。根据国家开发银行、中国进出口银行和中国农业发展银行改革实施总体方案的要求，中国人民银行会同有关单位加快推进三家银行章程修订工作，2016 年 11 月，三家银行的章程获国务院批准同意。此次修订以改革方案为指导，围绕服务国家战略，明确和细化了改革方案提出的主要改革任务和措施，修订后的章程明确了三家银行的组织架构、党的领导、职责定位、业务范围及经营管理等事项，主要特点如下。

一是明确职能定位，突出开发性和政策性金融的特色。章程修改与改革方案所确定的机构定位一致，三家银行章程最显著的特征是增设开发性或政

策性金融专章，明确国开行定位于开发性金融机构，农发行和进出口银行定位于政策性银行，同时在市场定位、业务范围、支持领域等方面充分体现了开发银行、政策性银行的特殊功能。

二是明确三家银行治理结构，确定职责分工。章程借鉴国际上普遍由政府向开发性、政策性金融机构派驻董事的做法和经验，明确三家银行董事会均由三部分人员构成，包括国务院有关部委选派的部委董事、银行高管层的执行董事、股东单位选派的董事。同时强化了董事会在经营发展战略、年度规划、重大项目决策、经营管理重大事项、业务范围调整等方面的作用，以优化治理结构，保障科学决策。

三是突出问题导向，进一步明确监管要求。针对以前三家银行没有专门的监管制度，这是首次制定三家银行的监管基本制度。针对三家银行经营管理中的重点和薄弱环节提出相应的监管要求，章程明确了三家银行建立以资本充足率为核心的约束机制，其中国开行根据开发性业务和商业性业务客观的风险权重，进出口银行和农发行根据政策性业务和自营性业务客观的风险权重，均实行加总统一的风险加权资本充足率约束，比照非系统重要性银行按照 10.5% 的资本充足率标准进行监管。

（三）加大支持科技创新力度，推动投贷联动创新试点

为推进创新试点，加大金融支持科技的力度，为支持和保障科创企业发展提供政策法治保障，2016 年 4 月 21 日，银监会与科技部、中国人民银行联合发布《关于支持银行业金融机构加大创新力度开展科创企业投贷联动试点的指导意见》（银监发〔2016〕14 号）。该办法采取小范围试点的方式来推进，首先在几个重要的国家自主创新示范区试用，北京中关村、武汉东湖、上海张江、天津滨海及西安 5 个国家自主创新示范区成为该政策首批试点地区。该意见的出台，突出了改革为导向，努力探索既符合中国国情，又适合科创企业发展的新金融服务模式。推进银行业投贷联动试点，使得银行首次可以"信贷投放"与"股权投资"相结合的方式来给科创企业的发展提供多种融资服务，这种有益尝试既有利于助推科创企业的发展，也有利于

促进商业银行业务创新和自身转型发展。

（1）首次明确规定了投贷联动业务模式。该意见首次明确了投贷联动的业务模式，首先是明确了投贷联动的实施主体，指的是既具有开展放贷业务的银行业金融机构又具有投资业务的子公司的金融集团才能开展投贷联动业务。该业务模式是银行业金融机构以"信贷投放"与本集团设立的具有投资功能的子公司"股权投资"相结合的方式，为科创企业提供各个阶段持续资金支持的融资模式。通过开展投贷联动试点，政策的重点目标是推动银行业金融机构基于科创企业成长周期前移金融服务，为种子期、初创期、成长期的各类科创企业提供资金支持，从而有效增加科创企业金融供给总量。

（2）明确界定投贷联动业务试点范围。该办法明确规定了试点适用对象、金融机构和试点区域的范围及条件，来开展科创企业投贷联动业务。试点确定了不同利益相关方的标准：一是科创企业的"高新"标准。符合指导意见所称试点对象的科创企业须满足高新技术企业认定条件、纳入地方政府风险补偿范畴和经银行业金融机构审慎筛查后认定。二是试点银行业金融机构的"良好"和"专业"标准，"良好"标准要求银行业金融机构公司治理完善，风险管控能力较强，具有健全投贷之间风险"防火墙"等风控措施。"专业"标准则要求银行业金融机构具有开展投贷联动业务的战略规划、实施等的专业人才和业务创新能力等。另外，试点地区则强调了科技资源和创新创业生态系统，并要求有较大的地方政府对科技创新的支持力度和较完善的管理及服务政策体系等。

（3）创新建立系统的业务管理与组织机制。对于投贷联动业务，银监会强调通过相关制度安排，由投资收益抵补信贷风险，实现科创企业信贷风险和收益的匹配。尤其是较之于传统的业务，监管部门对试点业务设置了更高的风险容忍度和风险分担及不良资产处置等机制，并加大了创新的力度。试点业务建立了创新的业务流程，除了在客户评价、业务模式、风险缓释方式、贷款额度和期限确定、还款方式等方面大力开展创新外，同时也对担保等进行创新，拓宽抵质押品范围，开发知识产权质押、股权质押等适合科创企业的担保方式，从而有利于鼓励金融机构加大对科创企业的支持。

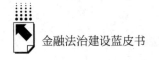

二 坚持稳中有序推进，进一步推进金融改革开放

推进金融机构和金融市场改革开放，始终坚持通过深化改革开放来增强金融发展的活力和动力。

（一）放宽境外金融机构的市场准入限制

1. 放宽外资进入银行业比例限制

我国将逐步放宽外资进入金融业的比例限制，积极促进金融业进一步扩大对外开放。2017 年 12 月 28 日，银监会发布了《中国银监会关于修改〈中国银监会外资银行行政许可事项实施办法〉的决定（征求意见稿）》，该办法的修改拟根据我国金融业对外开放的需要，改革行政审批制度，扩大外资银行的开放程度，修改的主要内容如下。

一是明确了外资法人银行股权投资中国银行业金融机构的法律依据。增加了关于外资法人银行投资设立、入股境内银行业金融机构的许可条件、程序和申请材料等；二是放松了外资银行业务管制，取消了外资银行开办代客境外理财业务和托管业务、证券投资基金托管业务等四项业务的审批，而改为实行报告制。简化高管资格审核程序和要求；三是进一步统一中外资银行市场准入标准，合并支行筹建和开业审批程序，仅保留支行开业审批等事项。

2. 放宽了外资私募证券基金的准入

为扩大开放，兑现我国资本市场对外开放承诺，2016 年 6 月 30 日，经证监会同意，中国证券投资基金业协会发布了《私募基金登记备案相关问题解答（十）》，明确了外资私募证券基金管理人登记政策，允许外商独资和合资私募证券基金管理机构在基金业协会登记后，在中国境内开展私募证券基金管理业务，依照该规定，明确了开展私募证券基金管理业务的主体资格、登记条件、要求和流程。首先要求外资私募证券基金管理人应为公司制法人，而不能采取合伙形式，并且其境外股东需为获得当地金融监管部门许可的金融机构，其所在国家或地区的证券监管机构与证监会签订了 MOU。

其次，需在境内设立机构，不得跨境资本流动，并向中国基金业协会申请私募基金管理人登记。

3. 稳步有序开放银行卡清算市场

近年来，我国银行卡业务规模增长快速，截至 2017 年末，全国银行卡在用发卡数量近 70 亿张，交易金额近 800 万亿元，同时银行卡多样化和创新性发展。随着银行卡清算市场各项制度的建立和完善，国内银行卡清算市场将呈现主体多元化发展趋势，对银行卡清算服务提出更高要求。为深化金融改革开放、健全市场化支付服务机制，2016 年 6 月，中国人民银行会同银监会制定发布《银行卡清算机构管理办法》，这是落实 2015 年国务院印发《关于实施银行卡清算机构准入管理的决定》、全面开放人民币银行卡清算市场的实施细则，确立了银行卡清算市场开放和机构准入的基础制度安排。

一是设立了银行卡清算机构较高的准入门槛。规定内外资银行卡清算机构适用同等准入条件和程序，规定了筹备、开业、机构变更等环节的程序与要求，为确保具备稳健经营能力的机构进入市场，对资金实力设置了较高的门槛：除了不低于 10 亿元人民币的注册资本要求外，要求主要出资人申请前一年总资产不低于 20 亿元人民币或者净资产不低于 5 亿元人民币，并应当连续从事银行、支付或者清算等业务 5 年以上且连续盈利 3 年以上等。

二是明确了银行卡清算业务规则和技术标准要求。以维护银行卡清算服务的一致性、安全稳定性和持续性为目标，对银行卡清算机构的业务专营、交易和资金清算等予以了明确规定，尤其是针对此类机构的特点，就信息传输、基础设施管理、反洗钱和反恐怖融资等方面做出全面规范，以有效防范风险，保障金融安全。

三是放宽了境外银行卡清算机构的准入要求。针对境外银行卡清算机构已开展部分跨境外币银行卡清算业务的现状，明确仅为跨境交易提供外币清算服务的境外机构原则上无须在境内设立清算机构，只需向监管部门履行报告义务，有利于境外机构现有业务的持续开展，便利中外持卡人的银行卡跨境交易；同时，银行卡清算机构与境内入网发卡机构或收单机构的银行卡交

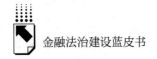

易资金清算应当通过境内银行以人民币完成，有利于境外银行卡清算机构发行以人民币为结算货币的银行卡。

（二）积极发展债券市场，扩大债券融资规模

1. 加大银行间市场债券产品创新力度

银行间债券市场是直接融资的重要场所，也是中国人民银行传导宏观货币政策的重要渠道之一，国际投资者也常常通过银行间市场配置人民币资产。

一是推动发展柜台债券业务。2016年2月14日，中国人民银行发布新规《全国银行间债券市场柜台业务管理办法》，弥补了之前相关业务尚无上位法的监管空白，新规在开办机构、投资者主体、交易品种、债券类型等方面都有所放宽，丰富了柜台债券开办机构类型，进一步扩大了债券品种，并对柜台债券交易、托管、结算等进行规范。柜台债券业务的开办机构不再限于商业银行，将范围扩大到满足条件的银行间债券市场做市商或结算代理人。另外也扩大了柜台债券的品种，在原来已开展的国债、国家开发银行债券、政策性银行债券和政府支持机构债券这四类债券的基础上，新增地方政府债券和发行对象包括柜台业务投资者的新发行债券。在交易品种方面，除了已有的现券买卖外，新增了质押式回购、买断式回购以及经央行认可的其他交易品种。加大银行间债券市场产品创新，有利于扩大直接融资的规模。

二是积极完善市场基础性制度建设。为更好地发挥做市商机构市场流动性提供者的作用，银行间市场交易商协会修订并实施《银行间债券市场做市业务指引》和《银行间债券市场做市业务评价指标体系》，细化了银行间债券市场做市业务的管理制度和评价标准，完善做市商管理制度。要求做市机构应提高报价质量，做市机构不得利用做市报价扰乱市场正常价格水平，不得操纵市场，不得进行倒量等虚假交易行为。其中重要的是确定了做市交易的评价指标体系，以便于精细化管理。

三是推动银行间债券市场对外开放。为便利境外机构参与境内银行间债券市场金融交易。2016年5月，配合中国人民银行进一步开放境内银行间

债券市场，国家外汇管理局发布《关于境外机构投资者投资银行间债券市场有关外汇管理问题的通知》（汇发〔2016〕12号），主要包括三项内容。①确立了境外机构投资银行间债券市场的管理方式，对境外机构投资银行间债券市场实行登记管理制度，明确境外机构投资者由结算代理人直接办理登记汇兑手续。②简化了境外投资机构的外汇管理措施。境外机构投资者投资银行间债券市场不设单家机构限额或总限额，且不需要到外汇局进行核准或审批，境外机构投资者可凭相关登记信息，到银行直接办理资金汇出入和结汇或购汇手续。③对资金汇出入进行了明确的规范。允许投资者累计汇出本外币资金的比例与累计汇入本外币资金的比例保持不超过10%的差异，且要求资金汇出入币种基本一致。

2. 完善开发性、政策性银行金融债券发行

根据中国人民银行、中国证监会的安排，在深圳证券交易所试点公开发行政策性银行金融债券，发布了《关于完善开发性、政策性银行金融债券发行有关事宜的通知》（深证会〔2017〕120号），进一步简化政策性金融债券发行程序，丰富政策性金融债券发行方式，发行人可以采取招标及深圳证券交易所认可的其他发行方式，这给了政策性金融债券发行更多的灵活空间，同时规定政策性金融债可作为债券质押式回购的质押券。

3. 加强债券市场机构投资者管理

2016年5月6日，央行发布《中国人民银行公告〔2016〕第8号》及配套实施细则，重点是进一步放宽合格机构投资者进入银行间债券市场，提高市场的效率和流动性。该办法明确了机构投资者的合格性标准，拓宽了机构投资者范围，新增了住房公积金、养老基金、慈善基金、银行理财产品等可视为合格机构投资者。其中，住房公积金、养老金、慈善基金首次被明确作为独立的非法人机构投资者参与银行间市场。此外，银行理财产品在银行间市场允许单独开户范围也从原来的16家上市银行大幅扩展至全部银行，使银行间市场债券投资者范围得以大幅度扩大。另外，也优化了合格机构投资者备案、开户、联网等各项流程，强调中介机构和自律组织的管理与自律管理职责。

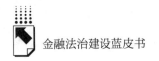

（三）继续推进人民币国际化，完善各类金融市场规制

1. 进一步推进人民币国际化

在推进人民币国际化的进程中，进一步优化了人民币跨境使用政策框架，并实施全口径跨境融资宏观审慎管理。2016年4月，中国人民银行印发《关于在全国范围内实施全口径跨境融资宏观审慎管理的通知》，以实现本外币一体化管理，把握宏观经济形势，建立整体偿债能力和国际收支状况相适应的跨境融资框架体系，该通知明确规定除政府融资平台和房地产企业之外，中国境内的非金融企业以及经金融监管部门批准设立的各类法人金融机构，在控制杠杆率和货币错配风险的前提下均可依照规定自主开展本外币跨境融资，融资额度在以其资本或净资产为基准计算的跨境融资风险加权余额上限内。

加强跨境资金流动本外币一体化管理，深化贸易投资便利化改革，进一步规范境内企业人民币境外放款业务。2016年11月，中国人民银行印发《关于进一步明确境内企业人民币境外放款业务有关事项的通知》，该通知重点从规范业务流程的角度，明确境内企业人民币境外放款业务流程及相关政策，对境内企业人民币境外放款业务实行本外币一体化的宏观审慎管理，引导人民币境外放款业务有序开展。

2. 加大与香港证券市场的联通

2014年"沪港通"试点启动以来，双边证券市场运行平稳有序，为中国资本市场双向开放积累了经验。2016年12月5日，深港通顺利启动，为内地和香港投资者开辟了新的投资通道。为顺利开通"深港通"，发布了《内地与香港股票市场交易互联互通机制若干规定》及配套规范性文件和业务规则。至此，上海、深圳、香港三地证券市场成功实现互联互通。

"深港通"基本沿袭了"沪港通"的经验与制度安排，主要遵循两地市场现行的交易结算法律法规和运行模式，主要制度安排与"沪港通"也保持一致。一是确立了实际业务所在地原则，"深港通"按照实际交易业务所在地确定交易法律规则的实施，交易结算活动遵守交易结算发生地市场的规定及业务规则；两地的上市公司遵守上市地的上市规则及其他相关规定。二是跨境结算方式不变，中国证券登记结算公司、香港中央结算公司继续采取直连跨境结算方式。三是对于投资交易的监管，首先要实施合格投资者参与交易制度，且明确投资范围限于两地监管机构和交易所协商确定的股票，并要采取一定的额度监控和调控方式。至此，沪港通、深港通共同构成内地和香港股票市场互联互通的完整框架。

（四）强化人民币挂钩的黄金市场创新，推动人民币国际化

为推动人民币国际化和中国黄金市场的话语权，我国加强和规范了黄金市场的建设与管理。黄金市场是国际金融市场中不可忽视的组成部分，截至目前，全球黄金市场80%以上的定价权掌握在伦敦和纽约手里。随着我国黄金市场的逐步扩大，2016年4月19日中国人民币黄金基准定价"上海金"正式启动。"上海金"首次确定了人民币集中定价机制，为全球黄金投资者提供了一个公允的、可交易的以人民币计价的黄金基准价格，丰富了以黄金为标的的风险管理工具和创新工具。

"上海金"是我国黄金市场标志性事件，在全球市场上除了一直具有主导地位的"伦敦金"和"纽约金"之外，中国"上海金"的崛起意味着中国黄金市场国际定价影响力得以提升。与"纽约金""伦敦金"等已有国际黄金价格指标相比，"上海金"最大的特点是采取人民币计价及结算。上海金交所国际板接受离岸及在岸人民币投资，在强化我国黄金市场定价权的同时，有利于进一步推动人民币国际化。

从黄金市场和业务的发展来看，其还存在一定的问题。2016年8月中国人民银行办公厅发布《关于规范银行业金融机构账户黄金业务有关事项的通知》（以下简称《通知》），其核心的监管理念是加强黄金市场风险防范，着重对银行业金融机构账户黄金业务进行了规范：明确要求银行业金融机构账户黄金业务要与实物挂钩，要求银行开办账户黄金业务不得开展杠杆交易，并建立账户黄金实物备付制度，以防范黄金市场交易风险。

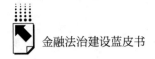

针对银行业金融机构要求建立如下制度。①完善的防火墙制度，严格区分账户黄金业务与其他黄金业务，保证黄金业务风险管理和业务及账务处理等相互独立。②只能采用实物交易模式。银行业金融机构开办账户黄金业务应支持客户提取黄金实物，实物形式包括但不限于投资金条、工艺金条等。③建立黄金储备金制度。银行业金融机构应将账户黄金多空持仓轧差余额的20%用于购买实物黄金，并作为备付实物存放在上海黄金交易所指定交割仓库，不得挪作他用。

《通知》对银行业金融机构开办账户黄金业务规定了具体的资质要求：首先明确了银行业金融机构开办账户黄金业务必须具有相应的资质，要求具有黄金进出口资格或银行间黄金询价市场做市商资格（包含尝试做市商）才能开展相关业务；其次能够保障黄金实物来源和专业的黄金市场业务部门及人员；另外，对完备的黄金市场业务、内控和风险管理制度及系统等都予以了明确规定。

三　大力整治金融乱象，加强互联网创新金融监管

（一）明确互联网金融的监管规范

2016年8月17日，银监会会同工信部、公安部、国家互联网信息办公室等部门印发《网络借贷信息中介机构业务活动管理暂行办法》（2016年第1号令，以下简称《办法》），正式为互联网金融的行业监管基本定调。《办法》的监管原则是鼓励网贷机构在依法合规的前提下创新发展，同时要有效防止监管套利和风险蔓延。

1.明确界定了网络借贷及网贷信息中介机构的性质

《办法》明确界定了网络借贷、网贷信息中介机构及其网贷业务的性质。规定网络借贷（以下简称"网贷"）是指个体与个体之间通过互联网平台实现的直接借贷，属于民间借贷范畴。网贷信息中介机构（以下简称"网贷机构"）是指依法设立，专门经营网贷业务的金融信息服务中介机构，

其本质是信息中介而非信用中介，因此不得吸收公众存款、设立资金池、提供任何形式的担保等。网贷业务以互联网为主要渠道，为借款人和出借人实现直接借贷提供信息相关服务。

2. 确定了网贷行业监管的总体原则

确定了网贷行业监管总体原则：网贷机构本质上是信息中介机构而不是信用中介机构，监管的重点在于制定完善的业务规则，而非机构和业务的准入审批，通过实行负面清单管理等方法加强事中、事后行为监管。

3. 确立网贷行业的基本管理体制及职责

网贷行业作为新兴业态，其业务涉及多个部门职责，应按照协同监管原则确立网贷行业的基本管理体制及职责。《办法》重点内容包括：①确定了网贷行为监管的原则，针对原来对金融机构采取机构监管的弊端，明确依照行为监管模式监管网贷机构经营行为，将暂无金融机构监管牌照的网贷机构纳入金融监管的范畴；②明确了中央金融监管机构的职责，明确规定中央金融监管层面由银监会及其派出机构负责，并规定由中国银监会制定统一的网贷业务监管制度；③明确了网贷行业的地方监管责任，明确地方金融监管部门负责对本辖区网贷机构实施机构监管，重点做好规范引导、备案管理和风险防范及处置工作。此外也规定了工业和信息化部、国家互联网信息办公室等的职责。

（二）开展互联网金融风险专项整治

针对互联网金融出现的问题，开展了互联网金融风险专项整治工作，从国务院到金融监管部门印发了系列旨在加强监管、整治乱象和防范风险的指导意见，金融乱象整治取得预期效果，互联网金融风险整体水平正逐步下降，互联网金融风险案件高发频发的势头已得到初步遏制，互联网金融得以更好地回归到服务实体经济和小微企业的本质上来。

针对互联网金融风险，多部门联合出台系列办法（见表1），改善互联网金融治理，防止监管套利，实现银行业金融机构和互联网金融包容有序发展，专项整治工作在全国范围内紧密铺开。专项整治工作主要包括四个阶段：摸底排查、清理整顿、督查和评估、验收和总结，监管部门联合行动，全面开展整顿互联网金融领域乱象。

表1 互联网金融风险专项整治系列文件

颁发部门	法规	时间
国务院	《互联网金融风险专项整治工作实施方案》	2016年10月13日
中国人民银行等17部门	《通过互联网开展资产管理及跨界从事金融业务风险专项整治工作实施方案》	2016年4月14日
中国人民银行、银监会等15部门	《P2P网络借贷风险专项整治工作实施方案》	2016年10月13日
证监会	《股权众筹风险专项整治工作实施方案》	2016年11月8日

（三）规范整顿"现金贷"等网络信贷业务

2017年12月1日，央行与银监会联合发布《关于规范整顿"现金贷"业务的通知》，清理整顿现金贷行业乱象，划定从业机构应遵循的红线，有效防范"现金贷"风险，弥补监管漏洞，主要从如下几方面进行规范整顿。

1. 确立了规范开展现金贷业务的基本原则

一是签订合规经营，现金贷业务的发放需由持牌机构实施。二是对以往现金贷业务中的高利贷、重复放贷和暴力收贷等问题逐一予以了明确规定。对现金贷利率进行限制，重申了最高人民法院关于民间借贷利率年化36%的规定，并且以综合资金成本计算利率。明确了放贷机构审慎经营的具体规定。三是针对互联网和大数据开展信贷业务，强调了保护客户信息安全和个人隐私。

2. 加强了对各类小额贷款公司的整顿

首先是对网络小贷机构从机构资质、业务类型和资金来源等方面进行整顿，不再批设网络小贷公司，已经批准筹建的，暂停批准开业。网络小贷公司经营的现金贷、校园贷、首付贷等业务都被叫停。强调了网络小贷公司属地管理原则，跨省和市区开展小额贷款业务将受限。限制了网络小贷业务的杠杆率,尤其是加强网络小贷公司资金来源审慎管理,限制了网络小贷公司从吸收存款、转让信贷资产、通过 P2P 融资、向银行业金融机构借款等方面获取资金。

3. 全面规范银行业金融机构参与现金贷

重点规范银行业金融机构合作放贷行为,限制银行业金融机构参与联合贷款、助贷等,并对放贷业务进行了严格规范。要求银行业金融机构不得以任何形式,为无放贷业务资质的机构提供资金发放贷款;不得与无放贷业务资质的机构共同出资发放贷款;不得直接投资或通过理财等变相投资以"现金贷""校园贷""首付贷"等为基础资产发售的(类)证券化产品和其他产品。监管从严整治现金贷风险,严控银行等金融机构通过保证金、配资、联合放贷、助贷等模式,变相参与到"现金贷"资金来源和业务合作中,整治行业乱象,防范潜在金融风险。

分 报 告

Sub-reports

B.3
2016～2017年中国金融立法情况

董新义*

摘　要： 2016年、2017年我国在金融法规规章的制定、修改和废止方面都取得了重大的发展，特别是在2017年召开全国金融工作会议以后，相关部门更是加大了金融立法的力度。在此期间，虽无金融基本法律予以制定、修改和废止，但多部重大行政法规和规章得以颁布或修改。国务院修改了《期货交易管理条例》等，国务院办公厅印发《互联网金融风险专项整治工作实施方案》，最高人民法院出台《进一步加强金融审判工作的若干意见》，部委联合发布《关于构建绿色金融体系的指导意见》《关于防范代币发行融资风险的公告》《网络借贷信息中介机构业务活动管理暂行办法》。中国人民银行发布

---

* 董新义，法学博士，中央财经大学科技与金融法律研究中心主任，中央财经大学法学院副教授。主要研究方向为金融法、金融科技法制、民商法。Email：dongxinyi@cufe.edu.cn。

《中国人民银行金融消费者权益保护实施办法》，银监会同时发布了《中国农业发展银行监督管理办法》等办法，证监会发布《证券期货投资者适当性管理办法》等，保监会颁布《中国保险监督管理委员会行政处罚程序规定》等规范性文件，进一步完善了我国的金融法规体系。

关键词： 金融立法　行政法规　规章

立法通常是指特定国家机关依照一定程序，制定或者认可反映统治阶级意志，并以国家强制力保证实施的行为规范的活动。根据我国《立法法》第二条的规定①，我国广义的立法活动包括制定、修改和废止相关法律规范的活动。

一　我国金融立法的整体情况

自 1993 年十四届三中全会提出加快金融体制改革以来，我国开始尝试建立一个更加市场化的金融体系。为了保障国家发展银行业、证券业、保险业和信托业等分业经营和分业监管的金融体制，我国在金融组织、金融市场以及金融监管体制等方面的立法均取得较大进步，我国金融法律框架也从无到有，逐渐成形。

从规范形式来看，我国金融法律框架既包括基本法律，也包括配套实施的行政法规、司法解释与部门规章、规范性文件等。从立法主体来看，全国人大和中央政府掌握正规金融（如银行、证券、保险、信托）的立法权，

---

① 参见《立法法》第 2 条：法律、行政法规、地方性法规、自治条例和单行条例的制定、修改和废止，适用本法。国务院部门规章和地方政府规章的制定、修改和废止，依照本法的有关规定执行。

最高司法机关尤其是最高人民法院也出台了一些金融相关司法解释。按照2017年7月14～15日全国金融工作会议上做出的"地方政府要在坚持金融管理主要是中央事权的前提下，按照中央统一规则，强化属地风险处置责任"的部署，随着中央、地方金融监管事权划分改革的深入推进，非正规金融市场准入的批准权和风险处置权等将更多地下放给地方政府，未来各省份会陆续出台地方金融监督管理相关规定，使地方金融监管"有法可依"。

截至2017年底，我国已经基本形成了囊括《中国人民银行法》《商业银行法》《银行业监督管理法》《证券法》《保险法》《信托法》《证券投资基金法》等重要金融基本法律，以及《期货交易管理条例》《证券公司监督管理条例》《存款保险条例》等行政法规，以及由"一行三会"颁布的《商业银行个人理财业务管理暂行办法》《商业银行理财产品销售管理办法》《商业银行流动性风险管理办法》《证券投资基金销售管理办法》《信托公司管理办法》《信托公司集合资金信托计划管理办法》《保险资金运用管理暂行办法》等部门规章和规范性文件，和最高人民法院相关金融司法解释在内的金融法律体系。

二 2016～2017年度金融立法情况

2016年是我国金融法制建设的关键一年，也是全面推进依法治国的重要一年，更是全面深化改革的关键一年。2016年、2017年我国在金融法规规章的制定、修改和废止方面都取得了重大的进展，特别是在2017年召开全国金融工作会议以后更是加大了金融立法的力度。

（一）国务院金融立法

1. 修改《期货交易管理条例》

为了依法推进简政放权、放管结合、优化服务改革，国务院对取消和调整行政审批项目、价格改革和实施普遍性降费措施涉及的行政法规进行了清理。经过清理，2016年1月13日，国务院通过《关于修改部分行政法规的决定》，决定对 66 部行政法规的部分条款予以修改，其中包括对《期货交易管理条例》进行修改。

《期货交易管理条例》修改的法律条款和内容如下。

（1）删去《期货交易管理条例》第十三条第一款第三项、第四项和第五项。

（2）将第十五条第一款中的"经国务院期货监督管理机构批准，并在公司登记机关登记注册"修改为"在公司登记机关登记注册，并经国务院期货监督管理机构批准"。

（3）将第十六条第一款第二项中的"任职资格"修改为"任职条件"。即（二）董事、监事、高级管理人员具备任职条件，从业人员具有期货从业资格。

（4）删去第十九条第一款第五项。第二款中的"第六项"修改为"第五项"。

（5）删去第二十条。

（6）将第五十四条改为第五十三条，修改为："国务院期货监督管理机构对期货交易所和期货保证金安全存管监控机构的董事、监事、高级管理人员，实行资格管理制度。"

（7）将第五十六条改为第五十五条，删去第二款第二项中的"或者分支机构"。

（8）第六十七条改为第六十六条，删去第一款第三项中的"第二十条"和第二款中的"任职资格"。

（9）将第六十八条改为第六十七条，删去第二款中的"任职资格"。

2. 修改《外资保险公司管理条例》

2016 年 1 月 13 日，与《期货交易管理条例》同时被修改的还有《外资保险公司管理条例》，其修改背景与《期货交易管理条例》等 66 部行政法规的修改一样。具体修改内容为：将《外资保险公司管理条例》第二十条第一款修改为"除经中国保监会批准外，外资保险公司不得与其关联企业进行资产买卖或者其他交易"。

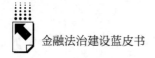

3. 国务院办公厅印发《互联网金融风险专项整治工作实施方案》（国办发〔2016〕21号）

2016年4月12日，国务院办公厅印发了《互联网金融风险专项整治工作实施方案》（以下简称《方案》）。《方案》提出互联网金融风险整治的工作目标是"落实《关于促进互联网金融健康发展的指导意见》要求，规范各类互联网金融业态，优化市场竞争环境，扭转互联网金融某些业态偏离正确创新方向的局面，遏制互联网金融风险案件高发频发势头，提高投资者风险防范意识，建立和完善适应互联网金融发展特点的监管长效机制，实现规范与发展并举、创新与防范风险并重，促进互联网金融健康可持续发展"。《方案》详细规定了互联网金融风险专项重点整治问题和工作要求，分别对P2P网络借贷和股权众筹业务、通过互联网开展资产管理及跨界从事金融业务、第三方支付业务、互联网金融领域广告等行为的重点整治问题和工作要求做出了安排。

（二）最高人民法院出台了《进一步加强金融审判工作的若干意见》(法发〔2017〕22号）司法解释

为了充分发挥人民法院金融审判职能作用，促进经济和金融良性循环、健康发展，最高人民法院于2017年8月9日发布了《进一步加强金融审判工作的若干意见》（以下简称《意见》）。《意见》规定：第一，各级人民法院要深入学习贯彻习近平总书记在第五次全国金融工作会议上的重要讲话精神，紧紧围绕服务实体经济、防控金融风险、深化金融改革三项任务，积极稳妥开展金融审判工作，切实维护国家金融安全，促进经济和金融良性循环、健康发展。第二，要以服务实体经济为出发点和落脚点，引导和规范金融交易。为此，要遵循金融发展规律，依法审理金融案件；要严格依法规制高利贷，有效降低实体经济的融资成本；要依法认定新类型担保的法律效力，拓宽中小微企业的融资担保方式；要规范和促进直接服务实体经济的融资方式，拓宽金融对接实体经济的渠道；要优化多层次资本市场体系的法治环境，满足多样化金融需求；要准确适用保险法，促进保险业发挥长期稳健风险管理和保障的功能等。第三，有效防范化解金融风险，切实维护金融安全。第四，依法服务和保障金融改革，建立和完善适应金融审判工作需要的新机制。第五，加强司法能力建设，不断提升金融审判的专业化水平。

（三）多部委联合出台金融相关规章

1. 印发《关于构建绿色金融体系的指导意见》

为了给金融服务绿色产业发展提供政策法治保障，2016年8月31日，中国人民银行、财政部等七部委联合颁布了《关于构建绿色金融体系的指导意见》，期待引导和激励更多社会资本投入绿色产业，同时有效抑制污染性投资，以推进"建立绿色金融体系"，将绿色评级、绿色信贷、绿色保险、绿色债券、绿色股票指数及其相关投资产品、绿色发展基金等纳入绿色金融体系建设内容。

2. 发布《关于防范代币发行融资风险的公告》

为了规制通过发行代币形式包括首次代币发行（ICO）进行融资的活动，遏制投机炒作之风，规范金融活动，维护经济金融秩序，为贯彻落实第五次全国金融工作会议精神，保护投资者合法权益，防范化解金融风险，2017年9月4日，中国人民银行、中央网信办、工业和信息化部、工商总局、银监会、证监会和保监会共同发布了《关于防范代币发行融资风险的公告》（以下简称《公告》）。

《公告》规定了以下几方面核心内容。第一，准确认识代币发行融资活动的本质属性。规定代币发行融资是指融资主体通过代币的违规发售、流通，向投资者筹集比特币、以太币等所谓"虚拟货币"，本质上是一种未经批准非法公开融资的行为，涉嫌非法发售代币票券、非法发行证券以及非法集资、金融诈骗、传销等违法犯罪活动。第二，明确任何组织和个人不得非法从事代币发行融资活动。《公告》规定本公告发布之日起，各类代币发行融资活动应当立即停止。已完成代币发行融资的组织和个人应当做出清退等安排，合理保护投资者权益，妥善处置风险。有关部门将依法严肃查处拒不停止的代币发行融资活动以及已完成的代币发行融资项目中的违法违规行为。第三，加强代币融资交易平台的管理。本公告发布之日起，任何所谓的代币融资交易平台不得从事法定货币与代币、"虚拟货币"相互之间的兑换业务，不得买卖或作为中央对手方买卖代币或"虚拟货币"，不得为代币或"虚拟货币"提供定价、信息中介等服务。第四，各金融机构和非银行支付机构不得开展与代币发行融资交易相关的业务。第五，社会公众应当高度警惕代币发行融资与交易的风险隐患。第六，充分发挥行业组织的自律作用。

3. 出台《网络借贷信息中介机构业务活动管理暂行办法》

银监会、工业和信息化部、公安部、国家互联网信息办公室联合于2016年8月24日出台了《网络借贷信息中介机构业务活动管理暂行办法》（以下简称《暂行办法》）。《暂行办法》规定，网络借贷是指个体和个体之间通过互联网平台实现的直接借贷，即大众所熟知的P2P个体网贷，属于民间借贷范畴，受合同法、民法通则等法律法规以及最高人民法院有关司法解释规范。网贷业务以互联网为主要渠道，为借款人和出借人实现直接借贷提供信息搜集、信息公布、资信评估、信息交互、借贷撮合等服务。网贷信息中介机构是指依法设立，专门经营网贷业务的金融信息服务中介机构，其本质是信息中介而非信用中介，因此不得吸收公众存款、归集资金设立资金池，不得自身为出借人提供任何形式的担保等。

《暂行办法》明确规定：第一，网贷机构本质上是信息中介机构，不是信用中介机构，但其开展的网贷业务是金融信息中介业务，涉及资金融通及相关风险管理。对网贷业务的监管，重点在于业务基本规则的制定完善，而非机构和业务的准入审批，应着力加强事中事后行为监管，以保护相关当事人合法权益。第二，坚持底线监管思维，实行负面清单管理。通过负面清单界定网贷业务的边界，明确网贷机构不能从事的十三项禁止性行为，对符合法律法规的网贷业务和创新活动，给予支持和保护；对以网贷名义进行非法集资等非法金融活动的，坚决予以打击和取缔；加强信息披露，完善风险监测，守住不发生区域性系统性风险的底线。第三，创新行业监管方式，实行分工协同监管。中央金融监管部门实行行为监管，而地方金融监管部门实行机构监管。

4. 发布《关于规范金融机构资产管理业务的指导意见（征求意见稿）》

2017 年 11 月 17 日，中国人民银行、银监会、证监会、保监会、外汇局联合发布了《关于规范金融机构资产管理业务的指导意见（征求意见稿）》（以下简称《征求意见稿》）。《征求意见稿》力图解决同类资管业务的监管规则和标准不一致，以及部分业务发展不规范、监管套利、产品多层嵌套、刚性兑付、规避金融监管和宏观调控等问题。

《征求意见稿》规定了金融机构资产管理业务应遵循的基本原则、资产管理业务定义（资产管理业务是指银行、信托、证券、基金、期货、保险资产管理机构等金融机构接受投资者委托，对受托的投资者财产进行投资和管理的金融服务。具体内容包括金融机构为委托人利益履行勤勉尽责义务并收取相应的管理费用、委托人自担投资风险并获得收益），以及资产管理产品、产品分类、明示产品类型、投资者、投资者适当性管理要求、金融机构及资管从业人员资质要求、金融机构受托管理职责和投资者保护、产品代销、公募和私募产品的投资要求、资产管理产品投资限制及鼓励、信息披露和透明度、公司治理与风险隔离、第三方独立托管、规范资金池、资产组合管理、强化资本和准备金计提要求等管理制度。

最新的进展是，2018 年 4 月 27 日，经国务院同意，中国人民银行、银保监会、证监会、国家外汇管理局联合印发了《关于规范金融机构资产管理业务的指导意见》，标志着我国资产管理业务统一监管的时代正式到来。

（四）中国人民银行金融立法

1. 印发《中国人民银行金融消费者权益保护实施办法》

2016 年 12 月 27 日，中国人民银行印发了《中国人民银行金融消费者权益保护实施办法》（以下简称《金融消费者保护办法》）。《金融消费者保护办法》出台的目的是保护金融消费者合法权益，规范金融机构提供金融产品和服务的行为，维护公平、公正的市场环境，促进金融市场健康稳定运行。同时，其出台的依据是《中国人民银行法》《消费者权益保护法》《商业银行法》《网络安全法》《国务院办公厅关于加强金融消费者权益保护工作的指导意见》等。《金融消费者保护办法》由总则、金融机构行为规范、个人金融信息保护、投诉受理与处理、监督与管理机制和附则共六章 50 个条文构成。《金融消费者保护办法》对于提升金融消费者保护法制化水平具有重大意义。值得一提的是，《金融消费者保护办法》中单列一章强化了金融消费者个人金融信息保护问题。《金融消费者保护办法》规定，金融机构应采取有效措施确保个人金融信息安全，至少每半年排查一次个人金融信息安全隐患。金融机构及其相关工作人员应当对业务过程中知悉的个人金融信息予以保密，不得非法复制、非法存储、非法使用、向他人出售或者以其他非法形式泄露个人金融信息。《金融消费者保护办法》强调，金融机构应当建立个人金融信息数据库分级授权管理机制，根据个人金融信息的重要性、敏感度及业务开展需要，在不影响其履行反洗钱等法定义务的前提下，合理确定本机构员工调取信息的范围、权限及程序等。

2. 出台《银行卡清算机构管理办法》

为促进我国银行卡清算市场健康发展，规范银行卡清算机构管理，保护当事人合法权益，中国人民银行于 2016 年 5 月 6 日根据《中华人民共和国中国人民银行法》以及《国务院关于实施银行卡清算机构准入管理的决定》（国发〔2015〕22 号），制定了《银行卡清算机构管理办法》，该办法由总则、申请与许可、变更与终止、法律责任、附则共五章 38 个条文构成。

（五）银监会金融立法

1. 下发《关于规范商业银行代理销售业务的通知》

针对近年来在银行业中"部分商业银行出现误导销售、未经授权代理销售、私自销售产品以及与合作机构风险责任不清等问题"，为了规范商业银行代理销售业务，保护投资者合法权益，促进代理销售业务健康有序发展，2016 年 5 月 5 日银监会下发了《关于规范商业银行代理销售业务的通知》。该通知由基本原则、代销业务内部管理制度、合作机构管理、代销产品准入管理、销售管理、信息披露与保密管理和监督管理共七章 40 个条文构成，针对代理销售中的种种问题予以了更加明确的规定。

2. 出台《银行业金融机构销售专区录音录像管理暂行规定》

2017年8月23日，银监会出台了《银行业金融机构销售专区录音录像管理暂行规定》（以下简称《暂行规定》）。《暂行规定》首次对专区"双录"管理做出系统性的规范。根据《暂行规定》，所谓专区"双录"，是指银行机构在营业场所销售自有理财产品及代销产品时，应实施专区"录音录像"管理，即必须设立理财产品销售专区，并在该销售专区内装配电子系统，对每笔产品销售过程同步录音录像。根据《暂行规定》的要求，银行业金融机构在营业场所销售自有理财产品及代销产品，不得在销售专区外进行；除代销国债及实物贵金属可自行决定是否"双录"外，其他理财及代销产品均应实施专区"双录"；录音录像要完整客观地记录营销推介、相关风险和关键信息提示、消费者确认和反馈等重点销售环节；录音录像还应征得消费者同意，否则不能销售产品；严禁销售人员在自助终端等电子设备上代客操作购买产品等。《暂行规定》拟以技术监管手段对银行机构代理销售行为进行规范，旨在治理欺诈销售、误导销售和"夹杂私货"等违法理财产品代销行为，维护代销理财市场秩序。

3. 印发《中国农业发展银行监督管理办法》、《中国进出口银行监督管理办法》和《国家开发银行监督管理办法》

2017年11月15日，中国银监会同时发布了《中国农业发展银行监督管理办法》《中国进出口银行监督管理办法》《国家开发银行监督管理办法》（以下简称"三部《管理办法》"）。三部《管理办法》均自2018年1月1日起施行。三部《管理办法》均由总则、市场定位、公司治理、风险管理、内部控制、资本管理、激励约束、监督管理和附则共九章构成。另外，根据银监会有关部门负责人的答记者提问，制定这三部《管理办法》的背景有以下三点。第一是全面深化改革的需要。中国农业发展银行、中国进出口银行、国家开发银行改革是党中央、国务院全面深化金融改革的重要内容。2014年底，国务院批复《中国农业发展银行改革实施总体方案》，由银监会牵头研究制定审慎性监管规定并实施监管是落实改革方案的重要任务之一；2015年初，国务院批复《中国进出口银行改革实施总体方案》，由银监会牵头研究制定审慎性监管规定并实施监管是改革方案的重要内容；2015年，国务院批复同意开发银行深化改革方案，出台审慎性监管规定成为深化开发银行改革的一项重要工作。第二是弥补农业发展银行、进出口银行和国家开发银行监管制度短板的需要。第三是加强农业发展银行、进出口银行和国家开发银行监管的需要。因此，为了推动农业发展银行、进出口银行和国家开发银行提升管理能力，有效防控风险，更好地发挥政策性金融作用，需要出台专门的监管法规，督促政策性银行完善公司治理、风险管理、内部控制、资本约束、激励约束等良好机制，实现可持续发展。

4. 修改《中资商业银行行政许可事项实施办法》

为依法推进行政审批制度改革，持续推进简政放权，增强商业银行风险抵御能力，银监会修改了《中国银监会中资商业银行行政许可事项实施办法》。修改的主要内容有以下几点。

（1）在第十条第三款后增加一款规定："外商独资银行、中外合资银行作为发起人或战略投资者入股中资商业银行，参照本条关于境外金融机构作为发起人或战略投资者入股中资商业银行的相关规定。"

（2）将第二十七条修改为"拟设立支行的中资商业银行分行、视同分行管理的机构或城市商业银行总行应在支行筹建3日前向开业决定机关提交筹建报告，开始筹建工作"。

（3）将第二十八条修改为"拟设立支行的中资商业银行分行、视同分行管理的机构或城市商业银行总行应在提交筹建报告之日起9个月内完成筹建工作，并向开业决定机关提交开业申请。申请人逾期未提交开业申请的，应及时向拟设地银监分局或所在城市银监局报告"。

（4）将第二十九条中的"支行的开业申请由分行、视同分行管理的机构或城市商业银行总行向筹建受理机关提交，筹建受理机关受理、审查并决定。筹建受理机关自受理之日起2个月内作出核准或不予核准的书面决定"，修改为"支行的开业申请由拟设地银监分局或所在城市银监局受理、审查并决定。受理机关自受理之日起2个月内作出核准或不予核准的书面决定"。

（5）将第三十三条第（七）项"最近 2 年无严重违法违规行为和因内部管理问题导致的重大案件"，修改为"最近 2 年无严重违法违规行为和因内部管理问题导致的重大案件，但为落实普惠金融政策等，投资设立、参股、收购境内法人金融机构的情形除外"。

（6）在第三十四条第二款后增加一款规定"前款所指设立、参股、收购境内法人金融机构事项，如需另经银监会或银监局批准设立，或者需银监会或银监局进行股东资格审核，则相关许可事项由银监会或银监局在批准设立或进行股东资格审核时对中资商业银行设立、参股和收购行为进行合并审查并作出决定"。

（7）将第六十四条第（五）项中的"最近 3 年无严重违法违规行为和因内部管理问题导致的重大案件"删除。

（8）将第九十六条修改为"具有高管任职资格且未连续中断任职 1 年以上的拟任人在同质同类银行间平级调动职务（平级兼任）或改任（兼任）较低职务的，不需重新申请核准任职资格。拟任人应当在任职后 5 日内向银监会或任职机构所在地银监会派出机构备案"。

（六）证监会金融立法

1. 发布《证券期货投资者适当性管理办法》

2016 年 12 月 12 日，证监会正式发布《证券期货投资者适当性管理办法》（以下简称《投资者适当性管理办法》）。《投资者适当性管理办法》于 2017 年 7 月 1 日起正式实施，共由 43 个条文构成，包括《投资者适当性管理办法》的适用业务范围、经营机构的守法、勤勉尽责和审慎履职义务、投资者分类、金融产品分级、经营机构适当性匹配以及监管措施和法律责任等方面。《投资者适当性管理办法》定位于适当性管理的"母法"，明确了投资者分类、产品分级、适当性匹配等适当性管理各环节的标准或底线，归纳整合了各市场、产品、服务的适当性相关要求，成为各市场、产品、服务适当性管理的基本依据。《投资者适当性管理办法》第 1 条开宗明义地指出了制定目的是规范证券期货投资者适当性管理，维护投资者合法权益；其制定的依据是《证券法》《证券投资基金法》《证券公司监督管理条例》《期货交易管理条例》及其他相关法律、行政法规。

从整体情况来看，《投资者适当性管理办法》首次全面整合了整个证券、期货和基金业的投资者适当性制度，全面、系统地阐述了投资者适当性管理制度。《投资者适当性管理办法》成为我国资本市场法制建设的重要组成部分，是对现有投资者适当性制度体系的一次重要完善，也是全面落实"维护市场公开、公平、公正，维护投资者特别是中小投资者合法权益，促进资本市场健康发展"资本市场法制建设重中之重要求的具体体现。

2. 大幅修改《上市公司重大资产重组管理办法》

2016 年 9 月 9 日，证监会发布了《上市公司重大资产重组管理办法》。本次《上市公司重大资产重组管理办法》的修改，是为了贯彻落实"依法监管、从严监管、全面监管"理念，进一步规范重组上市行为而做出的修改。本次修改旨在扎紧制度与标准的"篱笆"，给"炒壳"降温，促进市场估值体系的理性修复，继续支持通过并购重组提升上市公司质量，引导更多资金投向实体经济。主要修改内容包括以下三点。第一是完善重组上市认定标准。参照成熟市场经验，细化关于上市公司"控制权变更"的认定标准，完善关于购买资产规模的判断指标，明确累计首次原则的期限为 60 个月。需说明的是，60 个月期限不适用于创业板上市公司重组，也不适用于购买的资产属于金融、创业投资等特定行业的情况，这两类情况仍须按原口径累计。第二是完善配套监管措施，抑制投机"炒壳"。取消重组上市的配套融资，提高对重组方的实力要求，延长相关股东的股份锁定期，遏制短期投机和概念炒作。第三是按照全面监管的原则，强化上市公司和中介机构责任，加大问责力度。

3. 颁布《上市公司股权激励管理办法》

2016 年 5 月 4 日，证监会审议通过了《上市公司股权激励管理办法》（以下简称《激励办法》），自 2016 年 8 月 13 日起施行。根据证监会对《激励办法》起草说明的内容，证监会之前于 2005 年底发布的《上市公司股权激励管理办法（试行）》以及 3 个股权激励相关事项备忘录和 2 个监管问答，体系不统一等。因此，有必要对相关规则进行调整和完善，以适应市场发展的需要。此次起草《激励办法》的总体原则为以信息披露为中心，落实"宽进严管"的监管转型理念，放松管制、加强监管，逐步形成公司自主决定的、市场约束有效的上市公司股权激励制度。

《激励办法》的基本框架分为 8 章共 75 条。第一章"总则"明确了立法宗旨、立法依据及适用范围，并对上市公司及其董事、监事、高级管理人员，证券服务机构和人员等相关市场主体在上市公司实行股权激励过程中的责任与义务提出了原则性要求。第二章"一般规定"对上市公司实行股权激励的条件、上市公司员工参与股权激励的条件、股权激励计划的必备内容与基本要求等做出了规定。第三章"限制性股票"对采取限制性股票实行股权激励进行了细化规定，包括限制性股票的定义与权利限制、授予价格的定价要求、分期解除限售以及回购安排等。第四章"股票期权"对采取股票期权形式实行股权激励提出了要求，包括股票期权的定义与权利限制、行权价格的定价要求、分期行权与终止行权等。第五章"实施程序"对上市公司在实行股权激励过程中决策、授予、执行、变更、终止等各个环节实施程序、决策程序进行了细化规定。第六章"信息披露"对上市公司实行股权激励过程中相关信息披露的时间、内容及程序等方面进行了规定。第七章"监督管理"明确了上市公司、上市公司相关责任人员、证券服务机构及人员等相关市场主体有关违法违规行为的规定。第八章"附则"对办法有关用语进行了释义，并明确了新旧制度衔接安排。

4. 发布《私募投资基金管理暂行条例（征求意见稿）》

为了加强私募投资基金的规制，保护基金投资者的合法权益。2017 年 8 月 30 日，国务院法制办公室发布了《私募投资基金管理暂行条例（征求意见稿）》（以下简称《私募基金征求意见稿》），共计 11 章 58 条，分别从私募基金管理人和托管人的职责、资金募集、投资运作、信息提供、行业自律、监督管理、法律责任等方面确立了监管规则。征求意见已于 2017 年 9 月 30 日结束，截至 2018 年 1 月 1 日，上述《私募投资基金管理暂行条例》尚未正式出台。《私募基金征求意见稿》整合了现行与私募基金相关"一法三规五办法三指引"。具体来讲，"一法"是指《证券投资基金法》；"三规"是指《私募投资基金监督管理暂行办法》《证券期货经营机构私募资产管理业务运行管理暂行规定》《证券期货投资者适当性管理办法》；"五办法"是指《私募投资基金登记和备案管理办法》《私募投资基金募集行为管理办法》《私募投资基金信息披露管理办法》《基金从业资格考试管理办法（试行）》《私募投资基金服务业务管理办法（试行）》；"三指引"是指《私募投资基金合同指引》《私募投资基金管理人内部控制指引》《基金募集机构投资者适当性管理实施指引（试行）》，以及中国证券投资基金业协会制定的《私募基金等级备案相关问题解答》等其他行业规范性文件的相关规定。《私募投资基金管理暂行条例》未来的正式出台，将对规范私募投资基金活动、保护投资者及相关当事人的合法权益、促进私募投资基金行业健康规范发展具有重大意义。

（七）保监会金融立法

1. 颁布《中国保险监督管理委员会行政处罚程序规定》

为了规范和保障保监会及其派出机构依法实施行政处罚，维护保险市场秩序，保护保险相关机构的合法权益，2017 年 1 月 5 日，保监会通过了《中国保险监督管理委员会行政处罚程序规定》（以下简称《程序规定》），自 2017 年 3 月 31 日起实施。根据《程序规定》，保险监督机构针对不同类型的行政违法，实施警告、罚款、没收违法所得、限制业务范围、责令停止接受新业务、责令停业整顿、吊销业务许可证、撤销外国保险机构驻华代表机构、撤销任职资格、责令撤换外国保险机构驻华代表机构的首席代表、禁止进入保险业以及法律、行政法规规定的其他行政处罚。同时，保险监管机构在实施行政处罚时，必须遵循公正、公开原则以及保护当事人的合法权益、处罚与教育相结合、事实清楚、证据确凿、定性准确、适用依据正确、处罚适当、程序合法等原则，而且规定了管辖、立案与调查、处罚、执行等问题。

2. 出台《中国保险监督管理委员会派出机构监管职责规定》

2015 年 12 月 17 日，保监会出台了《中国保险监督管理委员会派出机构监管职责规定》（以下简称《监管职责规定》），自 2016 年 3 月 1 日起实施。《监管职责规定》重点对派出机构的监管职责做出了如下规定：第一，派出机构履行监管职责，应当遵循依法、公开、公正的原则，维护保险市场秩序，保护投保人、被保险人和受益人等保险消费者的合法权益（第四条）；第二，负责辖区内保险公司分支机构和保险中介机构的市场准入、退出和机构监管（第五条）；第三，负责辖区内保险公司分支机构和保险中介机构的保险许可证颁发、送达和更换（第六条）；第四，负责辖区内保险公司分支机构高级管理人员的任职资格核准和监管，负责辖区内保险公司营销服务部负责人的监管（第七条）；第五，负责辖区内保险中介机构的董事长、执行董事和高级管理人员的任职资格核准和监管，以及保险销售从业人员、保险经纪从业人员和保险公估从业人员的监管（第八条）；第六，对辖区内保险产品的销售、理赔等服务进行监管，对辖区内保险公司分支机构保险条款、保险费率的执行情况以及保险产品信息的披露情况进行监管（第九条）；第七，派出机构对辖区内保险中介机构的业务、财务、产品信息披露、保证金和职业责任保险投保情况进行监管（第十条）等。

B.4

2016～2017年中国金融监管与行政执法情况

罗 英*

摘　要：　2016～2017年，面对复杂的国际、国内经济金融环境，中国积极推进供给侧结构性改革，优化产业结构，实施积极的财政政策和稳健的货币政策，金融监管部门适时根据宏观经济形势和改革发展的需要，出台了各项政策法规，力求为稳增长和改革营造适宜的货币金融环境，中央的重要性会议以及央行、银监会、证监会、保监会等金融监管部门发布了一系列重要的金融监管政策和文件，其突出的特点是以新思路和新监管理念为指导对金融监管法规进行了重要调整：以"去杠杆"为重点加以规范，同时注意弥补金融监管空白，在加强金融监管进程中进一步完善我国的金融监管体系；同时，针对金融领域出现的问题和潜在风险予以整治，从而逐步建立和完善新的金融监管规则，提升我国金融体系的透明度、竞争力和金融业务的规范性。

关键词：　金融安全　MPA考核　影子银行　资产管理监管　金融监管

* 罗英，法学博士，金融学博士后，现任北京市朝阳金盏金融商务区管委会副主任，主要研究领域为金融法、金融监管、产业金融、金融科技等。

一 概述

2016～2017年，面对复杂的国际国内经济金融环境，中国积极推进供给侧结构性改革，优化产业结构，实施积极的财政政策和稳健的货币政策，推进经济社会取得了良好的发展。

从总体看，2016年以来，中国的金融实现了稳健有序发展。金融监管部门适时根据宏观经济形势和改革发展的需要，出台了各项政策法规，力求为稳增长和改革营造适宜的货币金融环境。一方面，货币信贷和社会融资规模保持平稳，截至2017年底，本外币贷款余额为125.61万亿元，与上年相比基本持平。另一方面，随着去杠杆和防风险等多项政策的实施，宏观杠杆率整体回落，贷款结构继续改善。截至2017年12月末，广义货币（M2）余额167.68万亿元，同比增长8.2%，增速比上年同期低3.1%；狭义货币（M1）余额54.38万亿元，同比增长11.8%，增速比上年同期低9.6%[①]，银行等金融资产规模的扩张得以适当控制，以促使货币供应量、银行信贷等逐步达到与实体经济发展需求相一致的水平。

2016～2017年，中央的重要性会议以及央行、银监会、证监会、保监会等金融监管部门发布了一系列重要的金融监管政策和文件，概而言之体现了如下重要特点：以"去杠杆"为重点加以规范，同时注意弥补金融监管空白，在加强金融监管进程中进一步完善我国的金融监管体系；同时，针对金融领域出现的问题和潜在风险予以整治，从而逐步建立和完善新的金融监管规则，提升我国金融体系的透明度、竞争力和金融业务的规范性，实现金融产业自身的迭代更新，更好地服务实体经济和企业。

1. 金融监管理念和思路变化的转折期

自2012年以来，中国鼓励金融创新，金融监管相对宽松，金融自由化和金融衍生品快速发展，其中一个突出的特点是影子银行大行其道，资产管

---

① 资料来源：根据中国人民银行网站公开信息整理。

理业务以年均 50% 的速度迅速扩张，并且许多金融产品具有高杠杆等特点。相对宽松的金融发展环境促进了金融业创新的快速发展，但显现和潜在的金融风险也越来越大。尤其是出现了 2015 年的"股灾"以及 2016 年初的股市熔断等重大市场风险。2016～2017 年，中国金融监管核心理念逐步调整变化，"一行三会"等监管机构调整了金融监管理念，加强金融行业监管，从严监管、防范风险逐步成为监管当局的核心理念，并针对银行、证券、保险尤其是资产管理业务等制定和修改发布一系列金融监管政策法规。金融监管部门监管思路的变化和金融监管的强化，也意味着中国金融产业从宽松扩张进入一个相对紧缩的发展阶段，进入信用相对紧缩的阶段。

2. 金融监管模式与方式进行了调整

梳理 2016 年以来发布的监管法规，可以看到，除了监管理念和思路的转变之外，金融监管的模式和方式也有所调整，体现在如下几个方面。

（1）在金融监管模式上，更注重将微观审慎监管和宏观审慎监管结合来实施金融行业监管，除了注重金融机构和行业的微观金融风险防范之外，也将宏观货币政策和宏观金融风险纳入宏观审慎的监管范畴，实现了宏观与微观监管的统一。

（2）注重引导性规范文件和强制性法规的综合运用，以有序引导行业发展。针对金融行业创新多、变化快等特点，金融监管部门除发布实施强制性的法规之外，也更注重通过引导性规范文件来引导行业的管理与发展。如 2016 年以来，金融监管部门以"通知"和"指导意见"发布了不少监管规范性文件，意图通过指引性文件，要求金融机构对潜在各类风险通过自查摸底、提前测算风险等方式进行自查，引导金融机构主动配合监管部门加强规范和整改，提升内控管理能力，以促进金融机构自律规范发展。

3. 加强监管、防范风险是监管主线

2016～2017 年，从监管法规政策的角度来看，在强化金融监管理念中，监管的主线是加大统一监管的力度，注重防范金融风险。在加强监管中，各金融监管部门针对具体的金融业务出台了许多政策法规，相继推出 MPA 考核、影子银行、资产管理业务、同业存单等具有针对性的监管规范，就存在高杠杆、高风险等业务重点进行规范整理，并逐步研究制定统一的监管规则。因此，严监管和防风险是贯穿2017年全年的关键词。

二 调整金融监管思路，完善金融监管顶层设计

（一）重新定调金融监管理念，调整金融监管思路

2016～2017年，中央召开的重要会议就中国金融发展等进行了专门的阐述，为金融监管确定了基调。金融监管部门依照中央精神发布的各项法规的主线是要提高和改进金融监管能力，重点防范金融系统性风险，提升金融支持实体经济水平。

1. 重视金融安全，强化金融稳定

金融正成为中国最高决策层的关注焦点。2017年4月25日，中央政治局集体学习"维护国家金融安全"，这是十八大以来中央领导首次围绕"金融安全"的主题进行集体学习，并首次就金融安全做出明确指示，提出"金融安全是国家安全的重要组成部分，是经济平稳健康发展的重要基础"，将金融安全的重要性进行了进一步提高，将维护金融安全与国家治国紧密联系起来，使得金融安全提高到国家战略的层面。此次会议提出六大任务：要求继续深化金融改革，加强金融监管，采取措施处置风险点，并为实体经济发展创造良好金融环境，同时也明确了要加强党对金融工作的领导。

2. 加强金融监管，防范金融风险

历次金融危机显示，必须要有效防范化解金融风险，以避免对经济社会发展造成全面的重大影响。当前我国金融体系总体稳健，但是随着金融不断深化和金融自由化的发展，也面临越来越大的风险和挑战。债务率、杠杆率持续提高使得金融脆弱性不断增加，金融市场的流动性风险和资本及资产泡沫隐患也日趋严重。

因此，从中央到监管部门对于潜在的系统性金融风险也越来越重视。

2017 年 7 月 24 日，中央政治局会议部署下半年经济工作时明确提出"整治金融乱象"。2017 年 12 月 8 日，中央政治局会议针对 2018 年经济工作进行研究，重点是防范化解潜在的重大风险，通过有效控制宏观杠杆率逐步化解风险，并使得金融服务实体经济能力增强。2017 年 7 月，全国金融工作会议强调：要以强化金融监管为重点、以防范系统风险为底线，增强金融监管协调的权威性和有效性，并强化监管问责，明确提出"有风险没有及时发现是失职、发现风险没有及时提示和处置是渎职"。2017 年 12 月 18 日至 20 日召开的中央经济工作会议强调防范化解重大风险、精准脱贫、污染防治是今后 3 年的三大攻坚战，其中首要的任务是防风险，而这其中防控金融风险又是首要的重点任务，强调要针对薄弱环节加强金融监管制度建设，同时对重点金融领域和业务做好风险防范和处置，打击违法违规金融活动。十九大报告再次强调对于金融的发展定位要稳健，守住不发生系统性金融风险的底线。

3. 重新定位金融发展，提高金融服务实体能力

除了要注重防范金融风险外，中央的会议和政策对于金融发展也做出重要的指示，针对我国金融体系仍存在的问题，强调要重新定位金融发展，做好金融工作要把握好以下重要原则：金融业要回归本源，提高服务实体经济的能力和效率，尤其要将更多金融资源配置到经济社会发展的重点领域和薄弱环节，要加强金融监管协调，纠正金融领域脱实向虚、自我循环的问题，解决实体经济发展融资难和融资贵等问题。

从中央及全国经济金融工作会议等文件精神来看，对于金融监管理念和思路的调整将转向如下几个方面：一是在原来机构监管的基础上越来越重视功能监管；二是加大了宏观审慎监管与金融机构的行为监管力度；三是更加重视金融监管协调机制的建设。

（二）加大统筹协调力度，完善金融监管顶层设计

1. 新设金融稳定发展委员会，完善金融监管顶层设计

随着我国经济社会的发展和金融创新及金融科技的推进，金融业呈现业

务综合经营发展的趋势，金融产品相互交叉渗透的趋势越来越突出，金融业综合化和交叉化发展与我国现有监管体系还存在不协调和矛盾之处，同时金融监管也存在空白。因此，有必要完善金融监管协调机制，建立更高层次的金融监管协调与金融风险防范体系。

为贯彻党的十九大精神，落实全国金融工作会议要求，2017 年 7 月全国金融工作会议正式明确设立国务院金融稳定发展委员会，与原有的金融监管协调部际联席会议相比，新设立的国务院金融稳定发展委员会的职能更完整，层级更高，以统筹和协调有关金融稳定和改革发展的重大问题，强化宏观审慎和系统性风险防范责任；并将金融监管协调作为其重要的工作之一。金融工作会议要求坚持党中央对金融工作的集中统一领导，明确了金融领域"服务实体经济、防控金融风险、深化金融改革"三大任务。

其后在 2017 年 11 月 8 日，金融稳定发展委员会在第一次会议中就金融稳定发展委员会的重点工作予以了明晰，其未来的工作重点在于保障国家金融安全，加强金融监管功能，就原有的机构监管模式存在的问题和不足予以调整，并加强对金融监管机构的问责和监督。针对金融业务、产品、结构等创新出现的跨部门、跨行业进行监管规避和套利将加强监管协调的力度。

国务院金融稳定发展委员会成立，标志着进一步完善了我国金融监管协调机制和金融监管顶层设计，有利于统筹系统性金融风险防控与重要金融机构监管，统筹重要金融基础设施的监管，完善金融业综合统计制度，有利于宏观整体把握金融发展状况，化解潜在金融风险。

2. 健全货币政策和宏观审慎政策"双支柱调控框架"

为了加大金融支持稳增长、促进供给侧结构性改革和防范风险，中国人民银行开始进一步完善"货币政策＋宏观审慎政策"双支柱模式的金融调控框架，以强化稳健货币政策的针对性和有效性。

从 2016 年起，中国人民银行将现有的差别准备金动态调整和合意贷款管理机制"升级"为"宏观审慎评估体系"（简称 MPA），进一步完善宏观审慎政策框架，更加有效地防范系统性风险。2016 年，中国人民银行主要是将银行业金融机构纳入 MPA 中，将原来以盯住狭义贷款为特征的差别准备金动态调整机制进行了升级。MPA是基于广义信贷的宏观审慎管理机制，基于银行体系流动性和供给等情况，通过系统的评估指标，综合运用多种货币政策手段，构建以逆周期调节为核心、全口径跨境融资的有差别考量的宏观审慎评估体系。基于MPA宏观审慎监管框架，监管部门将从资本和杠杆情况、资产质量、定价与流动性、信贷政策执行等方面对金融机构进行多维度监管引导。

随着金融市场的变化，中国人民银行逐步扩大了MPA的范围，为了加强对表外业务风险的管理，中国人民银行于2017年一季度开始正式将表外理财纳入广义信贷范围，以合理引导金融机构。宏观审慎评估体系（MPA）正式实施，有利于强化宏观审慎评估与微观审慎监管，守住不发生系统性和区域性金融风险底线。

3. 优化各类金融监管协同机制，提升金融监管效能

为落实中央精神，各金融监管部门均针对中国金融监管现状进行了梳理，并加强了金融监管协调。一方面，混业监管框架尚未建立，金融监管模式改革方案尚未明确，而许多金融机构和业务已经实现混业经营，因此，随着国务院金融稳定发展委员会的建立，以及宏观审慎监管机制的逐步建立和完善，金融监管协调的组织架构和机制进一步优化，"一行三会"之间的监管协调与合作有了更好的模式和基础，有利于改变原来金融监管部门之间尚存的体制隔阂和博弈，促进金融监管机构和金融机构的再平衡。

为落实中央会议和十九大文件精神，监管部门也针对金融监管制度和实践中暴露的缺陷与不足进行了系统梳理，专门制定了提升金融监管效能的法规，以防范金融风险。2017年4月12日，中国银监会发布《关于切实弥补监管短板提升监管效能的通知》（银监发〔2017〕7号，以下简称《通知》），《通知》体现了银监会通过强化监管制度建设来推进金融监管的思路。《通知》除了对银行业金融机构就内部管理、股权管理及信息披露等提出了监管要求之外，对监管机构也做出了重要规定：一方面对加强金融监管的效能提出了指导性的要求，进一步明确了非现场监管、现场检查等方面的标准化操作流程，要求金融监管部门改进监管方式、加大监管力度，依据风险大小及问题

紧迫程度等突出监管重点，以尽快弥补监管漏洞，加强监管行为再监督；另一方面，加强监管机构问责，对金融监管人员履职行为加强监督管理，并明确了责任制，增加了监管人员不履行或不正确履行职责的相关规定。在明确了监管思路后，银监会希望发布规范制度来引领银行业金融机构加强规范，按照针对性、紧急性和协调性原则，同期又研究制定了 26 项重点规范性文件，通过对银行监管配套实施细则的修订和完善，确保各项监管措施实施。

2017 年 5 月 4 日，中国保监会发布《关于弥补监管短板构建严密有效保险监管体系的通知》（保监发〔2017〕44 号，以下简称《通知》），《通知》明确指出近年来保险业出现了业务结构失衡、个别产品粗放发展、少数公司无序发展等突出风险和问题，保险监管制度存在漏洞，以及对风险问题管控不严和执行不力等问题，需要完善制度，加强监管。

针对保险监管存在的滞后、缺位、交叉、重叠甚至相互冲突等问题，《通知》着重对健全保险公司治理制度和股东监管、严格保险资金运用和偿付能力等监管制度，以及保险产品管理和保险创新等做出了明确规定。此外，对如何进一步强化保险监管机构的监管机制、手段和能力等方面也做出了重要规定，要求加强保险监管前端审批与后端监管等的协调统一，抓紧完善事中、事后监管规则和手段措施。通过采取对保险机构违法违规行为坚持执行双罚制等措施，加大保险业行政处罚和信息披露力度，并对保险监管部门强化监管问责，落实问责机制。

三　抓系统性风险防范，去杠杆，力推"脱虚向实"

随着金融深化和金融自由化的发展，加之金融混业经营带来的监管缺位和监管缺失等问题，中国金融业的金融脆弱性不断增加，中央和各级金融监管层对防范系统性风险提出了更高的要求；同时，新常态下如何加快金融改革、实现金融业良性发展、加大金融服务实体经济的力度成为改革的重点。随着中国经济越来越稳中向好，金融监管的节奏和力度也注意配合经济基本面的好坏而实施相应政策。自 2016 年 8 月以来，金融监管核心思路是在保

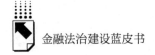

持经济基本稳定的基础上加大"去杠杆"力度，并注重在"去杠杆"进程
中完善金融监管体系。

（一）"去杠杆"成为防范系统性风险的重要举措

1. 监管目标：防范金融系统性风险

2016 年以来，国内外的研究者陆续发表文章关注中国金融风险存在上
升的可能，2017 年 3 月下旬发布的《中国金融发展报告（2017）》指出，银
行业的盈利能力在下降，而且整个金融体系中资产配置呈现的特点具有一定
的风险性，其中银行尤其是一些中小银行的资产配置中投资类资产占比越来
越高，有些甚至远远超过信贷规模。这意味着银行当前面临的主要风险，除
了传统的信用风险之外，更多的是金融市场风险的压力，因此金融监管层加
大了针对性金融监管力度，通过多种方式测评潜在的风险，以确保金融体系
能稳定防范系统性金融风险。

按照中央会议精神，防止发生系统性金融风险是金融监管的重要工作，
监管的思路是既需防控系统性风险又要确保宏观政策目标及实体经济的有序
实现和运行，因此要按照中国实体经济的发展加大"去杠杆"的力度，金
融监管改革应附属于实体经济及金融"去杠杆"。2016 年以来，监管层出台
了许多金融"去杠杆"的政策法规，金融监管"去杠杆"从两方面着力，
一方面是将过去游离在监管体系外的不稳定因素纳入监管范畴，防范风险；
另一方面是包括"一行三会"在内的监管机构需适时协调好宏观货币政策、
金融市场流动性和监管制度的推进，避免由监管强化带来的市场波动，以有
序推进资金要素和社会资源的优化分配。

针对宏观层面实体部门过度负债、高杠杆率和流动性风险，地方政府以
各类"名股实债"方式加杠杆，微观层面机构信用和违约风险上升等情况，
银行业监管部门发布了文件对各种风险重新进行了梳理。

2016 年 9 月 30 日中国银监会印发《银行业金融机构全面风险管理指
引》（银监发〔2016〕44 号，以下简称《指引》）。《指引》是结合国内外发
展形势，有关银行业风险的一个重要文件，既是完善我国监管制度体系的重

要举措，同时也符合国际监管政策的发展。《指引》的重要意义如下。

（1）首次明确确立了我国银行业风险管理统领性规则。从2006年以来，我国金融监管部门不断强调全面风险管理，但是有关"全面风险管理"的规定仅在《商业银行资本管理办法（试行）》中提及，近年来，银监会陆续单独制定了覆盖资本管理、信用风险、市场风险等各类风险审慎监管规则，但仍然缺乏一个关于银行业全面风险管理的审慎规制，《指引》首次为银行建立了完善的全面风险管理体系。

（2）有利于针对性地解决银行业金融机构全面风险管理实践问题。我国银行业全面风险管理的全面性、有效性和深度有待提升；尤其是起步相对较晚的中小银行业金融机构，许多单个的审慎监管规则尚未完全达标，全面风险管理体系建设还存在一定差距。

（3）有利于跟进国际监管改革对风险管理的新要求。巴塞尔委员会等国际组织和各国监管机构都针对不断完善金融机构全面风险管理发布了一系列政策文件，提出了更具体的要求。因此，银监会从风险监管原则出发，也迫切需要对银行业机构全面风险管理提出明确要求，推动提升全面风险管理水平。

随后，2017年7月4日，中国银监会发布《关于银行业风险防控工作的指导意见》（银监发〔2017〕6号，以下简称《指导意见》），《指导意见》明确其立法目的是在已确立的全面风险管理基础上，全面落实中央经济工作会议精神，按照坚持底线思维、分类施策、稳妥推进、标本兼治的基本原则，把防控金融风险放到更加重要的位置，切实防范化解银行业当前面临的突出风险，严守不发生系统性风险底线。《指导意见》明确了需要重点防范的风险领域，并对十大风险逐一予以了明确，其中除了信用风险和流动性风险之外，对于资产管理中涉及的债券投资业务、同业业务、银行理财和代销业务等业务中的风险，以及房地产领域风险、地方政府债务风险和金融创新及互联网金融风险等十大风险类型进行了规定，这是金融监管部门在对市场进行梳理后明确予以关注的领域，以便于金融监管部门在推进"去杠杆"进程中，有针对性地对不同风险点实施差异化的监管方案。

2017 年 1 月 10 日，证监会深刻反思股市异常波动的教训，修订发布《证券公司风险控制指标管理办法》，该管理办法确定了建立以净资本和流动性为核心的风险控制指标体系，加强证券公司风险监管。首先是将流动性监管纳入证券监管的范围。其次，明确了全面风险管理的理念和制度，要求证券公司根据中国证监会有关规定建立全面风险管理体系，并将证券公司所有子公司以及各类关联公司纳入全风险管理体系。同时进一步明确了证券公司资本充足率和各项风险控制指标标准。

2. 监管重点：去高杠杆，脱虚向实

2016 年伊始发生的股市和汇市动荡及债券风险案件等，反映了整个金融市场的内在脆弱性，中央和监管部门意识到高杠杆是金融高风险的源头。在整个金融市场中，无论是券商、公募等证券机构，还是信托、银行等银行业金融机构以及保险机构等，普遍存在大量高杠杆金融产品。因此，在排查杠杆、摸底情况的同时，监管机构也多次明确了从严监管，坚定金融"去杠杆"的决心，中央及各级监管部门发布了系列规则，以建立金融监管新秩序。

（1）国务院对降低企业杠杆率工作做出部署

针对我国经济下行压力仍然较大、企业杠杆率高企、债务规模增长过快等情况，2016 年 10 月 10 日，国务院印发《关于积极稳妥降低企业杠杆率的意见》（国发〔2016〕54 号）及其附件《关于市场化银行债权转股权的指导意见》。这是我国为推进供给侧结构性改革、防范和化解企业债务风险的重要文件，有利于稳妥降低非金融类企业杠杆率工作，防范存在沿债务链、担保链和产业链蔓延的风险隐患。文件主要有如下特点。

第一，本次债转股的范围并非针对不良贷款，主要目标是降低企业杠杆率和债务，而不是化解银行体系风险，以助推供给侧结构性改革。

第二，确定了市场化和法治化降低企业高杠杆率的原则，通过市场化而不是采取政府兜底的方式来推进企业解决债务问题。为明确降低企业杠杆率的具体实施方式和政策措施，此次同时制定出台了《关于市场化银行债权转股权的指导意见》（以下简称《指导意见》）作为附件。《指导意见》共规定了平稳有序地降低企业杠杆率的七个途径，除了企业兼并重组、完善现代企业制度等优化企业债务结构的方法外，还根据当下市场的特点，对银行债权转股权、企业破产以及股权融资等方式进行规定，有利于推动企业股权多元化，完善现代企业制度，以实现稳增长、促改革、调结构、防风险的目标。

第四，加大了"僵尸企业"、失信企业和落后产能的市场退出。《指导意见》特别明确了"四个禁止，三个鼓励"。对三类不良企业严禁实施债转股。但鼓励符合市场发展、具有战略意义和新兴产业领域的优质企业等在遇到暂时困难时开展市场化债转股，以有效防范道德风险，切实发挥市场化债转股的优胜劣汰作用。

（2）央行 MPA 监管范围逐步扩大

2016 年央行采用 MPA 监管以来，依照中央对继续深化金融改革的要求，以"去杠杆、防风险"为主线，逐步扩大 MPA 监管范围，央行于 2017 年一季度起，在 MPA 评估时正式将表外理财纳入广义信贷范围，以加大金融支持实体的力度。

首先，将表外理财纳入 MPA 考核已是国际经验，随着新巴塞尔协议的出台，银行常常采用多种方式将资产转向表外等以规避监管，因此，修订的巴塞尔协议也随着市场的变化而逐步完善监管框架，逐步将银行的表外资产纳入风险管理的范围内，以达到有效监管。尤其是金融危机后，金融监管领域发生重大变革，将宏观审慎和微观审慎监管逐步结合，促使金融监管体系发生变革，对金融市场的各类风险进行监管。

其次，央行将表外理财纳入 MPA 考核有利于针对当前的市场问题加以有效监管。由于表外业务尚未被纳入监管范围，因此，银行可以将大量表内业务转向表外以规避监管，表外规模的扩大在监管缺位的情况下很容易造成风险不能有效隔离，从而导致金融风险。尤其是我国许多规模较小、风险较高的地方中小银行在监管放松的环境下，表外理财规模快速增长，不利于"去杠杆"和强化资本监管。因此，央行将表外理财纳入 MPA 范围内，体现了未来金融监管的基本思路，希望加大监管力度，防止金融机构利用监管套利导致风险。

（3）加大对各类金融产品杠杆率的限制

银行、证券和保险的监管机构发布了系列法规，重点对降低金融机构的杠杆率进行了规范（见表1）。

表1　关于限制杠杆率的相关法规

	颁布的新规	杠杆率的限制
银行业	《商业银行理财业务监督管理办法（征求意见稿）》	理财产品总资产不能超过净资产的140%
保险业	《关于加强组合类保险资产管理产品业务监管的通知》	向机构投资者发行的分级产品、权益类和混合类分级产品杠杆率不能超过1倍
		其他类型的分级产品杠杆率不能超过3倍
证券期货	《证券期货经营机构私募资产管理业务运作管理暂行规定》	股票类、混合类产品杠杆率不得超过1倍
	《证券期货经营机构落实资产管理"八条底线"禁止行为细则》	固定收益类产品杠杆率不能超过3倍
		其他类型产品杠杆率不能超过2倍
		集合资管计划总资产不能超过净资产的140%
基金子公司	《证券期货经营机构落实资产管理"八条底线"禁止行为细则》	股票类、混合类产品杠杆率不得超过1倍
	《证券投资基金管理公司子公司管理暂行规定》	固定收益类产品杠杆率不能超过3倍
		其他类型产品杠杆率不能超过2倍
	《基金管理公司特定客户资产管理子公司风险控制指标管理暂行规定》	集合资管计划总资产不能超过净资产的140%

第一，统一金融产品杠杆率，尤其是对分级金融产品要求更高。明确规定了各类产品的杠杆上限，其中固定收益类产品的杠杆率不能超过3倍，规定开放式公募产品杠杆率不超过140%，即使是私募产品的杠杆率也不超过200%；此外，对公募和私募的投资比例规定不能超过50%，私募ABS等结

构化融资产品的杠杆率也大幅降低，以抑制金融机构像之前那样高杠杆扩张。

第二，对多层嵌套结构化产品和通道业务进行了严格规定。对于原来盛行的通道业务也明确规定，资管产品只能有1层通道而不能使用2层以上的通道，委外投资公募和MOM产品除外。基于该规定，许多非标产品和表外信贷融资则不能合规了，原来银行理财借助通道开展资产管理业务的模式也无法实施了。

金融"去杠杆"进程中，一方面，加强对金融机构在新监管环境下资本充足率和流动性风险的管理；另一方面，有关杠杆率的明确限制将进一步降低金融产品之间的结构化嵌套，有效地抑制通道业务发展，从而抑制资金空转，避免脱实向虚。

（二）加大实体经济支持，推进供给侧结构性改革

党的十八大以来，为加强金融对实体经济的服务，金融监管部门也加大了创新的力度，创新采用了如短期流动性调节工具（SLO）、中期借贷便利（MLF）等多种货币政策工具手段，同时积极推进互联网金融等金融创新，但实体经济融资难和融资贵仍是突出问题，成为经济新常态下促进经济转型升级需要重点解决的问题之一。为落实国务院《关于市场化银行债权转股权的指导意见》，金融监管部门积极推进开展不良资产证券化和收益权转让等举措，优化信贷结构，提高金融资源配置效率，加大金融对产业转型升级和供给侧结构性改革的支持力度。

1. 规范提升银行业服务实体经济质效的措施

2017年4月7日，银监会发布《关于提升银行业服务实体经济质效的指导意见》，该意见是银监会为督促引导银行业加强规范，增强服务实体经济的能力和质效，加大支持供给侧结构性改革和金融服务实体经济而专门制定的指导意见，并从五个维度提出24项政策措施。主要从三大方面着手，一是在支持供给侧结构性改革方面，重点实施差异化信贷政策和债权人委员会制度，加快处置不良资产和开展市场化债转股，并就国家发展战略、产业

转型等加大金融支持力度。二是大力推进银行业自身改革创新，通过完善和加强公司治理，深化普惠金融体系和创新金融服务模式、流程，以及加强高科技技术运用等手段，提高银行业服务实体经济内生动力，有效解决中小微企业融资难、融资贵问题。三是要进一步强化金融监管约束，督促银行业严格遵守信贷、同业等业务相关监管规定，改进资金脱实向虚的交易业务，加强风险管理，回归金融服务实体经济本源。

2. 加大保险对实体经济发展支持力度的指导意见

2017 年 5 月 4 日，中国保监会发布《关于保险业支持实体经济发展的指导意见》（保监发〔2017〕42 号，以下简称《指导意见》）。《指导意见》是为贯彻落实中央关于维护国家金融安全精神，以服从国家战略、坚持改革创新和市场化的思路，提出的 15 条政策措施，以提升保险服务实体经济的质量和效率。

《指导意见》着重提出了四方面政策。一是发挥保险产品和保险资金优势，构筑实体经济的风险保障体系。在构建保险助力企业融资和出口企业"走出去"的机制中，重点完善社会风险保障功能和农业风险管理机制，增强保险的增信作用，推动农业、健康和养老产业发展，服务好实体经济。二是引导保险资金服务国家发展战略。积极发挥保险资金融通和引导作用，助力供给侧结构性改革，支持保险资金参与市场化债转股。积极引导保险服务"一带一路"建设和国家区域经济发展等国家战略，对于国家重点发展的军民融合和中国制造等产业和实体经济发展加大保险支持力度。三是保险创新服务实体经济。以保险创新服务国家脱贫攻坚战略，推进中国保险业产业扶贫投资基金和扶贫公益基金等新兴扶贫保险模式。针对产业和实体经济发展，研究开展专利保险和首台（套）重大技术装备试点以及巨灾风险证券化等创新产品。四是加强保险监管。研究推进差异化监管，建立动态的保险审慎监管机制，基于负面清单及国家战略支持力度调整政策，优化保险资本监管体制等。

3. 重点规范同业业务，防止资金金融体系内空转

同业业务是银行常用的流动性管理工具，有利于商业银行加强主动管

理，解决信息不对称等问题。2014年前后，在利率市场化的推进过程中，银行逐步面临下降的资产质量和盈利空间的挤压，越来越多的银行将同业业务作为其重要业务之一。由于同业监管的相对宽松，监管套利和资源错配大量滋生，随着业务规模的逐渐扩大，同业业务的风险隐患逐渐暴露。其中最突出的是同业存单—同业理财—委外理财的套利模式，通过这种模式，同业存单的质押属性与影子银行和高杠杆的结构化理财产品对接后，相当于把表内的资金转向表外逃避监管，金融机构之间同业业务互持交易、加通道和杠杆之中累积层叠，加剧了资金的空转，使得风险快速积聚。因此自2017年3月末以来，中国人民银行和银监会连续出台文件，针对同业业务存在的监管缺位和套利现象予以整治。

《关于银行业风险防控工作的指导意见》就明确要求"采取有效措施降低对同业存单等同业融资的依赖度""督促同业存单增速较快、同业存单占同业负债比例较高的银行，合理控制同业存单等同业融资规模"。2017年3月29日，中国银监会办公厅发布《关于开展银行业"监管套利、空转套利、关联套利"专项治理的通知》（银监办发〔2017〕46号），要求银行自查"监管套利、空转套利和关联套利"，自查范围涉及多项银行近年来普遍存在的监管套利和规避监管行为。这两个文件都着重强调了对同业存单和同业套利使资金空转套利、脱实向虚的监管。银监会有关银行同业业务监管的重点主要包括以下几项内容。

（1）在业务层面，主要关注同业资金和同业存单空转。对于同业资金空转，要求银行清理自查通过吸收同业资金对接理财产品或资管计划等放大杠杆的行为，或通过同业投资为其他商业银行提供通道规避监管、掩藏风险的行为，或通过同业存单空转对接债市，导致期限错配等风险。

（2）对于风险，重点关注同业的高负债率和流动性风险，针对同业融资依存度高、增速快的金融机构，重点检查期限错配的风险，及同业融资占总负债率超过1/3的情况。

（3）对于同业业务的管理和整治，主要是依据穿透和实质管理要求，对于新开展的和存量风险同业业务，要根据基础资产性质，准确计量风险，

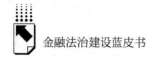

足额计提资本拨备，并严查同业业务多层嵌套和特定目的载体投资未严格穿透至基础资产等违规行为。此外，对同业业务的信用风险管理和第三方信用担保及交易对手方的名单管理等都提出了具体的规定。

4. 央行将部分同业存单纳入 MPA 管理范围

自 2016 年四季度以来，央行的货币政策旨在去杠杆、防风险，在把表外理财正式纳入 MPA 考核之后，又将部分同业存单纳入 MPA 考核。2017 年 8 月 11 日，央行在二季度货币政策执行报告中提出，为了更全面反映金融机构的同业融资和同业市场情况，中国人民银行将在 2018 年一季度评估时，扩大 MPA 考核的范围，将资产规模在 5000 亿元以上的银行发行的 1 年以内同业存单（NCD）纳入 MPA 同业负债占比指标进行考核。随后，2017 年 8 月 31 日，央行〔2017〕第 12 号公告规定，自 2017 年 9 月起金融机构不得新发超过 1 年的同业存单。

加强同业监管、避免同业空转是监管部门加强"去杠杆、防风险"的重要举措，既能防止监管套利，防范风险，同时也有利于促进金融机构转变其风险偏好的发展思路，实现业务能力、内控和风控等能力的提升。

（三）多措并举，金融去杠杆取得实质成效

针对我国金融存在高杠杆加嵌套和链条长等问题，以及金融自我循环和脱实向虚现象所带来的风险和挑战，2016 年以来加强了金融监管改革，大量监管规则的发布对金融业生态环境产生了深刻改变。金融杠杆的本质就是负债，加强监管去杠杆，实质上是要降低负债率使其达到相对合理的水平，有效防范风险。

1. 金融业杠杆率显著下降

自 2016 年以来，在供给侧结构性改革、宏观政策调整和加强金融监管等多项政策的作用下，中国高企的宏观杠杆率上升趋势明显放缓，尤其是非金融企业部门和金融部门的杠杆率都显著下降。

随着金融稳定发展委员会的成立，以及在加大同业和资管业务监管等系列规范要求下，各类金融机构逐步开始实质性去杠杆，金融去杠杆

成效明显，杠杆率整体回落。最直接反映宏观杠杆率的两个指标都明显下降，一是银行总资产扩张与 M2 和信贷资产的增速差，增速差越大则杠杆率越高，说明大量资金只在银行及其他金融机构内部空转而并没有进入实体经济，2016 年银行资产与信贷的增速差最高超过 10 个百分点，但2017 年以来银行总资产大幅放缓，过去猛烈扩张的股权和其他投资的资产规模显著下滑，银行资产增速首次低于信贷增速；二是银行对银行和其他金融机构的债权比与银行对企业部门的债权比的增长速度之差，过去两者之差数值非常大，2016 年最高超过 15 个百分点，到 2017 年大幅缩窄至 -4.8 个百分点。因此，银行资产扩张增速放缓，回归到银行资产与 M2 和信贷及实体经济需求相协调的水平，旨在限制资金体内空转的降杠杆措施取得成效。

2. 影子银行及通道业务有效控制

金融领域影子银行和监管套利不断涌现，各类金融机构借助通道、出表业务加杠杆等实现了爆发式增长。随着金融监管加强，监管部门出台各项法规弥补漏洞，金融机构过度负债的业务得到有效遏制，银子银行及各类非标通道业务在 2017 年呈逆转断崖式下滑，较 2016 年同期降幅达 6.9 万亿元。尤其是之前快速扩张的股份行和中小商业银行资产扩张迅速减缓，同业、理财及各项非标和委外业务全面收缩。股份制银行总资产增速大幅回落 8.6 个百分点，尤其是城商行较 2016 年降幅达 16.6%。证券领域中的券商资管和基金子公司等影子银行通道业务也同样如此，2016 年银行对非银机构净债权新增规模飙升超过 12 万亿元，2017 年券商定向资管、基金子公司资管计划、信托收益权等各类非银金融机构新增债权规模在加强监管的背景下开始收缩，较 2016 年高峰时缩水了近 2 万亿元。

四　重塑金融行业生态，强化资产管理统一监管

2016～2017 年，各监管部门针对银行理财、表外、证券和保险领域的的资产管理业务等突出领域加强监管，"一行三会"等监管机构针对资产

管理业务等发布一系列政策法规，在此基础上，十九大以后发布的资产管理新规是对之前资产管理业务监管的系统性集成，综合体现了新的监管理念和监管模式。概而言之，从 2016 年以来，有关资产管理的监管以颁布统一的资产管理新规为界，分为不同阶段，监管部门对于资产管理的监管逐步从点到面，形成系统性、纲领性文件，对资产管理业务进行了全面的整顿。

经过几年的迅猛增长，到 2017 年各类资产管理产品总量已达到 106.63 万亿元，各资产管理业务由于分业监管，而由不同监管部门监管，很容易形成监管套利，整个金融市场资产管理业务存在标准不一、高风险高杠杆、部分业务不规范等问题。各金融行业资产管理产品见表 2。

表 2　各金融行业资产管理产品

单位：万亿元

监管部门	资管类别	资管产品规模	资产数量
银监会	银行理财	总资产	28.38
		表内业务	6.75
		表外业务	21.60
	信托产品	总资产	23.10
		集合信托	9.10
		单一信托	11.54
		财产信托	3.76
证监会	券商资管	总资产	17.37
		集合计划	2.20
		定向资管计划	14.72
	公募基金	总资产	11.10
	基金专户	总资产	14.38
		公募专户	6.42
		基金子公司	7.95
	私募基金	总资产	10.30
保监会	保险资管	总资产	2.00

资料来源：根据公开信息整理而成。

（一）制定针对性法规，加大对金融业务的规范力度

2016年以来，针对资产管理具体业务的监管政策密集出台，"一行三会"先后发布了各项金融监管政策法规累计超过40条，既包括银行票据业务、不良资产收购和银行信贷收益权转让等银行业务，也将信托、保险机构的资产管理业务以及证券私募资产管理业务等纳入统一监管的范畴。

1.各金融监管部门密集发布规则补齐监管漏洞

2017年是监管大年，依照加强监管的理念，各监管部门密集发布了系列监管文件，其中加强监管的重点在于加强资产管理业务的整治和监管，针对银行、证券、保险各金融行业的资产管理业务和产品就风险点突出的领域，以及存在金融监管缺位、监管交叉和金融套利等问题的领域加强整改，防范金融风险。2017年3月以来，银监会发布《关于开展银行业"违法、违规、违章"行为专项治理工作的通知》《关于开展银行业"监管套利、空转套利、关联套利"专项治理工作的通知》《关于开展银行业"不当创新、不当交易、不当激励、不当收费"》等文件。2017年4月以来，保险监管部门制定下发"1+4"系列文件，这5份文件分别是《中国保监会关于进一步加强保险监管维护保险业稳定健康发展的通知》《中国保监会关于进一步加强保险业风险防控工作的通知》《中国保监会关于强化保险监管　打击违法违规行为整治市场乱象的通知》《中国保监会关于弥补监管短板构建严密有效保险监管体系的通知》《中国保监会关于保险业支持实体经济发展的指导意见》，明确了保险业务加强监管、补短板等主要要求。证监会针对证券资管行业出台了多项措施。2016年7月15日，证监会重新修订资管业务"八条底线"，并发布《证券期货经营机构私募资产管理业务运作管理暂行规定》《基金管理公司特定客户资产管理子公司风险控制指标指引》，修订发布《基金管理公司子公司管理规定》等，加强资产管理业务的监管，引导行业回归资产管理业务本源。2016～2017年有关资产管理业务的金融监管政策见表3。

表3 2016~2017年有关资产管理业务的金融监管政策

	银行业理财业务	保险业资产管理业务	证券业资产管理业务	基金子公司资产管理业务
政策法规	《商业银行理财业务监督管理办法（征求意见稿）》	《关于加强组合类保险资产管理产品业务监管的通知》	《证券期货经营机构私募资产管理业务运作管理暂行规定》《证券期货经营机构落实资产管理"八条底线"禁止行为细则》	《证券期货经营机构落实资产管理"八条底线"禁止行为细则》《证券投资基金管理公司子公司管理暂行规定》《基金管理公司特定客户资产管理子公司风险控制指标管理暂行规定》
准入要求	确定对银行理财业务按照基础类和综合类进行分类管理	没有提及	没有提及	明确基金子公司设立的7项条件
资金池	没有提及	禁止发行具有资金池性质的产品	禁止发行具有资金池性质的产品，并进一步细化了8项禁止规定	禁止发行具有资金池性质的产品，并进一步细化了8项禁止规定
期限错配问题	禁止期限错配，并明确了具体的要求	没有提及	没有提及	没有提及
产品嵌套问题	没有提及	禁止发行嵌套型产品	禁止发行嵌套型产品	没有提及
杠杆率限制	不超过净资产140%	根据不同产品不得超过1~3倍	根据不同产品不得超过1~3倍，或净资产不超过140%	根据不同产品不得超过1~3倍，或净资产不超过140%
风险控制	做出风险准备金的具体规定	没有提及	没有提及	规定了净资本和资产的要求
针对不同金融行业的特定要求	对理财托管设定了限制条件，限制了通道业务	对伞性账户、投资比例、投顾业务、银行托管、分级产品投资进行了规定	对伞性账户、投顾业务、分级产品投资进行了规定	没有提及

资料来源：根据公开信息整理而成。

2. 加强金融机构资产管理业务全面风险排查

监管文件不仅强化了对金融机构的外部监管，同时对金融机构内部治理、激励机制、人员行为等做出严格规定，加强金融机构资产管理业务全面风险排查，以抑制金融机构资产管理业务的风险，引导盈利性与安全性的平衡。

银监会发布一系列监管文件，通过金融监管与金融机构加强自律等方式来加强管理。2017 年 3 月 28 日，银监会发布《关于开展银行业"违法、违规、违章"行为专项治理工作的通知》（银监办发〔2017〕45 号），决定在银行业开展"违反金融法律、违反监管规则、违反内部规章"行为专项治理。重点是以加强金融监管制度管理来治理金融乱象，以进一步防控金融风险，这是要求银行业机构自查的实施细则，重点要求银行开展全系统自查、抽查以及监管检查问题的整改等，全面覆盖业务流程和运行体制机制、系统及人员，全面检查银行业金融机构存在的制度漏洞、有章不循、违规操作等问题，以消除风险管控盲区。

银监会同日发布《关于开展银行业"监管套利、空转套利、关联套利"专项治理工作的通知》（银监办法〔2017〕46 号），该文件主要针对监管套利、空转套利和关联套利加强监管，该文针对银行同业业务、投资业务、理财业务等跨市场、跨行业交叉金融业务中存在的杠杆高、嵌套多、链条长、套利多进行全面专项治理，文件明确列举了 95 条有关套利的方式，要求银行业机构逐条完成自查、检查以及监管问题的整改和问责等工作。文件明确对存在交叉资产管理业务监管的原则是，以资金来源确定风险管理主体责任，禁止将风险转移给"通道机构"。

2017 年 4 月 6 日，银监会发布《关于开展银行业"不当创新、不当交易、不当激励、不当收费"》（银监办发〔2017〕53 号），重点要求银行加强对金融创新业务的制度及运行情况进行自查，自查的内容包括银行对金融创新的风险识别与防范制度、定期评估，以及金融创新的内部管理制度和程序等，使金融创新风险能得以有效防范。

证监会强化以净资本为核心的管理，一方面将券商的核心业务与净资本挂钩，另一方面制定了限制通道业务等模式的监管办法。2016 年初通过的《证券公司风险控制指标管理办法》，对券商净资本充足程度尤其是核心净资本的规模提出了更加明确的要求。2016 年 7 月 14 日，中国证监会发布《证券期货经营机构私募资产管理业务运作管理暂行规定》，强化了对资管业务的监管，重点对结构化资产管理产品、"资金池"等问题加强规范，首先限制了结构化产品的负债端杠杆率水平和集合资产管理产品的投资端杠杆率水平；其次控制通道业务规模，严格禁止各种金融产品的嵌套和资金池操作，禁止对优先级提供保本保收益安排和对预期收益率进行宣传，通过加强资产管理业务的监管，引导行业回归资产管理业务本源。

保监会重点针对人身险、财险、资金运用、公司治理等方面发文，进一步明确资金运用及保险业资产管理业务的监管。人身险领域，保监会 2017 年发布的 134 号文，强化了对保险产品和业务的监管，叫停了之前诸多以投资收益回报为重点的保险产品类型，包括快速返还的万能、两全保险，以及以附加险形式存在的万能险、投连险。同时，在财产险领域，于 2017 年 7 月全面推开二次费改，加强保险产品的投资风险管理。资金运用方面，2017 年突出的监管导向就是针对保险资金运用的范围等做出了进一步明确的规定，进一步规范险资运用的范围和要求，明确禁止保险机构与非保险一致行动人共同收购上市公司，鼓励保险资金加大债券投资等行为，以加大保险对实体经济建设的支持力度。

（二）发布统一的纲领性文件，资产管理发生根本性转变

过去 5 年中，资产管理机构和产品的扩张，很大程度上依赖于国内金融业刚性兑付、通道业务和规避监管出表业务等模式的盛行，本质上是金融机构内的资金空转模式。由此，不同类型的资管机构利用监管套利，分别赚取前端资金、后端资产和中间通道的钱，违背了资产管理公司的本质。而国际上资产管理行业更多的是依赖其投研、资产配置和风险定价等能力实现竞争优势。因此，在总结前期针对具体资产管理业务类型的监管经验上，几家监管部门联合发布了有关资产管理业务统一监管的纲领性文件，以加强监管，

控制影子银行模式，实现资产管理模式的根本性转变。

2016～2017年，各金融监管部门发布了不少针对资产管理业务的规则，但仍存在各监管部门规定不一致等问题。2017年11月17日，央行联合"三会"及外汇局发布《关于规范金融机构资产管理业务的指导意见（征求意见稿)》（以下简称《意见》），这是党的十九大结束后和国务院金融稳定发展委员会成立后发布的首份文件，也是关于资产管理领域跨行业的纲领性文件，针对资产管理业务的监管套利与漏洞、资金空转、脱实向虚等问题，制定统一的资产管理产品标准规制，主要有以下特点。

1. 统一定义和管理资产管理业务

《意见》是由各金融监管部门为落实国务院应对国际金融危机小组会议要求共同起草发布的文件，该指导意见突出了防范和化解金融风险的监管理念，建立了产品形态设计、投资行为限制、托管机构要求、产品信息统计、监管问责机制等方面的统一资产管理业务准则。

《意见》对资产管理业务首次进行了统一的定义。资产管理业务是指银行、信托、证券、基金、期货、保险资产管理机构等金融机构接受投资者委托，对受托的投资者财产进行投资和管理的金融服务。除了银行业、证券业、保险业等各监管部门自己的统计系统外，中国人民银行建立了独立、统一的资产管理报送系统，未来所有类型的资产管理产品还需要报送中国人民银行，以便加强统一监管。

2. 明确资产管理业务监管的基本原则

资产管理业务的监管将坚持宏观审慎管理与微观审慎监管相结合、机构监管与功能监管相结合，主要从防风险、服务实体经济、宏微观结合监管等方面推进新规。按照文件确定的监管原则实施穿透式实质监管，对于已经发行的多层嵌套资产管理产品，向上识别产品的最终投资者，向下识别产品的底层资产，禁止变相突破200人的投资人数限制，加大金融体系去杠杆力度，并推进金融监管协调机制，配合资管业进行有序的规范和整改。

3. 依照分类管理原则划分监管标准

明确了资产管理产品的划分标准。主要是确定了两个划分标准，一是按照募集方式分为公募和私募，二是按照投资性质分为固定收益类产品、权益类产品、商品及金融衍生品类产品、混合类产品四大类。并且规定任何银行理财的投资者只要超过 200 人就按照公募的标准认定。重新界定资管产品的投资范围，公募产品只能投资流动性高的债权产品，不能投资非上市股权等资产。统一并提高了资产管理产品的合格投资者标准，按公募产品和私募产品确定公开发行与私募发行，私募产品面向合格投资者，并提高了合格投资者标准，过去信托、基金专户、私募、私人银行等各类资产最低投资门槛要求不一，标准从 100 万元至 300 万元左右不一，新规统一将门槛提高至 500 万元以上，提高了资产管理产品合格投资人的门槛。

4. 打破刚性兑付，实行净值化管理

净值法和打破刚性兑付是资产管理新规的核心内容。打破原来金融机构之间、机构与通道之间的刚性兑付，并确定了分类惩处和投诉举报等监管要求。依照新规，要求金融机构不得为资管产品投资的非标债权类资产或者股权类资产提供任何直接或间接、显性或隐性的担保或者回购承诺，不得直接或者间接对优先级份额认购者提供保本保收益安排。

5. 重点规范资金池，禁止非标与资管产品期限错配

《意见》最大的亮点在于精准地定义了"期限错配"，从而大幅度压缩了此前很多金融机构开展的以银行理财为主的非标资产类资金池操作，并要求资管产品实行"三单"管理，不得开展滚动发行、集合运作、分离定价特征的资金池业务。升级资产管理业务流动性管理，要求加强期限错配的各类产品的流动性管理，封闭式资管产品不得低于 90 天。严格限制期限错配，规定非标到期日不得晚于封闭式产品到期日，或开放式产品的最近一次开放日。

（三）依照资产管理新规，制定新业务监管规则

《关于规范金融机构资产管理业务的指导意见（征求意见稿）》发布以来，监管部门逐步推进建立统一、规范的新资产管理规则，并依照新的监管理念，制定新的业务监管细则。

1. 银监会加强规范银信类业务

近年来我国银信类业务增长较快，其中突出的特点是信托公司常常作为银信业务的通道，而且通道业务占比较高，存在一定风险隐患。2017年12月22日，银监会发布《关于规范银信类业务的通知》，这是《关于规范金融机构资产管理业务的指导意见（征求意见稿）》落地后发布的首个具体业务的监管细则。该通知共10条，提出加强银信监管的要求，并分别从银行和信托公司双方规范了银信业务。①明确了银信业务和银信通道的定义，首次明确了银信类业务的定义，将银行表内外资金和收益权同时纳入银信类业务，另外，综合考虑信托公司的风险管理水平和专业投资能力，并要求银行对信托公司实行名单制管理。②按实质重于形式和穿透原则加强银行业务监管，规定银行不得利用信托通道规避监管要求或实现资产虚假出表，并明确了补提资本、拨备等监管要求，加强银信业务监管。③规范信托公司行为，分别从转变发展方式和履行受托责任两个方面对信托公司进行规定，增加了信托公司在银信类业务中的新要求，重点对三类业务模式进行了严格的限定，要求信托不得接受委托方银行直接或间接提供的担保，不得与委托方银行签订抽屉协议，不得为委托方银行规避监管要求或第三方机构违法违规提供通道服务，不得将资金违规投向限制或禁止领域等。

2. 保险资产负债管理办法发布

为防范保险业资产负债错配风险，引导保险公司主动优化调整资产负债匹配，2017年保监会对财产保险及人身保险公司相继开展资产负债管理能力试评估和量化评估测试工作，之后于2017年12月15日发布《保险资产负债管理办法（征求意见稿）》，向公众就保险业资产负债管理的顶层设计征询意见，标志着近年来风靡于诸多中小险企的"资产驱动负债"模式，将受到严格监管约束。

《保险资产负债管理办法（征求意见稿）》为保险业资产负债管理的纲领性监管文件，共5章38条，强调保险公司要实现资产端与负债端的良性动态平衡，在收益、风险、久期等方面实现动态匹配。该办法突出的特点是建立了保险公司资产负债管理分类监管标准，明确了保险资产负债管理的基本要求、监管框架、评级方法以及对应的差别化监管措施。保监会对保险公司资产负债的管理根据综合评级分为 A、B、C、D 四大类并确定相对应的差别化监管措施，对于资产负债管理能力评估结果低的公司如 C、D 两档的保险公司，将进行严格监管，包括专项检查、调整业务结构和高管人员、一定期限内禁止申报新产品等，同时对其投资也予以限制，禁止其开展重大股票投资和上市公司收购。分类监管模式有利于管理规范。

五　及时应对市场变化，加强流动性风险审慎监管

受中美加息和货币政策偏紧及通胀等宏观政策环境影响，加之不断加强的金融监管，2016 年以来银行的信贷业务和各类资产管理业务不断收缩，流动性风险和负债管理重要性大幅上升。严监管引发金融机构缩表，大量的资产管理产品由于监管的原因也在加大清盘和赎回的力度，金融市场潜在流动性风险逐步加大，存在底层资产缺乏流动性、债务链紧绷和资产清偿力下降等问题，尤其是房地产、地方融资平台等过去较多依赖影子银行融资的行业，存在再融资风险和信用基本面恶化等风险，因此监管部门也加强了对流动性风险的审慎监管。

（一）进一步强化商业银行流动性风险管理

2017 年 12 月 6 日，银监会发布《商业银行流动性风险管理办法（修订征求意见稿）》，本次修订是依照巴塞尔协议的要求，为了应对商业银行越来越复杂的业务以及高杠杆、多通道产品模式，变相提高了商业银行的财务杠杆水平，从而加剧了金融风险积聚的措施，也是对央行实施的 MPA 考核机制以及一系列强监管政策的落实措施，旨在通过量化指标的方式督促商业银行去杠杆，有助于化解商业银行面临的流动性风险。

金融危机后，巴塞尔协议将流动性覆盖率和净稳定资金比例确定为流动性风险监管指标，流动性覆盖率旨在提高银行抵御短期流动性风险的韧性，净稳定资金比例旨在促进银行为其资产和业务提供更多的中长期资

金。银监会在 2015 年《商业银行流动性风险管理办法（试行）》中正式将流动性覆盖率引入商业银行流动性风险监管指标体系，本次修订则将净稳定资金比例纳入监管指标体系。商业银行流动性风险管理指标的修订情况如表 4 所示。

表 4　商业银行流动性风险管理指标的修订情况

指标名称	指标新旧	适用机构	量化指标	监管要求	过渡安排
净稳定资金比例	新设	资产不低于 2000 亿元的银行	可用稳定资金/所需稳定资金	比率不低于 100%，指标越高，稳定资金来源越充足	原有监测，不设过渡期
优质流动性资产充足率	新设	资产低于 2000 亿元的银行	优质流动性资产/短期现金净流出	比率不低于 100%，指标越高，优质流动性资产储备越充足	2018 年底达标
流动性匹配率	新设	全部银行	加权资金来源/加权资金运用	比率不低于 100%，指标越低，期限匹配程度差	2019 年底达标
流动性比例	原有	全部银行	流动性资产余额/流动性负债余额	不低于 25%	
流动性覆盖率	原有	资产不低于 2000 亿元的银行	合格优质流动性资产/未来 30 天现金净流出量	不低于 100%	2018 年底达标

此次修订的主要内容包括以下几点。第一，新引入三个流动性风险监管量化指标，即净稳定资金比例、优质流动性资产充足率、流动性匹配率，三个指标依照银行规模的不同适用的情况有所区别，进一步丰富了银行流动性风险的监管指标。第二，进一步完善流动性风险监测。在强化对国有大型商业银行等资产规模超过 2000 亿元的商业银行流动性风险管理要求的同时，通过新设指标及对部分监测指标的计算方法进行优化，将监管范围扩大至全部商业银行，同时对期限错配程度提出明确要求，并加强对同业存单的监管，引导商业银行调整优化资产负债结构。第三，细化了流动性风险管理相

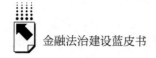

关要求，如日间流动性风险管理、融资管理等。此外，银监会对不同指标设定了过渡期，有助于平滑金融去杠杆速度过快产生的流动性影响。

（二）保监会将防流动性风险放在突出位置

近年来，保监会逐步完善了保险业"偿二代"监管体系，流动性风险一直是保险业"偿二代"的核心监管指标之一，是保险公司风险控制的重要内容。保险资金运用存在的高成本负债所带来的利差损风险隐患，以及我国部分中小险企"短钱长配"现象凸显，容易导致保费现金流入下降和集中退保等，从而带来较大流动性风险。2017年9月，保监会发布系列监管办法，其中《关于进一步加强保险业风险防控工作的通知》（保监发〔2017〕35号）将流动性风险放在了首要位置予以规定，要求完善流动性风险管理体系，推动保险业逐渐回归本源。在"偿二代"流动性监管规则的基础上，着重强调了如下内容。

（1）健全保险公司流动性管理制度体系。保险公司要进一步优化公司治理，明确董事会、管理层和相关部门在防范流动性风险中的职责分工。建立和完善流动性风险管理制度，明确流动性风险管理的策略、目标和风险容忍限额等。

（2）加强保险公司流动性风险监测。既要跟踪分析经济形势、资本市场等宏观环境的发展变化，也要从微观层面上加强保险公司对流动性风险的监测，充分考虑各类风险因素对公司流动性的影响，提早做好应对措施。

（3）完善风险预警和应急处置机制。保险公司要制定切实可行的业务发展和资金运用计划，建立与公司业务特点和负债结构相匹配的资产结构，从源头上防范流动性风险。同时，定期开展现金流压力测试，制订有效的流动性应急计划，提早制订应对预案。

（4）强化股东的流动性风险管理责任。明确保险公司股东的流动性风险管理责任和监管要求，需要定期关注公司流动性风险水平及其变化，并及时采取合理方式化解保险公司面临的流动性风险。

（三）加强公募证券投资基金流动性风险管理

2015 年以来，我国公募基金持续快速发展，截止到 2017 年，公募基金产品达到近 5000 只，公募基金自身规模的扩大以及金融市场的变化等因素对基金风控尤其是流动性带来了较大的压力。证监会对公募基金的流动性风险管理越来越重视，2017 年 3 月 31 日就《公开募集开放式证券投资基金流动性风险管理规定（征求意见稿）》公开征求意见，并于 2017 年 9 月 1 日正式发布《公开募集开放式证券投资基金流动性风险管理规定》，这是证监会首次对公募基金的流动性风险提出全面、系统的监管要求，重点解决两方面问题。一是以问题为导向，对现有监管规则进行全面的"查缺补漏"，进一步完善开放式基金流动性风险管控指标体系；二是针对基金管理人完善流动性风险管控机制，强化基金管理人自我风险管控，建立以压力测试为核心的流动性风险监测与预警制度，并针对货币市场基金的流动性风险管控做出专门规定，提出流动性风险管控底线要求。

1. 全面加强公募证券投资基金流动性风险管理

一是针对基金管理人，要求设立以压力测试为核心的风险监测和预警制度，建立流动性风险的内控体系；明确基金经理对流动性风险承担直接责任并建立严格的考核问责机制。

二是针对产品设计，要求根据投资者类型，结合产品与投资、风控和运营等进行更加科学的产品创设。对委外定制基金、主要投资非上市股票、债券和不活跃市场等基金应采取的发起形式进行了规定，要求采用发起式、封闭或定期开放的方式运作。

三是针对投资交易限制，投资交易端做出了系统的具体要求。进一步强调组合投资、分散风险的要求，进一步规定了投资集中度与流通受限资产的比例限制，一般不得超过基金资产净值的 15%。明确了逆回购的交易风险管理，增加了可量化与可执行的流程与之配合，加强对逆回购交易对手的准入及交易额度管理，健全质押品管理制度；此外，对于投资头寸管理，明确了现金管理类资管的范围，规定结算备付金、存储保证金、应收申购款等不属于现金类头寸。

2. 严格货币基金流动性风险管理

《公开募集开放式证券投资基金流动性风险管理规定》对货币基金设立专门章节来细化其监管要求，这是对原来已有的《货币市场基金监督管理办法》加以修订并学习美国经验的结果。上述两部监管法规的对比情况见表5。美国在2008年金融危机时爆发了重大货币市场基金流动性风险，之后美国证监会改革了货币基金监管，主要通过提升资产评级和降低基金久期等方式，减少货币市场基金的流动性风险。中国证监会颁布的流动性管理规定吸收了美国的经验，对货币市场基金的各项产品久期进行了更严格、更细化的规定，通过进一步压缩组合久期，大幅提高优质流动性资产占比。

表5 两部监管法规对比

监管法规	监管特点	前10名持有人占比	组合平均剩余期限	组合平均剩余期限存续期	高流动性资产占比净值
《公开募集开放式证券投资基金流动性风险管理规定》	分类监管	超过50%	不得超过60天	不得超过120天	不得低于30%
		超过20%	不得超过90天	不得超过180天	不得低于20%
《货币市场基金监督管理办法》	没有分类	无限制	不得超过120天	不得超过240天	不得低于10%

此外，针对货币市场基金的特点，其流动性风险管理又做了如下更具体的要求：一是对新增机构类货币基金予以限制。单一投资者持有份额超过50%的，需要按照公允价值估值，以此来严格限制委外和定制类货币基金。二是货币基金规模与风险准备金挂钩。随着货币基金规模快速扩大，监管部门强调要确保货币基金的管理规模与风险管理能力及风险覆盖水平相匹配，对组合资产进行会计核算改用影子定价法来代替摊余成本法，采用摊余成本法的货币市场基金月末资产净值合计不得超过基金管理人风险准备金月末余额的200倍，货币基金投资流动受限资产不超过10%，风险准备金计提成本大幅提高。另外，在债券投资方面，货币基金的限制比开放式基金更加严

格，对信用债的投资比例限制进行了细化，细化了银行存款、同业存单的投资比例限制。

六　加强公司治理管理，补金融机构行为监管短板

（一）完善商业银行内部控制制度

巴塞尔委员会相继发布《银行业内部审计职能（2012）》等一系列文件，不断更新推进银行内部审计的国际监管要求。监管部门借助内部审计，可以有效地对于商业银行的业务、内控制度及合规风险管理进行评价和管理。尽管2006年中国银监会发布的《银行业金融机构内部审计指引》首次对银行内部审计做出了明确的规范，但随着商业银行近十年的发展，许多情况已有了新的变化，该部法规已不适用。为提高商业银行内部审计工作的规范性、独立性和有效性，2016年4月18日，中国银监会修订印发《商业银行内部审计指引》（银监发〔2016〕12号），在借鉴国际金融监管经验的同时，结合我国银行业实践，对《银行业金融机构内部审计指引》进行了修订。

修订后的《商业银行内部审计指引》体现出如下特点：一是强化商业银行内部审计的独立性原则；二是通过明确商业银行内部审计组织架构、工作流程和制度建设等，强化商业银行内部审计的有效性；三是明确了监管部门与银行内部审计部门就银行各类风险管理正式的沟通交流机制，监管部门需要与银行内审部门定期讨论银行面临的主要风险、风险缓释措施以及整改情况等；四是对银行集团和村镇银行内部审计职能设置提出差异化监管要求，针对我国商业银行在规模、经营模式和治理结构等方面的多元化和差异性提出了不同的监管要求，以充分发挥内部审计的有效性。

2017年5月，中国银监会发布的《关于切实弥补监管短板提升监管效能的通知》对进一步加强内部控制、健全内部管理制度进行了规定。相比之前的相关内部控制规范，该通知体现出如下特点：一是将内控制度的要求

由原来的商业银行扩大到整个银行业金融机构，将主体范围进行了扩大；二是强调金融机构以自律和自查的方式来加强监管，一方面要求金融机构全面对标监管制度，排查内部管理制度的空白和漏洞，另一方面要求将各类监管要求转化为公司治理、业务运行和风险控制方面的内部制度，把完善内控制度作为确保各项监管制度落地的有效措施。该通知体现了监管部门对内控制度的重视，以及监管方式更多的灵活性。

（二）重点规范各类金融机构股权管理

近年来，国家加大金融开放，鼓励民间资本进入金融机构，各类社会资本发起设立、参股或收购银行业金融机构的积极性不断提高。然而，也出现了股权管理混乱、滥用股东权利损害金融机构利益等问题。因此，各监管部门在防控金融风险的各项规范措施中，都强调要加强股东准入和行为监管，夯实公司治理基础，通过加强股权管理，有效控制风险。

1. 加大银行业机构股权监管

2017 年 5 月，中国银监会发布《关于切实弥补监管短板提升监管效能的通知》，其中明确提出要加强股权管理，对未来加强股权管理提出了监管方向和要求。重点要求建立健全股权管理制度，一是要了解主要股东相关情况，并加强对股东的关联交易进行规范管理。二是强化对实际控制权的监管，加强对股东的准入和行为监管，并要穿透识别银行的实际控制人，防止不正当行为的发生。

2017 年 11 月，中国银监会发布《商业银行股权管理暂行办法（征求意见稿）》（以下简称《办法》），《办法》突出的特点是建立了穿透式实质监管框架，对主要股东行为、资质和股东的关联交易及监管等问题进行了统一规定。

（1）对股东及相关人进行了明确规定。一是对股东根据资质等建立分类管理的制度。明确了资质优良的商业银行股东标准，对优质商业银行股东确定了公司治理、财务状况，诚实合规等标准。二是根据持股比例确定了股东分类管理要求，划分了适用审批制和适用备案制的不同类股东。三是确定了商业银行的股东及其控股股东、实际控制人、关联方、一致行动人、最终受益人等各方关系的信息披露和监管要求，通过公开透明、权责明确的法律法规和监管要求，加强商业银行的股权管理。

（2）建立健全了实质穿透监管框架。《办法》要求主要股东负有主动报告说明股权结构以及实际控制人、最终受益人等关系的义务和责任；《办法》也要求商业银行加强对股东及各类利益关联人资质的审查和管理责任。同时，《办法》强化了股权的监管要求，对于股东及其关联方等的持股比例合并计算、延伸调查权及限制相关股东权利的监管措施都进行了明确规定。

（3）加强了商业银行与股东及利益相关方的关联交易管理。首先，按照穿透原则明确了关联方范围。其次，在关联授信方面，要求按照商业原则进行，并明确了主要股东和利益关联方的关联授信限额。其中单一主体的授信余额不得超过商业银行资本净额的10%；对股东及利益相关方的合计授信余额不得超过商业银行资本净额的15%。另外，对授信所包含的内容和种类以列举的方式予以了明确。除了传统的授信业务如贷款（含贸易融资）、票据承兑和贴现等外，其他实质上由商业银行或商业银行发行的理财产品承担信用风险的业务，如信贷资产买卖、抵债资产的接收和处置、提供信用增值、信用评估等交易都明确规定了监管要求，以防止风险传染和利益输送。

2.加大证券业机构股权监管

（1）完善上市公司股份减持制度

上市公司股份减持制度是公司治理的重要内容，也是维护资本市场稳定、保护投资者的重要基础性制度。但由于大股东及董监高集中减持规范不够完善，有关减持的数量要求、行为方式和信息披露要求等还存在空白和不完善等情况，因此实践中大股东及董监高通过大宗交易、"过桥减持"等规避集中竞价交易等方式短期内大量减持股份；还有一些大股东、董监高利用信息优势"精准减持"或通过辞职等方式人为规避减持规则等。因此，有必要及时防范和堵塞漏洞，避免无序减持扰乱二级市场秩序。2015年7月，为维护证券市场稳定，证监会公告〔2015〕18号文，对上市公司大股东、董监高经由二级市场减持股份的行为通过规定持股锁定期、减持数量比例等予以限制。2016 年 1 月 7 日，中国证监会重新制定了《上市公司大股东、董监高减持股份的若干规定》，对上市公司大股东、董监高的减持行为做了较为系统的规范，重点对通过"集中竞价交易"减持股份做出细化要求。此次修改减持制度，主要是结合实践中出现的新情况、新问题，对现行减持制度做进一步的调整和完善。

现行减持制度主要按照两大思路进行修订和完善，一方面，修改后的减持制度要更有利于维护证券市场交易秩序，更有利于引导产业资本专注实业；另一方面，要按照全面从严监管的要求，加强对违法违规减持行为中涉嫌虚假信息披露、内幕交易、操纵市场等行为的有效规范，主要修订的内容如下。

一是重点完善通过大宗交易减持的监管要求。明确将通过大宗交易减持股份的出让方与受让方纳入监管范围，并对大宗交易减持股份的减持数量、持有时间等予以明确规定，以有效防止规避监管的行为。

二是对集中竞价交易构成股份减持的行为予以明确规定。完善非公开发行股份解禁后的减持规范。持有非公开发行股份的股东通过集中竞价交易减持，需符合在锁定期届满后 12 个月内时限和比例限制的规定。对于非大股东集中竞价交易减持其所持有的公司首次公开发行的股份，以及上市公司非公开发行的股份，明确了减持的时间频率以及总额不超过 1%。

三是完善了对以其他方式减持股份的规定。对之前没有规定的协议转让制定了规则，将可交换债换股、股票权益互换等类协议转让的行为都纳入了监管范围；同时规定持股 5% 以上股东减持时，应与一致行动人的持股合并计算。

四是完善了减持信息披露制度和问责制度。增加了董监高的减持预披露要求，全面细化和完善了大股东及董监高减持的具体规则，制定了明确的事前、事中、事后减持信息披露规则。另外，进一步明确了股东减持违法的法律责任，规定证券交易所对异常交易行为可以依法采取限制交易等措施，以有效防范市场风险。

（2）完善上市公司股权激励管理制度

自 2005 年以来，实行股权激励的上市公司数量逐年增长，推出股权激励计划的上市公司近 1000 家，占比近 30%。2016 年 7 月 13 日，中国证监会发布《上市公司股权激励管理办法》（证监会令第 126 号，以下简称《管理办法》），废止了 2005 年证监会发布的《上市公司股权激励管理办法（试行）》及其后发布的 3 个股权激励相关备忘录和 2 个监管问答。新发布的《管理办法》旨在按照监管转型理念，建立以信息披露为中心，体现新监管理念又具有市场约束力的上市公司股权激励制度。本次修订后的《管理办法》有如下特点。

一是，放松管制，赋予公司更多的自治和灵活决策空间。《管理办法》对股权激励条件、定价等放宽了限制，以便赋予公司更多自治权。考虑到上市公司的差异性、市场变化和多元化需求，放宽了股权激励的绩效考核指标以及授权和行权的定价要求及条件。另外，对原来规则中过于侧重财务业绩指标的规定进行了修改，并取消公司业绩指标不低于公司历史水平且不得为负的强制性要求，完善了客观公开的综合评价机制，以避免管理层操纵业绩的道德风险，以利于提升公司竞争力。同时，取消了有关股权激励与其他重大事项 30 日间隔期的规定，明确股权激励时可以实施增发新股、并购重组、资产注入、发行可转债、发行公司债券等重大事项。

二是，建立以信息披露为核心的股权激励制度。为减少股权激励实施过程中的信息不对称，强化市场约束机制，新规对股权激励信息披露做了专章规定，对上市公司实行股权激励的信息披露相关时限、内容及程序等方面进行了详细规定。根据股权激励的不同阶段确定了信息披露要求，确定了首次信息披露、定期信息披露及临时信息披露的具体内容和不同要求。激励方案的首次信息披露公告应披露方案的目的、对象、业绩条件、合规性等基本要素；定期信息披露报告强调股权激励的实施情况，重点要求披露股权激励的执行情况、高管薪酬与公司业绩等；临时信息披露则突出临时事件披露的及时性等。

三是，强化内部监督与外部监管，完善股权激励的程序管理。进一步完善股权激励计划的实施程序、决策程序，细化了股权激励决策、授予、执行等各程序公正，以加强公司监督。为保证独立性、公允性，增加了对授予条件、行权条件的规定。改变以往主要由董事会审议决定的规定，新规定增加了外部机构的裁判权，要求公司的独立董事、监事会、律师事务所对股权激励实施方案中授予条件、行权条件是否成就发表明确意见并充分披露。具体规定了股权激励中分次授权、分期行权的考核条件与执行要求，以有效发挥激励约束机制的作用。针对实践中因市场形势变化等原因导致终止实施股权激励，或上市公司在实施过程中随意变更股权激励计划等情况，对上市公司变更、终止实施股权激励的行为做了进一步规范，明确了董事会或股东大会决议的要求。

3. 加强保险业机构股权监管

针对保险业出现的一些突出风险和问题，保监会出台了系列法规，以弥补制度短板，进一步健全保险监管体系和提升监管有效性，其中有关保险机构的股权监管是加强监管的重要内容，连续就保险公司股权监管发布了系列规则。

（1）明确要研究保险业统一的保险机构股权管理规则

2017 年 5 月 7 日，《中国保监会关于弥补监管短板构建严密有效保险监管体系的通知》（保监发〔2017〕44 号）发布，明确了保监会落实中央防范金融风险的要求，补短板，加强监管理念。其中，对于健全公司治理制度、完善保险机构股权监管做出了专门规定。该通知确立了有关保险机构加强股权管理的目标、方向和主要框架，提出了研究制定统一的保险机构股权管理规则的目标；同时，要求设立科学的股东分类监管，建立股东市场准入、转让和退出，以及单一股东持股比例及股东和投资人真实性审查等要求，并要求按照穿透性审查原则，加强关联交易监管，推进独立董事制度建设，完善公司治理机制。

（2）从市场准入环节强化股东与股权管理。

从市场准入环节强化股东与股权管理，加强保险公司开业验收，有利于从源头健全公司治理结构，有效防范风险。2017 年 6 月，保监会下发《关于进一步加强保险公司开业验收工作的通知》（保监发〔2017〕51号），旨在通过对保险公司从股东资质、入股资金来源、股权结构等方面进行明确规定，加强对拟设立保险机构从获批筹建到开业验收的管理，以提高公司治理结构的规范性。

一是，加强股东资质条件核查。一方面，规定拟设立保险公司在筹建期间股东如发生财务恶化、实际控制人变更等影响股东资质的情形，应在法定时间内书面通知筹备组并报告保监会；另一方面，保监会可以依照穿透性原则主动核查股东资质及相关变化等情况，并采取相应监管措施。

二是，加强入股资金来源审查。拟设立保险机构股东应提供相应证明材料证明出资来源的真实性和合法性。同时，保监会可主动对存在疑点的资金来源采取追溯审查等监管措施。

三是，加强公司股权结构核查。规定在筹建期间保险公司需保持股权结构的稳定性，并明确了对股东擅自转让或变相转让所持保险公司股权的监管责任。

（3）全面系统地修改保险公司股权管理办法。

同时，保监会也加紧了全面系统修改保险公司股权管理办法的工作。2017年7月20日，保监会发布了《保险公司股权管理办法（第二次征求意见稿）》，从全面加强监管的角度，主要从三大方面对已发布的保险公司股权管理办法进行系统全面的修订。一是进一步明确了股东分类管理的标准，根据持股比例、资质条件和对保险公司经营管理的影响，保险公司股东将此前办法规定的三类股东细化为四类股东，包括财务一类股东、财务二类股东、战略类股东和控制类股东，并且根据不同的股东类别明确了转让所持有股权的要求。二是将单一大股东持股上限由51%降至1/3，以防止大股东滥用权力使保险机构沦为大股东的提款机。三是建立全链条监管审查问责机制。进一步严格了保险公司的股东准入门槛，完善了保险公司股东事前披露、事中追查、事后问责的全流程管理模式，此外，保监会还完善了保险公司章程、信息披露、关联交易等有关治理结构的重要监管制度，并出台保险监管机构针对异常情况的质询制度，以全面强化保险公司治理监管。

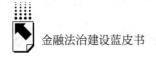
（三）进一步规范资产重组的管理

针对 A 股并购重组市场存在的信息披露不真实，以及大量的"投机式"和"忽悠式"以"炒壳"为特点的并购重组，证监会加强了对并购重组的监管，以切实保护投资者。2016 年 9 月 8 日，证监会发布《关于修改〈上市公司重大资产重组管理办法〉的决定》，修订《上市公司重大资产重组管理办法》旨在加强监管，促进市场估值体系的理性修复，引导通过并购重组提升上市公司质量，促进资金投向实体经济。针对此次修订，市场方面的意见和建议主要集中在"净利润"认定指标、如何认定重组上市的兜底条款，以及如何确定相关方锁定期等方面。证监会本次修订主要是针对资本市场的实际情况加强对并购重组的规范，以进一步弥补监管漏洞，重点做出了如下修改。

1. 新规完善和细化了重组上市认定标准

新规完善了重组上市认定标准，针对证券市场存在的各类规避监管借壳上市的现象，新规细化了上市公司"控制权变更"的认定标准，完善了重大资产重组的判断指标，对合并财务会计报告超过 100% 比例构成重大资产重组的标准予以了明确规定，除被购买资产总额之外，增加了营业收入、净利润以及资产净额三个判断指标，另外还增加了发行股份数量以及主营业务变更这两条认定标准，以对各类资产重组方式进行全方位的监管。

同时，为提高实践中实施的效率，新规也明确了判断是否构成实质"借壳"上市的期限，明确了是在控制权发生变更之日起 60 个月内；另外也明确规定了该 60 个月期限判断时限的例外情况，规定不适用于创业板上市公司重组，也不适用于购买的资产属于金融、创业投资等特定行业的情况。

2. 完善配套监管措施，抑制投机"炒壳"

为遏制借并购重组来短期投机和概念炒作，新规首先是取消了重组上市的配套融资，要求并购重组方提高收购的资金实力。同时，新规完善了关于重组相关方股份锁定期的规定，延长了相关股东的股份锁定期。新规增加的条款明确规定"上市公司原控股股东、原实际控制人及其控制的关联人，以及在交易过程中从该等主体直接或间接受让该上市公司股份的特定对象应当公开承诺36个月内不转让"。该条款的修改有助于防止原控股股东、原实际控制人及其关联人等主体通过向其他特定对象转让股份规避限售义务。

此外，为解决重组事项导致的长期停牌等问题，证监会在修订《关于规范上市公司重大资产重组若干问题的规定》时，对《关于加强与上市公司重大资产重组相关股票异常交易监管的暂行规定》也进行了相应修订。修订后的规定将终止重大资产重组进程的"冷淡期"由3个月缩短至1个月，并对上市公司披露重大资产重组预案及重启等情况明确了监管要求，要求主动终止重大资产重组进程的，在再次启动重大资产重组等情形下，应当提交再次启动的重组预案和报告书，并重点披露前次重组终止的原因，及短期内再次启动重组程序的原因。

3. 按照全面监管的原则，加大问责力度

修订还明确了交易标的相关报批事项披露标准。交易标的涉及立项、环保、行业准入、用地、规划、建设施工等有关报批事项，无法在首次董事会决议公告前取得相应许可证书或有关批复文件的，上市公司应在重大资产重组预案和报告书中披露有关报批事项取得进展的情况，并做出重大风险提示。同时规定了未经中国证监会核准擅自实施重大资产重组交易的信息披露及监管要求，加大了对中介等机构的监管和问责力度。

B.5

2016～2017年中国金融司法建设情况

刘 建 蒋苏淮*

摘 要： 金融司法是人民司法的重要组成部分，是保障金融安全、防范金融风险的重要途径和着力点。本报告概述了全国及上海、北京、浙江、广东等金融发达地区金融审判、金融检察、金融犯罪侦查方面的情况，介绍了金融司法方面机制创新和打击、防范金融犯罪的亮点工作和举措。进一步充分发挥司法职能作用，加强金融司法建设，有利于维护国家金融安全，为促进经济和金融良性循环、健康发展提供有力的司法服务和保障。

关键词： 金融司法 金融犯罪 金融安全

一 金融审判

金融审判是人民法院司法审判工作的重要组成部分，是人民法院服务和保障金融稳定发展的重要途径和重要着力点。人民法院金融审判工作的指导思想是：以习近平新时代中国特色社会主义思想为指导，以供给侧结构性改革为主线，正确处理实体经济与金融的关系，依法支持金融服务实体经济，防范金融风险，促进金融改革，为建设中国特色社会主义现代化经济体系而不懈努力。

---

* 刘建，海南省检察院三级高级检察官；蒋苏淮，江苏警官学院副教授，法学博士。

（一）全国金融审判工作情况

2016 年，全国审判机关围绕金融经济的发展，开展金融审判工作。各级法院依法审结涉及证券、期货、票据、保险、股权等纠纷案件 124.8 万件，有效维护了资本市场秩序，防范了金融风险。围绕互联网的创新与发展，加强了对互联网金融的审判工作，积极回应"互联网＋"背景下群众关切的司法问题，妥善审理涉及互联网金融、电子商务、移动通信等领域的案件，依法审理窃取手机流量等新型案件，对情节严重的以盗窃罪追究刑事责任。依法审理扶贫领域涉及金融、产业发展等案件，促进精准扶贫、精准脱贫。

2017 年，全国法院系统认真贯彻习近平总书记在全国金融工作会议上的重要讲话精神，围绕服务实体经济、防控金融风险、深化金融改革三项任务，加强了金融审判工作。2017 年 8 月 4 日，最高人民法院出台《关于进一步加强金融审判工作的若干意见》，同月，杭州挂牌成立全国第一家互联网法院，加大了对互联网金融的法律保护力度。全国各级法院依法审结利用未公开信息交易、违法发放贷款、集资诈骗等刑事案件 2.3 万件。山东省青岛市中级人民法院审结徐翔等人操纵证券市场案，有效地保护了投资者合法权益。工作报告提到，各级审判机关要积极参与互联网金融风险专项整治活动，严惩"老鼠仓"等证券期货领域犯罪，严惩非法集资、网络传销等涉众型经济犯罪以及地下钱庄洗钱等犯罪。

（二）各地方法院金融审判工作

1. 广东金融审判工作

2017 年 1～7 月，广东全省法院共办结涉及金融纠纷一审案件 8.60 万件，结案标的额 908.08 亿元；办结涉及金融诈骗、非法吸收公众存款、非法集资等金融类犯罪一审案件 769 件 1214 人。在 2016 年，广东法院审结涉金融纠纷案 18.64 万件，结案标的额 2185.18 亿元。广东根据实际，制定《广东省高级人民法院关于审理伪卡交易民事案件若干问题的指引》等规范

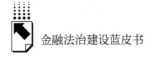

性文件，出台《广东省高级人民法院关于保险机构诉讼担保若干问题的意见》。

2. 上海金融审判工作

2016 年上海法院共受理一审金融商事案件 94496 件，同比上升 6.70%，占一审商事案件数量的近七成；审结一审案件 94312 件，同比上升 7.38%；全市法院共受理二审金融商事案件 834 件，审结二审案件 790 件，收、结案数分别上升 4% 和 7%。2016 年以 P2P 网络借贷为代表的互联网金融案件数量大幅上升，特别是互联网金融企业较为密集的辖区法院如浦东法院，全年受理此类案件 329 件，同比增加了近两倍。上海一中院、二中院共受理证券虚假陈述责任纠纷 1064 件、期货内幕交易责任纠纷 186 件、证券内幕交易责任纠纷 169 件。

3. 北京金融审判工作

2016 年，北京市法院加强了金融行政的审判工作，2013 年 1 月 1 日至 2017 年 11 月 30 日，北京市法院依法审结各类金融行政案件 893 件。朝阳区法院共新收金融商事案件 10601 件。2016 年朝阳法院共受理涉银行金融案件 847 件。据统计，涉银行金融案件中，信用卡透支引发的纠纷大幅增长，2016 年增长至 252 件，增幅达 6.9 倍。其中，大额信用卡透支纠纷明显增多，2016 年该类案件涉案标的总额达 6437 万余元，平均涉案标的达到 25 万元，甚至还有 5 件案件涉案标的超过 100 万元。2015 年 1 月至 2017 年 11 月，西城区法院审理涉金融刑事案件 277 件，涉案金额 61 亿元。在涉金融行政诉讼领域，立案登记制实施以来，以"一行三会"等为被告的涉金融行政案件迅速增长。作为北京市唯一审理涉金融行政案件的基层法院，西城区法院共审理此类案件 209 件。

4. 浙江金融审判工作

浙江是我国金融业相对发达的地区，金融审判工作比较有特色，浙江法院为经济社会持续健康发展保驾护航。2016 年，妥善审理民间借贷、金融借款、证券、互联网金融领域案件，严厉打击逃废金融债务行为，大力推进涉银行不良资产的司法处置，审结金融纠纷案件 10.9 万件、民间借贷纠纷案件 17.9 万件，审结集资诈骗、非法吸收公众存款等涉众型经济犯罪案件 587 件，有效维护了正常的金融秩序。

（三）金融审判创新

根据《最高人民法院关于建立健全诉讼和非诉讼相衔接的矛盾纠纷解决机制的若干意见》，上海市高级人民法院和中国人民银行上海分行于 2016 年 6 月 18 日联合签署《关于建立金融消费纠纷诉调对接工作机制的会议纪要》，决定在上海市建立金融消费纠纷诉调对接机制。该机制以依法、公正、高效、稳妥地化解金融消费纠纷为原则，以完善金融消费纠纷多元化解决机制为目标，充分发挥人民法院和中国人民银行职能，加强沟通、协调与合作，促使金融消费纠纷得以及时化解，有效维护当事人的合法权益。2016 年 11 月 3 日，山东省济宁市金融消费权益保护协会和市中级人民法院签署《关于共同建立金融消费纠纷诉调衔接工作机制的合作协议》，设立了金融消费多元化纠纷解决机制，有利于维护消费者合法权益，推进金融经济深层次的发展。2016 年 6 月，广东省高级人民法院、广东省金融办与中国人民银行广州分行联合签发了《关于建立金融消费纠纷诉调衔接工作机制的意见》。调解程序高效、简便、灵活，而且调解免费。此外，当事人还可向法院申请确认调解达成的协议，以获得协议的强制执行力。

引入金融专家陪审制度，以充分利用金融专家的专业视角与前瞻理念，不仅帮助法官深入理解金融政策和市场走向，为金融审判把握正确方向，还能增强当事人对司法的信任度，提高司法的权威性和公信力，维持司法审判效果和社会效果的平衡统一。上海市浦东新区法院成立专门的金融审判庭后，广泛利用专家陪审员参审的机制来解决重大、复杂、疑难的金融纠纷案件，并且为了保障专家陪审制度的有效性，还创立了专家陪审员参审机制、专家陪审员遴选机制等五项规则。广州市中级人民法院为适应金融专业审判的需要，建立了具有广州特色的银行业、证券业、保险业、信托业专家陪审员数据库。相关举措大大提高了金融审判的专业化程度和审判效率，进一步完善了金融司法审判组织体系。

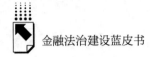

2017 年 3 月 12 日，最高人民法院院长周强和最高人民检察院检察长曹建明分别向十二届全国人大五次会议做工作报告，"e 租宝""中晋系"等重特大非法集资案件在"两高"报告中被提及。近年来，在"互联网＋"背景下，涉及互联网金融、电子商务、虚拟货币等的新类型案件突出。周强和曹建明表示，要着力防范金融风险，突出惩治互联网金融犯罪，规范和保障互联网金融健康发展。

二 金融检察

金融检察是检察机关根据经济社会发展现状、趋势以及金融犯罪的形势、特点，为了应对金融犯罪专业化给检察机关司法实践带来的挑战而做出的积极回应，是刑事检察职能改革专业化、精细化的体现。因此，金融检察的发展方向必然是专业化和精细化，而金融检察部门的职能定位和职权配置则直接决定了金融检察的专业化发展潜力和发展空间。近年来，金融检察工作在检察机关的地位和作用越发显现，不断拓展了刑事法律检察监督工作的空间。

（一）全国金融检察工作情况

2016 年全国检察机关认真贯彻中央经济工作会议精神，为维护国家金融安全、防范金融风险，加大了打击金融犯罪的力度，及时依法批捕、起诉了一批金融犯罪案件。各级检察机关积极参与互联网金融风险专项整治，严惩非法集资、组织、领导传销等涉众型经济犯罪以及洗钱、地下钱庄犯罪，严惩"老鼠仓"等证券期货领域犯罪。重点惩治非法集资等涉众型经济犯罪和互联网金融犯罪，起诉集资诈骗等犯罪案件 16406 人。北京、上海等地检察机关依法妥善办理"e 租宝""中晋系"等重特大非法集资案件。加大对内幕交易、虚假披露、操纵市场、非法经营股权和期货等犯罪的打击力度，维护投资者合法权益。山东、上海检察机关依法批捕、起诉徐翔等人操纵证券市场案、伊世顿公司操纵期货市场案。

2017 年，最高人民检察院根据全国金融工作会议精神，紧紧围绕习近平总书记在全国金融工作会议上提出的"强化宏观审慎管理和系统性风险防范"的总体要求，紧紧围绕"服务实体经济、防范金融风险、深化金融改革"的三项任务，充分运用检察职能，加大打击金融犯罪的力度，依法查办了各类金融犯罪案件。加大惩治和预防金融犯罪及金融领域职务犯罪工作力度，特别是加大证券期货领域犯罪打击力度。严厉打击严重危害金融安全、破坏金融秩序的犯罪，充分发挥批捕、起诉职能，坚决惩治严重破坏金融市场秩序的行为，坚决查处那些兴风作浪的"金融大鳄"、搞权钱交易和利益输送的"内鬼"，对重大案件实行挂牌督办，形成有效震慑。把加大证券期货犯罪打击力度放到了更加重要的位置，强调要严厉惩治违规披露、不披露重要信息，内幕交易、泄露内幕信息，利用未公开信息交易，欺诈发行股票、债券，操纵证券期货市场等破坏证券期货市场秩序的犯罪。根据互联网新型金融犯罪的情况，积极参与互联网金融风险专项整治工作，坚决查处利用互联网实施的非法吸收公众存款、集资诈骗、组织/领导传销活动等犯罪，特别是对于打着创新旗号大搞"庞氏骗局"等的金融犯罪，要依法严厉打击。

（二）地方金融检察工作情况

1. 上海金融检察情况

2016 年，上海市金融犯罪案件总量虽然呈下降趋势，但涉案人数上升，非法集资案件高发，涉互联网金融领域刑事风险上升，外汇犯罪呈上升趋势，针对银行的贷款诈骗、票据诈骗等大案多发，金融从业人员涉及领域蔓延，借助金融新市场、新业务实施犯罪值得关注。上海市各级检察机关共受理金融犯罪审查逮捕案件 1238 件 1921 人，金融犯罪审查起诉案件 1683 件 2895 人。案件共涉及 7 类 28 个罪名，其中包括金融诈骗类犯罪 1137 件 1313 人，破坏金融管理秩序类犯罪 504 件 1498 人，扰乱市场秩序类犯罪 25 件 66 人，金融从业人员犯罪 32 件 39 人。

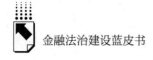

2. 北京金融检察情况

北京市检察机关围绕首都金融经济的发展，创新金融检察工作的思路，依法办理各类金融犯罪案件。北京市人民检察院第一分院起诉了安徽钰诚控股集团、钰诚国际控股集团有限公司通过其建立的"e 租宝""芝麻金融"互联网平台非法集资的案件，"e 租宝"实际吸收资金 500 余亿元，涉及投资人约 90 万名。北京市人民检察院第三分院依法起诉了成吉大易集资诈骗案，涉案金额 67.9 亿元，造成损失 64.5 亿元，受害人数 2.46 万人。朝阳区检察院依法起诉了"华融普银案"，蒋权生等 8 名被告人两年内非法吸收公众存款高达 55 亿元，被朝阳区人民法院判处有期徒刑 4 年 6 个月至 9 年10 个月不等的刑罚，同时分别并处 20 万元至 50 万元不等的罚金。

3. 浙江金融检察情况

浙江省检察机关，围绕互联网金融创新，加强了对互联网金融犯罪的刑事风险防范。2017 年 1 月，出台了《浙江省人民检察院关于加强互联网金融刑事检察工作的意见》，为浙江省互联网金融健康发展提供了有力的司法保障。浙江省检察机关近两年来推出金融检察专项工作，全省检察机关一直注重对该项工作的深化，建立了金融犯罪公诉组等专业化办案制度，依法妥善处理了一批涉案金额大、涉及面广、社会影响恶劣的涉众型互联网金融犯罪案件，打击了一批涉互联网金融犯罪案件。在严厉打击的同时，三级检察院严格区分罪与非罪，注重对金融创新的保护。2015 年以来，浙江省检察机关受理移送审查起诉的互联网金融领域犯罪案件 219 件 1669 人，提起公诉 142 件 840 人。

2016 年，浙江省温州市龙湾区人民检察院以涉嫌非法经营罪，对温州国鼎投资有限公司总经理金某某等 10 人提起公诉。国鼎公司涉嫌通过虚假交易系统，以 1∶100 的高杠杆吸引公众投资，非法经营黄金、白银等期货，交易额达 96 亿元。

4. 广东金融检察情况

2016 年，广东省检察机关，根据广东经济发展的特点，在省委、省政府的领导下，加大了打击金融犯罪的力度，积极参与互联网金融领域专项整治，起诉"e租宝"等非法吸收公众存款、集资诈骗犯罪1205人。广州市检察院积极参与整顿和规范市场经济秩序、互联网金融领域专项整治，依法批捕合同诈骗、集资诈骗等破坏市场经济秩序犯罪案件12811人、起诉14866人，成功办理了邦家公司集资诈骗案等重大案件。深圳市检察院依法妥善办理集资诈骗、非法吸收公众存款等涉众型犯罪案件，批捕362人，起诉474人。

（三）金融检察工作综述

金融安全是事关中国改革开放全局的重大问题。围绕金融经济发展，做好金融检察工作是检察机关的职责所在。金融检察是一个时代命题，要做好金融检察工作，就要把金融检察工作理论与司法实践有机结合起来，使金融检察工作跟上时代前进的脚步，不断创新工作内容和方法，科学概括其工作特点和准确明晰其职能定位。金融检察职能是整个检察职能的一部分。它具有以下特点。

第一，专业性。金融不仅涉及法律，而且涉及证券、期货、票据、保险、信托、基金、典当、结算、担保等，业务类型多，纵横交错，创新变化快。要做好金融检察工作不仅要有法律知识和业务能力，而且需要了解、掌握现代金融知识和技能，能正确运用专业知识、正确适用法律。不具备复合型的知识是难以胜任这项工作的。

第二，综合性。金融检察工作不仅涉及刑法、刑事诉讼法、民法、民事诉讼法、行政法、行政诉讼法等基本法律，而且涉及公司法、银行法、证券法、保险法等多领域，跨学科、跨系统专业知识，工作内容不仅有金融刑事检察，还有金融民事行政检察等，内容多、难度大，要求高，是一项综合性工作，具有挑战性。

第三，创新性。金融检察工作是一个新领域，是以前没有的一项专业性很强的检察工作。近几年的实践反映出检察人员专业化知识储备不足等问题，应加强金融知识学习，及时"充电"，顺应发展，开拓进取，以新的视角发现问题，分析问题，解决问题，正确把握金融检察工作发展的方向，始

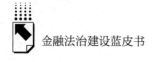

终走在时代的前列。

第四，联系性。金融检察工作是一项开放性工作，需要与金融机关、公安机关、金融监管机关等加强沟通和联系，这种联系与合作是由法律和法规所规定的。金融监管机关负责监管和防范，公安机关负责侦查破坏金融管理秩序、金融诈骗等犯罪案件，检察院负责批捕、起诉，法院负责审判，这些都是在法律规定的框架内运作，需要互相配合、互相制约。

金融检察工作是一个新生事物，要创造性地做好这项工作，最关键的是要弄清楚其职能定位。按照刑事、民事、行政法律和检察院组织法规定，金融检察职能主要分为两大部分：一是金融刑事检察，主要工作职责包括：对金融刑事案件立案监督、审查逮捕、审查起诉和出庭支持公诉。案件包括公安机关侦查的涉及《刑法》分则第三章第四节、第五节规定的罪名，以及涉及金融的货币犯罪、走私假币犯罪等。二是金融民事行政检察工作。随着检察机关自侦部门转隶，金融职务犯罪侦查和职务犯罪预防不再是检察机关的主要职能。

金融犯罪新情况、新问题表明，各类金融犯罪案件工作量大，如果按传统粗放型办案模式，检察官已力不从心。因此，应向业化、精细化转型，这就要求我们围绕惩治和预防金融犯罪重大理论与实践问题，调整工作思路，提升金融检察工作专业化水平，建立和完善金融检察机构，使金融检察工作更加公正、高效、专业、权威。所谓金融检察，是指检察机关围绕涉及金融领域的活动而开展的金融刑事检察、金融民事行政检察等专业化业务工作，是拓展金融管理领域法律监督职能的重要手段和措施。金融检察是市场经济发展到一定阶段的产物，是检察机关在应对金融犯罪复杂化过程中应运而生的。

金融检察工作是在新形势下的一项重要工作。近几年来，全国检察机关，尤其是上海、北京、广东、福建、浙江等金融经济比较发达地区的检察机关，按照党中央、国务院以及最高人民检察院的要求，适应检察改革的需要，加大了金融检察工作的力度，在内部设置了专门的金融检察机构，为维护金融安全、打击金融犯罪，做了大量的工作，金融检察已经成为检察工作的重要组成部分。各级检察机关针对金融犯罪的情况，加大了工作的力度，正确研究和把握了金融工作的界限。金融犯罪是影响金融市场稳定和发展的重大隐患，成为人们普遍关注的焦点问题。

金融检察工作需要有充分的理论基础和实证分析作支撑。做好金融检察工作是党和人民赋予检察机关的政治责任、法律责任和社会责任，具有重要的经济价值、社会价值和理论价值，将为维护国家经济和金融安全、防范金融风险做出贡献，为金融改革发展创造一个良好的法治环境，是其他检察业务工作无法代替的。为此，金融检察工作要从政策、立法、机构设置、职能定位、人才培养等专业化建设上下功夫，努力推进金融检察工作向前发展，形成一个开放、规范、科学和有力的金融检察工作体系。为此，可采取以下对策。

一是树立新的金融刑事政策观。金融是一国经济发展的核心，经济转型需要金融支持。当前，金融刑事政策的价值追求是国家利益优先，同时兼顾公平。要鼓励金融创新，尽可能多用政策和行政手段来管理金融市场，注重防范金融风险，在强调打击金融犯罪的同时，把防范金融风险作为一项重要工作来抓，坚持宽严相济的金融刑事政策，依法惩治危害金融安全的犯罪，保障金融市场健康发展，为中国金融经济发展提供一个良好的环境。

二是完善金融检察立法。首先是金融检察机构立法。从理论上讲，设置金融检察机构完全符合宪法和检察院组织法的规定和要求。从实践上看，设置金融检察机构也是检察机关自身改革发展的必然要求。因此，建议在修改检察院组织法时，在金融发达地区检察院增加设立金融专业检察机构条款，使金融检察工作有法可依，保持常态和持续发展。其次，要进一步完善金融刑事立法，均衡罪刑、严密法网，加大金融犯罪罚金刑和资格刑处罚适用力度，减少死刑罪名，防止金融刑事立法过度扩张。

三是创新金融检察机构设置思路。现行检察机关机构设置基本是以案件性质来划分的，这种划分有一定科学性，但对一些专业性强、办案难度大的案件，检察机关很难把握。考察国外检察机关机构的设置，有从专业角度考虑的做法。例如，法国检察机关就设有专司经济金融的内部机构，日本实行的是诉讼职能与案件类型相结合的方法。我们也可以借鉴国外好的做法，结合我国实际情况，本着精简、高效的原则，因地制宜，创新金融检察机构设置。

四是稳妥推进金融司法机构改革。建议在最高人民检察院设立金融检察厅，统一领导全国金融检察工作。在金融业发达的省市区三级院设立金融检察处、科。在金融案件较多、金融单位集中的国际或区域金融中心设立基层金融专业检察院，主要办理金融刑事案件。北京、上海、广州、深圳、厦门、温州等金融业发达地区可以先行试点，摸索经验，待时机成熟后再向全国推广。同时，人民法院也可相对应设立金融刑事审判庭和金融法院；公安机关经济犯罪侦查部门对受案范围和职权做适当调整。

五是进一步明确工作职责，划清受案范围。金融检察业务应把重点放在金融刑事检察业务，主要负责办理破坏金融管理秩序、金融诈骗、与金融证券等相关联的犯罪案件的刑事立案监督、审查批捕和审查起诉、出庭支持公诉等业务工作。具体受案范围如下。(1)《刑法》第三章第四节规定的破坏金融管理秩序罪、第五节金融诈骗罪规定的41种罪名。(2)全国人大常委会《刑法修正案》和《刑法》其他章节关于金融犯罪规定，具体包括：①走私假币罪，《刑法》第三章第二节第151条规定；②骗购外汇罪，《关于惩治骗购外汇、逃汇和非法买卖外汇罪的决定》第1条；③非法买卖外汇罪，《刑法》第225条；④骗取贷款、信用罪，《刑法修正案（六）》在《刑法》第175条后增加新罪；⑤背信挪用罪，《刑法修正案（六）》在《刑法》第185条后增加新罪；⑥违规运用公众资金、保险资金、证券投资基金罪，《刑法修正案（六）》在《刑法》第185条后增加新罪；⑦洗钱犯罪，《刑法修正案（七）》对《刑法》第225条非法经营罪修改。涉及金融的民事行政案件，仍归民事行政检察部门管辖。

六是加大人才培养力度。第一，在国家检察官学院开设金融检察业务培训班，对金融检察业务骨干重点进行培训。第二，从金融单位引进部分金融高级专门人才，改善检察人员知识结构。第三，派一些业务骨干到金融单位挂职锻炼，还可到法院金融庭、公安经侦部门对口学习。第四，聘请金融专家作为顾问，为金融检察案件提供专业支持。

七是加强检察建议工作。充分利用检察建议，为金融主管部门和金融机构堵漏建制及管理创新等方面提供服务。制定检察建议工作的相关规定和实施细则。比如，应对电子证据带来的挑战，涉及整个电子证据科学体系的完善，包括网络金融犯罪的证明对象、证明体系、证明标准、证据效力、收集方法和审查规则、电子证据的鉴定、运用规则等。

八是拓展金融检察工作服务。完善金融案件专项管理制度，优化金融检察司法资源。对金融领域案件统一管理和分析，实行信息及时报告、分级指导监督和金融风险预测预警信息发布等机制。建立完善金融检察机构与金融主管和金融机构之间的常设性联络机制，加强与其他司法部门、金融监管等部门的协调和配合。加强信息交流与通报，通过案件数据分析、典型案件讲解和法制宣传，帮助金融机构提高防范金融犯罪的意识和能力。

九是强化国际司法合作。随着金融全球化的迅猛发展，金融犯罪日益国际化，包括跨境洗钱、信用卡犯罪等，应对这一挑战特别需要国际互动和交流。目前，各个国家和地区的银行监管机构不仅要加强国内监管，还要根据金融全球化、自由化新情况，制定共同的监管标准、监管框架和风险处置方法，通过国际合作来防范一国出现的金融问题或者危机扩散到其他国家。此外，加强涉外金融犯罪的国际刑事执法合作，探索引渡、刑事诉讼移管、执行国外判决、犯罪情报信息交流、冻结和没收犯罪收益、司法协助等方面的国际司法合作。例如，注重在国际范围内联合打击洗钱，加强对洗钱罪犯的引渡，开展代为调查取证、代为扣押、返还犯罪资产等方面的刑事司法协助。

三　金融犯罪侦查

2016 年 5 月 20 日，中央全面深化改革领导小组第二十四次会议审议通过《关于深化公安执法规范化建设的意见》，要求推进公安重点立法、健全依法决策机制、完善执法制度机制、改进行政管理工作、完善执法监督管理体系、深化执法信息化建设、提升执法主体依法履职能力、加强综合保障，全面建设法治公安。作为公安机关执法规范化的重要组成部分，公安机关重视公安重点立法工作的推进。2017 年 12 月，公安部与最高人民检察院联合修订印发了《最高人民检察院　公安部关于公安机关办理经济犯罪案件的若干规定》（公通字〔2017〕25 号），对经济犯罪案件管辖中的地域管辖、管辖争议、指定管辖，立案撤案中的立案审查、刑民交叉、撤案条件，侦查办案中的强制措施、侦查取证、两法衔接，以及涉案财物处置、涉众型案件办理、保障诉讼参与人等一系列问题进行了进一步的明确和规范。

2016 ~ 2017 年，全国各地公安机关在打击经济领域严重犯罪，查处证券、非法集资等涉众型、风险型经济犯罪，"猎狐"追逃等方面都取得了重大成果，维护了经济、社会的安全。

（一）互联网金融风险专项整治工作

针对 P2P、融资担保等领域非法集资犯罪呈井喷式爆发的现状，2016年 1 月，公安机关部署互联网金融风险专项整治工作，要求各地公安机关与有关部门密切配合，集中开展，严厉防范、严厉打击证券期货领域、地下钱庄、金融诈骗等犯罪活动，坚决维护资本市场秩序和金融管理秩序。2016年 4 月 13 日，公安部会同中国人民银行、国家发展改革委、教育部、财政部、商务部、税务总局、工商总局、国家质检总局、银监会、证监会、保监会、国家外汇局、最高人民法院出台《P2P 网络借贷风险专项整治工作实施方案》（以下简称《方案》），明确了网贷风险专项整治工作的目标与原则，提出"态度积极、措施稳妥，底线思维、预案完备，线上线下、统筹治理，分类处理、标本兼治，依法合规、有章可循，上下联动、协调配合"的六大工作原则，要求坚持重点整治与源头治理相结合、防范风险与创新发展相结合、清理整顿与依法打击相结合，分阶段、有计划地对网贷行业进行全面整治。《方案》将从事信息中介服务的网贷机构以及以网贷名义开展经营、异化为信用中介的机构纳入专项整治范围，要求各部门通力合作，对机构的基本情况以及存在的主要问题进行全面排除，将在线上线下违规或超范围开展网贷业务，以网贷名义开展非法集资等违法违规活动的互联网企业作为整治与取缔的重点。根据国务院互联网金融风险专项整治工作的统一部署，公安部于2017年4月22日召开了全国公安机关参与互联网金融风险专项整治工作部署电视电话会议。会议决定，公安部成立专项整治工作领导小组，各地公安机关成立工作专班，在地方党委和政府统一领导下，按照国办和有关部门下发的方案要求，与相关部门密切联动，制定切实可行的工作方案，层层组织发动，分解细化工作任务，并加强督促、狠抓落实。会议要求，全国公安机关要高度重视、认真领会中央决策部署精神，始终坚持"统一领导，依法履职，积极稳妥，服务大局"的总体思路，把参与互联网金融风险专项整治、打击互联网金融领域违法犯罪、全力保障经济金融安全和维护社会稳定，作为当前极其重要的使命任务，主动作为，全力投入。要依法打击、把握策略，切实把握好打击的重点、把握好刑事打击的时机和刑事措施的介入范围、把握好执法质量和工作程序、把握好宣传工作尺度。要着眼基础、强化预警，切实加强风险排查和研判，加强网络安全监管，加强监测预警体系建设，为有效处置风险创造条件。要着眼大局、维护稳定，在地方党委和政府领导下，会同有关部门坚决把风险化解在萌芽状态，把问题解决在当地，做到"四个坚决防止发生"。

（二）打击传销犯罪专项工作

当前，传销犯罪活动呈现大要案高发、蔓延迅速、波及面广、手法不断翻新、迷惑性强等特点，犯罪分子"职业化"特征显著。以"1040工程""资本运作""连锁经营""虚拟货币"等为幌子的聚众型传销依然严重；以"金融互助""爱心慈善""股权投资""共享经济"等为幌子的网络传销层出不穷，并常与非法集资等违法犯罪活动交织，欺骗性强，诱惑力大。尤其随着互联网、微信等社交软件、自媒体以及第三方支付平台的发展，涉传销信息传播更为广泛，涉案资金转移更加迅速。针对上述状况，全国公安机关高度重视，坚持对传销违法犯罪活动"零容忍"态度，积极主动应对，采取多种措施，以重点案件、重点领域、重点地区为抓手，紧盯传销犯罪新手法、新动向、新趋势，持续不断地对传销违法犯罪活动开展严厉打击。全国公安机关强化警种和区域协作，创新工作方法，重拳出击，破获了号称"资本运作"的广西南宁"5·16"特大组织、领导传销活动案，以"循环互助"为名的安徽宿州"NMM98"网络传销案，利用微信公众号传播的江苏新沂"天天赚诚信平台"传销案，江苏邳州"星火草原"传销案等一批重大、新型案件，对遏制传销违法犯罪活动的蔓延，进一步挤压其生存空间产生了积极影响。公安部公布的数据显示，截至2016年底，全国公安机关共立案侦办传销犯罪案件2826起，同比上升19.1%，成功破获"网络黄金积分""克拉币""恒星币"等一批重大案件。

针对以"招聘、介绍工作"为名从事传销活动猖獗的情况，2017年8月，公安部会同工商总局、教育部以及人力资源和社会保障部决定开展为期三个月的专项整治工作。整治工作的重点包括严厉打击、依法取缔传销组织，重点排查招聘平台以及加强对人民群众的宣传教育。专项整治工作按照摸底排除、自查自纠；集中整治，严厉打击传销组织，严惩组织者和骨干分子，摧毁传销网络以及总结，建立健全长效机制三个阶段推进。

（三）"猎狐"专项行动

2016年，"猎狐"行动取得丰硕战果，公安机关共从72个国家和地区抓获经济犯罪等境外逃犯951名。其中，缉捕或配合缉捕"百名红通"逃犯19名，协助缉捕职务犯罪逃犯67名、走私犯罪境外逃犯51名；成功引渡8名境外逃犯，实现中秘、中法间首次引渡；境外追赃成效更加明显，追赃9.99亿元。

（四）打击利用离岸公司和地下钱庄转移赃款专项行动

近年来，地下钱庄违法犯罪活动猖獗，案件呈现出涉案地区范围扩大，隐蔽性强等特点，犯罪分子团伙化、职业化特征明显，且各地地下钱庄勾连加剧。地下钱庄日益成为转移各类犯罪赃款的主要通道。针对地下钱庄违法犯罪活动猖獗的态势，各地公安机关会同当地中国人民银行、外汇管理局等部门，开展深入侦查和专案攻坚，破获了一大批重大案件，有效遏制了地下钱庄的犯罪势头。2016年，全国公安机关会同中国人民银行组织开展打击利用地下钱庄转移赃款专项行动，破获重大地下钱庄及洗钱案件380余起，打掉地下钱庄窝点500余个。

（五）打击证券期货领域违法犯罪活动

为整合优势警力资源，形成"上下联动、区域协同、多警合成"的打击证券期货犯罪新格局，公安部于2016年11月正式确定辽宁省公安厅经侦总队、上海市公安局经侦总队、重庆市公安局经侦总队以及山东省青岛市公安局经侦支队、广东省深圳市公安局经侦支队五个部门为证券犯罪办案基地，专门承办特别重大经济犯罪案件。五个办案基地的建立，不仅可以有效地压缩警务指挥层级，提高指挥协调的精准度和实效性，真正实现扁平化指挥、合成化作战，而且有利于整合优势警务资源，形成"上下联动、区域协同、多警合成"的打击证券犯罪新格局，进一步健全和完善打击经济犯罪"一体化作战新机制"，提升对专业领域经济犯罪活动的打击成效。2016年12月，公安部会同中国证监会联合部署开展"打击防范利用未公开信息交易违法行为专项执法行动"，重点打击"老鼠仓"、内幕交易、操纵市场、财务造假等证券犯罪。

（六）打击银行卡犯罪专项行动

为有效遏制和打击非法买卖银行卡信息的违法犯罪活动，维护安全稳定的金融环境和公平诚信的社会环境，保护银行卡持卡人合法权益，公安部会同中国人民银行、工业和信息化部、工商总局、银监会、国家互联网信息办公室等联合印发《关于开展联合整治非法买卖银行卡信息专项行动的通知》（银发〔2016〕235号），决定于2016年9月至2017年4月在全国范围内开

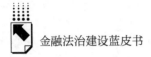
展联合整治非法买卖银行卡信息专项行动，要求各地公安机关加大对窃取、收买、非法提供银行卡信息等犯罪的打击力度，严惩非法买卖银行卡信息的犯罪分子，破获一批非法买卖银行卡信息的犯罪案件。2016 年 12 月 22 日，公安部会同中国人民银行等部门出台《关于促进银行卡清算市场健康发展的意见》，提出建立信息共享长效机制，防范与打击涉银行卡违法犯罪活动。

热 点 篇

Key Issues

B.6

非法集资融资法律问题研究[*]

非法集资融资法律问题研究[*]

郎俊义　任　怡[**]

摘　要： 　2016~2017年，我国金融领域非法集资犯罪持续高发，犯罪
手段不断迭代升级，犯罪行为更加迷惑和具有煽动性，犯罪
规模进一步迅猛扩大。为深入剖析当前非法集资犯罪问题，
本报告从犯罪主体、犯罪参与人、市场需求、市场监管等方
面对非法集资犯罪持续高发的原因进行了较为全面的分析研
究，并详细梳理了当前国家在规范金融领域活动、遏制非法
集资犯罪所做出的各种举措及其成效。为有效遏制当前非法
集资犯罪的高发态势，在调整市场、拓宽投资渠道、平衡市

---

　* 本报告为北京警察学院重点课题"涉众型经济犯罪侦查工作机制研究"的阶段性研究成果。
** 郎俊义，公安部经济犯罪侦查局执法监督办公室副主任（正处长）、中国法学会会员、中国
　　警察法学研究会理事、中国政法大学金融创新与互联网金融法制研究中心研究员，主要从事
　　刑事法学、警察法学、经济犯罪侦查等研究；任怡，北京警察学院侦查系刑侦教研室副主任、
　　教授，主要从事经济犯罪侦查、刑事案件侦查等方面的研究。

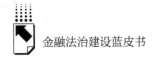
场供需的基础上，相关政府部门还要积极引入社会组织民间力量，充分发挥市场信用体系作用，严格落实重点行业监管责任，建立健全犯罪治理评估机制，确保犯罪治理更加系统化、科学化、精细化。

关键词： 非法集资　原因分析　治理途径

2016～2017年，我国金融领域进入风险易发高发期，各种经济风险点多线杂面广，各类经济违法犯罪乱象丛生。在此期间，非法集资案件持续高发频发，重大案件增多，涉及领域由"实体经济"继续向网贷、众筹、投资理财等纯"资本运作"转变，网络化特征凸显，参与人员成分复杂，社会危害日益加剧。正如权威人士指出的，部分互联网企业以普惠金融为名，行庞氏骗局之实，线上线下非法集资多发，交易场所乱批滥设，极易诱发跨区域群体性事件。[①] 其中，犯罪手法紧随金融改革热点领域，以"金融创新"口号迷惑广大群众，打着虚拟货币、消费返利、农民合作社等旗号的新型犯罪层出不穷；犯罪模式欺骗性、扩散性、危害性明显增强，对社会经济及群众生活日益渗透侵蚀；犯罪分子对参与群众的蛊惑性、煽动性、组织性加强，严重影响国家经济安全，扰乱社会经济秩序，危及社会治安秩序，存在引发系统性、区域性经济风险的隐患。

一　非法集资犯罪的总体形势

当前，非法集资犯罪仍然处于高位运行、多发频发的状态，直接扰乱经济社会秩序，严重损害群众经济利益，进而破坏社会和谐稳定。从经济

---

① 曲艳丽、龚奕洁：《剑悬现金贷》，《财经》2017年第26期，第29页。

犯罪总体形势看，犯罪数量持续走高。2015 年，全国公安机关共查处经济犯罪案件 20.7 万起，为受害人挽回直接经济损失 470 余亿元。[①] 2016 年，全国共立经济犯罪案件 16.8 万起，较 5 年前增长了 34.5%；涉案总金额 7433 亿元，相当于 5 年前的 2.6 倍。[②] 其中，非法集资犯罪形势依然复杂严峻。从 2018 年最高人民检察院工作报告中可以看到，2013 年至 2017 年起诉破坏金融管理秩序、金融诈骗犯罪 14.4 万人，是前五年的 2.2 倍。重点惩治非法吸收公众存款、集资诈骗、传销等涉众型经济犯罪，起诉 8.2 万人。2016 年全国检察机关公诉部门共受理非法集资案件 9500 余件。其中，非法吸收公众存款案 8200 余件、集资诈骗案 1200 余件。[③] 非法集资案件数和涉案金额近年来首次出现"双降"。据联席会议办公室统计，2016 年全国新发非法集资案件 5197 起、涉案金额 2511 亿元，同比分别下降 14.48%、0.11%。[④] 由此可见，近年来非法集资案件集中爆发、急剧攀升的势头虽然已经有所遏制，但非法集资活动仍然处于高位徘徊、小幅波动的状态，犯罪手法花样翻新、层出不求，迷惑性强、诱骗性大，据保守估计，涉及利益受损人员达数千万人，对社会经济危害呈现加深、加重的趋势。

尤其是在非法集资案件持续高发的情况下，重大案件明显增多，社会影响力、破坏力明显增强，涉案金额逾百亿元案件屡见不鲜，涉案群体更是动辄达数万人之多，诸如北京"e 租宝"、上海"中晋"、云南"泛亚"等一批特大案件接连发生，已在许多地区和行业产生连锁反应。据不完全统计，2016 年，公安机关共立非法集资案件 1 万余起、涉案金额近 1400 亿元，平

---

① 何正飞：《新形势下经济犯罪的特点、成因及打防对策浅析》，《法制博览》2017 年第 8 期，第 155 页。

② 公安部经济犯罪侦查局：《调集优质资源　打击风险型经济犯罪》，《人民公安报》2017 年 7 月 20 日。

③ 《中国检方去年受理非法集资案 9500 余件"e 租宝"涉案近 600 亿元》，http：// money.163.com/17/0301/16/CEF30GLH002580S6.html#from = keyscan。

④ 《多部门联手重拳出击非法集资案件数和涉案金额首现"双降"》，《中国防伪报道》2017 年第 5 期，第 12 页。

均案值达 1365 万元，亿元以上案件逾百起。① 以 "e 租宝" 及关联公司非法集资案为例，据新闻媒体报道，2014 年 7 月以来，犯罪嫌疑人利用安徽钰诚融资租赁有限公司、金易融网络科技有限公司、安信惠鑫金融信息服务有限公司等 "钰诚系" 公司以及 "e 租宝" 网络平台，大肆编造虚假融资租赁项目，以转让融资租赁项目债权支付高息为诱饵非法集资，诱使 90 余万人投资 580 余亿元，截至案发未兑付金额近 370 亿元。2015 年 12 月，在公安部的统一指挥下，北京、安徽、广东等地公安机关对该案立案侦查。2016 年 12 月，北京市检察机关对该案提起公诉。2017 年 9 月，北京市第一中级人民法院依法公开审判被告单位钰诚国际控股集团有限公司以及被告人丁宁等 26 人集资诈骗、非法吸收公众存款案。其中，对钰诚国际控股集团有限公司以集资诈骗罪、走私贵重金属罪判处罚金人民币 18.03 亿元；对丁宁以集资诈骗罪、走私贵重金属罪、非法持有枪支罪、偷越国边境罪判处无期徒刑，罚金人民币 1 亿元；对丁甸判处无期徒刑，罚金 7000 万元；对张敏等 24 人判处有期徒刑 3 年至 15 年不等，并处罚金等。

值得注意的是，从犯罪涉及的地域看，非法集资发案地域相对集中，部分地区风险突出，下乡进村趋势明显，跨省案件大量增多。随着我国广大农村和中小乡镇的快速发展，生活的逐步富裕，基于农民对金融理财缺乏防范意识的特点，非法集资犯罪向农村地域扩展趋势较为明显，尤其是以农村合作社名义开展的非法集资活动猖獗，对农村金融稳定造成严重影响，对并不十分富裕的农民在经济上造成了严重的损害。从中国裁判文书网获知，通过 "一审非法吸收公众存款罪" 搜索统计发现，2015 年共计 1786 份，2016 年共计 4097 份，2017 年共计 4384 份，2016 年和 2017 年的案件数量比 2015 年的两倍还多；从裁判文书份数看，2017 年数量较多的省份为：河南 568 份、河北 470 份、江苏 326 份、福建 318 份、浙江 306 份、山东 264 份；通过 "一审集资诈骗罪" 搜索，统计共 526 份，数量排名靠前的省份为：浙

---

① 《公安部等 14 家国家机关召开部际联席会议全力打击非法集资犯罪维护群众合法权益》，《中国防伪报道》2017 年第 5 期，第 10 页。

江 54 份、河南 52 份、广东 48 份、四川 38 份、江苏 34 份、湖南 34 份。从全国来看，近年来河南、浙江、江苏、浙江、福建案件最多，是非法集资犯罪重点发案地区。此外，通过"农村合作社""非法吸收公众存款"关键词的搜索，至 2017 年 12 月可以搜索出 37 份判决，其中从地域角度看，河北省涉及的案件最多，共计 14 份；其次为，浙江、山东各 7 份，广西 3 份，其余均为 1 份；从裁判时间看，2014 年有 2 份，2015 年 8 份，2016 年 13 份，2017 年 8 份。由此可见，农民合作社模式的非法集资犯罪发案地集中在河北、浙江、山东，案件数量在 2016 年激增。犯罪分子往往打着农村合作社的旗号，突破"社员制""封闭性"原则，超范围对外吸收公众资金，甚至有的投资理财公司、非融资性担保公司改头换面，虚构高额回报理财产品吸收农民手中的资金。一般情况下，农村地区的人员对金融行业的认识程度偏低，文化素质有限，更容易受到犯罪分子的欺骗与蛊惑，禁不住眼前高额利益的诱惑。

从非法集资犯罪涉及的领域看，近年来金融科技化、电子化、信息化在逐步推动金融业快速发展的同时，也促使非法集资犯罪涉及的领域进一步扩大，犯罪行为更加新型化、多元化、网络化。随着我国经济社会的快速发展，非法集资已经从过去的商品营销、资源开发、种植养殖、房产项目、教育培训、投资担保等传统经济领域，向虚拟货币、网络借贷、私募基金、股权投资、电子商务、消费返利以及投融资中介、农民合作社、地方交易所等新型经济领域转移和蔓延。随着互联网技术、通信工具等现代科技手段的迅速发展，非法集资犯罪活动从过去的广设分支、线下推广、口口相传向网络化、虚拟化、无纸化发展，依托微信、微博、微视频等新媒体进行宣传推广、发展人员、划转资金，线上线下相结合，传播速度更快、覆盖范围更广、隐蔽性更强、危害性更大。其中，仍然以所谓互联网金融领域为重点高发领域。鉴于前期互联网金融行业野蛮式增长，积累的非法集资犯罪风险存量依旧较大，非法自融、设立资金池、非法挪用资金等违法违规问题依旧突出。随着国家逐步规范 P2P 平台的运行和市场风险的加剧，P2P 融资领域风险迅速蔓延，自互联网金融风险专项整治以来，各地非法集资案件井喷式爆发,犯罪总体规模巨大,持续高位运行。如上海市以互联网金融名义实施非法集资犯罪 2015 年有 11 件,2016 年则陡升至 105 件,增幅达 855%,占全年受理的非法集资案件总数的 30%。[1] 从中国裁判文书网获知,以"非法吸收公众存款""P2P"关键词进行搜索发现,2017 年涉及判决书有 239 份,2016 年有 142 份,2015 年有 28 份,可见此类犯罪手段数量于 2017 年进一步增加。

从非法集资犯罪涉及的人员看,近年来非法集资活动已经渗透到社会的方方面面,既有老年人,也有年轻人,既有低收入群体,也有高收入群体,既有低学历人群,也有高学历人群。其中,下岗职工、失业人员、残障人士、进城务工农民等弱势群体参与人数较多,尤其不少群众的"养老钱""救命钱"被骗。也正是上述参与人员的复杂性,导致此类犯罪呈现跨群体串联、易反复发生等特点。此外,由于 P2P 平台相较于传统理财方式来说优势主要体现在高利率、低门槛和通过网络渠道进行,所以 P2P 平台涉嫌的经济犯罪尤其是非法集资和诈骗活动的受害人群大部分是缺乏投资理财经验和基本理财常识而贪图平台高收益的中老年群体,以及熟悉互联网、更容易接受新兴理财方式、财务相对自由的"80 后"工薪阶层,即所谓"大妈小白"和"白领小白",有经验的投资人不足一成。[2]

二 非法集资犯罪的主要特点

(一)公司群式的主体特点增大了非法集资犯罪的隐蔽性与规模性

近年来,非法集资的大要案件凸显出一个特点,即不法分子往往在工商部门注册数量众多的公司,形成十分庞大的公司群,其股权结构更是错综复

---

[1] 靳子、钟河:《警惕涉互联网金融刑事风险上升〈2016 年度上海金融检察白皮书〉出炉》,《检察风云》2017 年第 14 期,第 72 页。

[2] 张玥:《"民间借贷有多火,它就有多火;民间借贷有多乱,它就有多乱——刀口舐蜜 P2P"》,《南方周末》2014 年 8 月 6 日。

杂，新闻媒体常常冠之以"某某系"称呼，其中"钰诚系"就是比较典型的一例。如广东省东莞芝禾公司等系列非法集资案，共查获涉案人员181名，查处涉案公司30余家及下属服务中心160个。① 这些公司实际上都控制在犯罪团伙手中，并不开展常规性的经营业务，主要围绕非法集资活动而设立，为其业务推广与开展提供支撑和服务，相互间关联性较为紧密，在各类非法金融活动中互相掩护，以公司众多、资金雄厚、实力超强、业务广泛、回报丰厚来迷惑和诱惑集资参与人，招揽和骗取公众的信任与投资。从犯罪主体内部架构而言，多设立总、分、子等多层级公司的架构，并采取跨区域、集团化运作的犯罪新模式。② 诸如此类"某某系"公司利用大众媒体的社会公信力，采取赞助商冠名、大明星代言、黄金段广告等多种形式大肆宣传和疯狂造势，致使公众投资决策受到影响，参与集资人数短时间迅速增多，新发案件规模远远超越传统案件。

（二）犯罪手段的迭代升级提高了非法集资犯罪的迷惑性

近年来，非法集资犯罪手法随着金融改革热点不断翻新，辐射面更广，欺骗性更强，诱惑性更大。许多非法集资活动借助互联网平台，利用信息化技术，科技含量高，传播速度快，涉及领域多、地域广，日益呈现无店铺、无商品、无实体等特点。在大数据、云计算、物联网的科技信息化时代下，基于互联网突破时空限制等技术特点，犯罪手段迭代升级、错综复杂。如在"互联网＋"的概念包装下，以P2P网络借贷为典型模式的互联网投资平台大量涌现，成为滋生非法集资的新型"温床"，借此实现了非法集资由"线下向线上、实体向虚拟、聚集向发散"的特征演化。值得注意的是，互联网金融之所以成为非法集资的重灾区，原因就在于不法分子假借"金融创新"旗号，利用公众对新金融模式陌生、追求高回报的心理以及信息的不

---

① 《广东警方"飓风5号"破获系列非法集资案》，《中国防伪报道》2017年第5期，第23页。

② 陈晨：《涉互联网金融非法集资犯罪风险及其规制研究》，《互联网金融法律评论》2016年第3辑，第44页。

对称，佐之以花样翻新的智能化、电子化、网络化犯罪手段。如在虚拟货币领域，2016 年以来，比特币、以太币等所谓"虚拟货币"的持续热炒，诱使很多投资人飞蛾扑火般投身其中，以虚拟货币为名的非法集资泛滥，甚至逐步演化为首次代币发行的"ICO 乱象"。① 事实上，作为一种近似庞氏骗局的资本游戏，ICO 实质上是一种股权的募资行为，属于类证券发行的范畴，但是其中晦涩难懂的专业术语使绝大多数投资人难以明白其中的含义，迷惑性极大，诱惑力极强，风险度极高。加之 ICO 面向非特定公众，而这些人的风险承受能力较弱，缺乏专业常识，对收益预期充满了奢望，一出现舆论导向，就具有典型的"羊群效应"。② 2017 年 9 月，中国人民银行、中央网信办、工业和信息化部等七部委联合发布《关于防范代币发行融资风险的公告》，明确代币发行融资本质上是一种未经批准的非法公开融资的行为，并要求各类代币发行融资活动应当立即停止，从而及时避免了非法集资风险的产生和扩大。

（三）传销式的推销模式增强了非法集资犯罪的可复制性与蔓延性

近年来，公安机关持续加强对非法集资犯罪的打击，但是随着金融改革的逐步深入、市场的逐步开放与金融热点的不断涌现，尤其是在监管体系尚不完善的情况下，非法集资犯罪空间并没有得到较为显著的压缩，其中"互联网＋传销＋非法集资"模式的案件高发多发，层级扩张迅速，蔓延速度较快，打击难度更大。随着各种犯罪手段的逐步升级和更新换代，非法集资与传销手段日益交织，以高额提成或者返利为诱饵，采取拉人头等方式层层发展下线的非法集资案件逐渐增多，传销式的推销模式已成为非法集资业

---

① 据国家互金专委会 2017 年 7 月披露的国内比特币交易情况监管报告显示，2017 年 7 月，国内比特币交易月度成交额为 301.7 亿元，占全球总交易量的 30%。此次叫停的 ICO 始于 2013 年。据统计，2017 年上半年，国内已完成的 ICO 项目共 65 个，融资规模折合人民币约 26.16 亿元，国内的 ICO 项目大约占全球 ICO 融资额的 1/5。ICO 仅仅是通过发行新的加密数字货币的方式进行融资的行为。参见冯波：《定性非法集资央行正式叫停 ICO》，《淄博日报》2017 年 9 月 25 日，第 007 版。

② 郭大刚：《ICO 的风险》，《财新周刊》2017 年第 34 期，第 10 页。

务拓展的主要模式。有的犯罪团伙甚至雇用职业化的"传销团队"开展"地面推广式"宣传，诱骗大量人员投资，对犯罪活动起到推波助澜的作用。这一模式的应用，不但使参与非法集资团队的规模在极短的时间内得以迅速扩大，而且易被复制、裂变、扩散，也导致此类犯罪呈现易反复的特点。在司法实践中，有些参与其中的涉案人员为获取更多不法利益往往"另起炉灶"，重新成立团队发展客户并实施新的犯罪，甚至是"一手托多家"，同时开展多个非法集资业务。此外，有的参与其中的受害群众被彻底"洗脑"、多次参与、反复受骗，其中一些弱势群体表现得更尤为突出。

（四）庞大的犯罪规模加剧了非法集资犯罪的社会危害性

随着金融改革的不断深入，"互联网＋"对社会生活方方面面的变革，非法集资涉案金额逐年增长，每年的平均案值不断提升，个案涉案人数迅猛增长。以上海为例，2010年以来，上海市第二中级人民法院关于非法集资犯罪案件的审判数量前几年较为平稳，2016年增长迅猛。其中，2010年9件、涉案金额8.3亿余元，2011年11件、涉案金额3.2亿余元，2012年8件、涉案金额4590.9万余元，2013年11件、涉案金额19.7亿余元，2014年58件、涉案金额14.1亿余元，2015年11件、涉案金额10.4亿余元，2016年27件、涉案金额40.2亿余元。[1] 2016年，上海市检察机关共受理非法吸收公众存款案309件，涉案人数1189人，案件数量和涉案人数相较于2015年的101件390人分别上升了206%和205%。[2] 由此可见，当前非法集资案件大要案件仍处于高发态势，平均案值持续增高，犯罪规模进一步扩大。事实上，非法集资犯罪规模的扩大，对社会造成的危害势必出现复合化、外溢化的趋势，从传统的经济安全、金融安全向社会安全、政治安全领域传导，其不仅仅局限于扰乱社会经济秩序，还延伸至破坏社会治安秩序，

---

① 王宗、沈言、周孟君、刘琼：《遏制非法集资犯罪维护市场金融秩序——上海二中院关于非法集资犯罪案件审判情况的调研报告》，《人民法院报》2017年9月14日。

② 靳子、钟河：《警惕涉互联网金融刑事风险上升〈2016年度上海金融检察白皮书〉出炉》，《检察风云》2017年第14期，第73页。

甚至对社会政治稳定也将产生一定的负面影响。尤其从近年来发生的大要案件看，非法集资犯罪分子为逃避打击，往往极尽煽动蛊惑之能事，网上串联、网下聚集，激化受损群体与地方政府之间的矛盾，致使后续案件侦办和资产处置困难重重，因此引发的群体性事件更为频繁，网络化、组织化、长期化特征更为明显。当前非法集资犯罪危害的不仅仅是局部的经济秩序，它还涉及社会经济、政治、文化等方方面面，对社会整体秩序的危害更为凸显。

三　非法集资犯罪的原因分析

（一）犯罪主体的自身因素分析

在非法集资活动中，作为犯罪主体的不法分子内在趋利性更强，巨额的犯罪收益、低廉的犯罪成本更加刺激其走上违法犯罪的道路。这类犯罪人往往凭借其在市场环境中拥有的专业知识、商业信息、营销渠道、技术手段等各种优势条件，大肆吸纳社会资金。从犯罪心理角度分析，非法集资犯罪主体更加痴迷于对巨额财富的追逐，这种逐利心态早已使其淡忘甚至无视法律的约束，事实上其行为已经处于金钱至上的思想控制之下，就早已抛弃了作为市场主体应有的诚信行为准则，甚至呈现疯狂攫取财富的行为状态。在实践中，犯罪分子往往抓住一些新经济领域的薄弱环节、各区域发展的"宽松"政策和高科技创新领域监管缺失的现状，利用许多群众"一夜暴富"的投资心态，周密准备，精心策划，抛出"低投入、高回报、零风险"的诱饵，设置"陷阱"，骗取资金。具体而言，先是利用各种金融工具、经济手段对非法集资行为进行粉饰包装，意图通过表面上合理的投资经营模式迷惑公众，进而利用监管漏洞并违规操作将资金转移至其实际控制之下。事实证明，对于非法集资犯罪分子来说，其主观故意更加明显，犯罪策划更加周密，作案手段更加高超，因此打击防控的难度更大。

（二）集资参与人个体因素分析

在司法实践中，对于非法集资活动而言，考虑到其涉及人员多、范围广、利益诉求差异大等特殊性，不宜参照传统上以犯罪客体来认定被害人的方式，将集资参与者一概而论视为被害人，而应当根据不同的诉讼阶段和工作目的，确定其诉讼地位并赋予相应的诉讼权利。事实上，非法集资犯罪中的所谓被侵害对象往往不是纯粹的受害者，有时也是犯罪活动的参与者，并不是所有参与人都不知道这一活动的违法犯罪本质，有些参与人甚至是明知"庞氏骗局"而仍然加入，意图"火中取栗"。究其原因，在于经济犯罪侵害的客体主要是社会经济秩序，参与到非法经济活动中的各类群体都是经济利益的追逐者，投机心理浓厚是普遍的内在诱因，因而在非法集资犯罪中，参与人与犯罪人并不是绝对对立、泾渭分明或者一成不变的。从非法集资个体参与人心理角度分析，一般可以分为三类：第一类是纯粹被骗型，即对犯罪行为一无所知，纯粹被犯罪人诱惑上当受骗。在当前深化经济改革阶段，由于处于经济转轨的特定时期，巨大的市场中充斥着庞大的投资群体，在缺乏较为畅通的投资渠道和规范的投资管理背景下，一些群众专业知识匮乏、理财经验缺失，极易受到不法分子的蛊惑，误入圈套或骗局之中。第二类是诱惑参与型，即对犯罪行为有所察觉，甚至明知或者应知，但是在高利诱惑下，投机心理严重，盲目跟风参与，带着侥幸乃至赌博心态参与到集资活动中，面对骗局"掩耳盗铃"，实际妄图"火中取栗"。第三类是主动配合型，这类群体习惯上被称为"金融掮客"，即常常较早参与非法集资但又及时抽身离场，实际上系"明知故犯"，甚至多次参与其中，往往游走在违法犯罪的边缘。早在非法集资初始阶段，作为半职业化的"金融掮客"就积极参与进来，与犯罪分子更多的是一种默契，并以自身人脉网络变相甚至公然协助犯罪聚集人气，力图制造少数人"先参与、先入门、先获利"带动多数人参与的盲从效应，进而加速非法集资规模的快速扩张，但在非法集资崩盘前夕，又嗅觉灵敏地适时收手从而获利撤出。以安徽"铜都贷"非法集资案为例，据新闻媒体报道，在此案中投资 10 万元以上的占全部参与人数的

9%，获利离场人员达 1000 多人。综上所述，考虑到非法集资的特殊情况和刑事诉讼的各个阶段，一般情况下集资参与人不宜一概被视为被害人。而统一视为证人更为适宜，当然针对具体案件或者诉讼阶段还可以进一步做相应的细分，如受害人、犯罪嫌疑人、第三人，等等。

（三）社会公众的群体因素分析

经过多年来的宣传、打击和整治，非法集资犯罪仍然处于高发状态，确实需要反思社会公众的群体因素问题。事实上，社会公众普遍缺乏正确的投资理财意识与知识，面对高额经济收益的诱惑抵抗力不强，更多关注的是自身的经济利益，对社会整体利益的保护意识淡薄。当然，此类犯罪对社会整体利益虽然具有较大的侵害，但这种伤害又是潜移默化的，很难引起社会群体强烈的愤恨感。基于上述因素，不得不承认和反思部分群众为追求片面利益，对犯罪行为漠视并妄图"火中取栗"的思想较为严重。以云南"泛亚"非法集资案为例，据新闻媒体报道，此案中参与投资人数达 22 万人，投资总金额达 430 亿元。此类案件涉案金额的迅猛攀升令人触目惊心，被害群体庞大，但犯罪行为并不是发生在一两天，而是很长的一段时间，短则半年，长则两三年。在如此之长的时间内，社会公众都没有能够及时反思并从中警醒，充分证明当前社会上一些人在追逐自身短期利益的同时，对社会整体利益的淡漠。此外，有些行业组织、媒体、研究机构等社会责任主体的责任意识缺失、风险意识淡薄，存在"乱宣传""乱颁奖""乱打广告"等情况，甚至为犯罪活动"站台"增信，严重混淆社会公众的认知。

（四）市场需求的内在因素分析

在现代经济中，经济犯罪实际上与市场经济的发展有着密切的关系，可以说呈一种正比例关系。[1] 换言之，经济犯罪是市场经济条件下的伴生物。[2]

---

[1] 宋远升、谢杰：《经济犯罪对策论》，法律出版社，2012，第 20 页。
[2] 张天虹：《经济犯罪新论》，法律出版社，2004，第 1 页。

事实上，经济犯罪实施的前提和基础也是市场需求的客观存在。从一定意义上说，非法集资活动的产生，主要就是由于正常的投资渠道较为狭窄，而社会公众手中的闲散资金较多，这一矛盾为犯罪提供了生存和发展的土壤。非法集资犯罪手段虽然千变万化，但无一不是在迎合市场需求，寻找最为恰当的形式和包装以吸引投资人。实践证明，没有市场需求的非法集资活动，任你设计得如何精妙，也难以实现聚敛财富的犯罪目的。我国非法集资犯罪案件高发，社会募集资金形式多变，北京"e租宝"、上海"中晋"、云南"泛亚"等一批特大案件，就是通过所谓"创新"经营模式，迎合社会公众对财富保值增值的迫切需求，才形成了如此迅猛的发展势头。相比于大部分不可以随时支取的理财产品，"e租宝"产品的高流动性确实很吸引投资者。[①] 此外，"e租宝"发售的产品起投金额为1元，门槛极低。[②] 值得注意的是，各种市场需求不仅催生了各类新兴经济，同时也促进社会分工进一步细化。因此，基于经济犯罪的伴生规律，其自然伴随着社会经济的发展和地下市场的需求而向前迈进和演化，犯罪的各个环节逐渐独立、分工更为细化，逐渐形成产业链条甚至呈现产业化趋势。如电信网络诈骗类犯罪产业链中上下游公司互不相识、与电信诈骗集团没有直接沟通的现象并不少见。[③] 近年来，在许多非法集资案件中，已经出现按照市场化的模式来运作的态势，很多环节被打包以产品制作的模式出现，为犯罪活动提供了更为强劲的驱动力。然而，这些社会分工链条上的利益群体，由于并不直接从事犯罪，因而在现有法律规定下难以有效惩治，尚待进一步更新立法理念和细化司法解释，这也是非法集资犯罪屡打不绝的原因之一。

（五）市场监管的外在因素分析

在市场竞争中，市场的需求必然推动经济的创新发展，催生出更为丰富

---

① 邹传伟、柏亮、张浩伦：《e租宝事件分析报告》，许多奇主编《互联网金融法律评论》（2016年第4辑），法律出版社，2017，第123页。

② 邹传伟、柏亮、张浩伦：《e租宝事件分析报告》，载许多奇主编《互联网金融法律评论》（2016年第4辑），法律出版社，2017，第120页。

③ 张瑶：《阻击新型电信诈骗产业链》，《财经》2017年第23期，第98页。

的新兴经济形态。对于新生事物，市场监管难免相对滞后和不够完善，甚至在发展初期处于监管空白状态，容易使一些违法违规经济行为滋生和蔓延。实践证明，新兴领域往往是灰色的，因为套利者总是走在监管前面。① 特别是在一些所谓新兴经济领域和行业，其事中、事后监管缺失，职责不清，风险大量集聚，甚至出现"黑天鹅"乃至"灰犀牛"现象。如 2007 年我国就出现了第一家 P2P 借贷平台——拍拍贷。此后，在制度缺失、监管缺位、自律缺席的情况下，以 P2P 为代表的互联网金融呈现爆发式增长态势。2013 年全国 P2P 平台数量约为 800 家，2014 年 P2P 平台累计达到了 1613 家，2015 年 P2P 平台数量为 3858 家，截至 2017 年 4 月底，累计成立 P2P 平台 5000 余家，在运营平台 2200 余家，累计成交规模达 43300 余亿元。② 在高额利润的驱动下，野蛮式的增长、激烈的无序竞争、滞后的行业监管，必然带来市场主体的铤而走险，犯罪空间的急剧扩张，这就是近年来互联网金融领域尤其是 P2P 借贷平台非法集资犯罪集中爆发的主要原因。反观美国的 P2P 平台数量却不超过 100 家，其主要的市场份额基本掌握在"贷款俱乐部"（Lending Club）与"繁荣市场"（Prosper）两家平台手中。③ 由此可见，监管缺失下形成的无序市场竞争环境，极易导致经济犯罪行为的猖獗。此外，在市场经济中，追逐经济利益的不仅是个人，还有社会中的各类主体，这其中还容易滋生为保护各自地域经济利益的地方保护主义。

四 非法集资犯罪的应对举措

2016 年 4 月 27 日，最高人民法院、最高人民检察院、教育部、工业和信息化部、公安部、商务部、银监会等 15 个部委组成的处置非法集资部际

---

① 曲艳丽、龚奕洁：《剑悬现金贷》，《财经》2017 年第 26 期，第 28 页。
② 冯建功：《互联网金融在我国发展现状及未来趋势分析——以 P2P 网贷行业为例》，《市场周刊》（理论研究）2017 年第 8 期，第 106 页。
③ 《e 租宝之问：什么是丁宁们挥霍无度的理由》，http://news.sina.com.cn/zl/ruijian/2016 - 02 - 03/08595381.shtml。

联席会议召开"防范和处置非法集资法律政策宣传座谈会",全面分析了当前非法集资发案数量高位运行、大案增幅明显的严峻形势,明确提出要切实规范各类融资行为,集中推动大案要案处置,着力加强源头治理,形成防打结合、打早打小、综合施策、标本兼治的防控机制,教育和引导投资者自觉防范和远离非法集资,坚决遏制非法集资的蔓延势头,坚决守住不发生系统性和区域性风险底线。

(一)加快规范新兴经济领域的步伐

针对当前互联网金融领域的野蛮生长和无序发展,为规范行业秩序、化解金融风险,国家密集出台和公开发布了网络借贷监管的一系列办法。在相当长的一段时间里,P2P 网贷平台的发展呈"无门槛、无规则、无监管"的"三无"状态,P2P 网贷行业泥沙俱下,乱象丛生,非法集资问题尤为突出。为促进网络借贷行业健康发展,引导其更好地满足小微企业和个人投融资需求,2016 年以来,国务院部署开展了互联网金融风险专项整治工作,加强了对包括 P2P 网贷行业在内的互联网金融业态的监管。2016 年 8 月 17 日,在广泛征求社会各界意见和数易其稿的基础上,银监会、工业和信息化部、公安部、国家互联网信息办公室等部门联合发布了《网络借贷信息中介机构业务活动管理暂行办法》,对 P2P 网贷平台实行备案登记、双重监管、小额设限等管理制度,主要以"负面清单"的方式划定了 P2P 网贷行业的边界红线。在此期间,银监会又先后出台了《网络借贷信息中介机构业务活动信息披露指引》《网络借贷信息中介机构备案登记管理指引》《网络借贷资金存管业务指引》,从而终结了 P2P 网贷行业"三无"状态,意味着进入严格监管和规范发展时代,利于广大投资者甄别和投资。

(二)切实完善金融领域的监管制度

国家政策方面,密集出台了处置非法集资、强化金融监管的文件,研究起草和公开发布了《处置非法集资条例》征求意见稿。2017 年 7 月以来,全国金融工作会议等一系列重要会议多次强调要进一步强化金融监管力度,健全金融监管体系，防止发生系统性金融风险，既要防"黑天鹅"，也要防"灰犀牛"；设立国务院金融稳定发展委员会，加强监管协调、补齐监管短板，坚决抵御和化解金融风险，维护系统性金融稳定；引导资金服务实体经济，把更好地服务实体经济作为金融工作的出发点和落脚点，促进经济和金融良性循环、健康发展。事实上，中国对于互联网金融的宽容期已经结束，整个金融监管进入严周期。① 各地区、各部门以深入贯彻落实全国金融工作会议为契机，部署开展了互联网金融风险专项整治等重点行业领域风险排查和整治行动，有效落实行业主管监管部门责任，按照监管与市场准入、行业管理挂钩原则，切实强化和加快完善行业监管措施，加强日常监管和风险防控。特别是鉴于非法集资犯罪形势严峻，一些区域和行业风险隐患较大，处置非法集资部际联席会议确定开展非法集资风险专项整治行动，针对民间投资理财、P2P网络借贷、农民合作社、房地产、私募基金等重点领域和民办教育、地方交易所、相互保险等新风险点，充分利用现有市场监管手段，进行全面排查，摸清风险底数，强化综合监管，依法分类处置，妥善化解风险。在此期间，各地区各部门积极推动各种信息和数据资源整合，有效利用大数据、云计算、互联网等技术手段加强非法集资监测预警工作，加强对重大风险线索的监控和排查，强化对犯罪苗头的主动发现和大要案件的及时处置，切实从源头上控制和挤压非法集资活动的生存空间。令人欣喜的是，随着国务院金融发展稳定委员会机制的建立，监管协调和反映周期更加迅速，如ICO从舆论关注到被叫停，再到关闭比特币交易所，只有短短几个月的时间。②

2017年8月24日，国务院法制办就《处置非法集资条例》公开向社会各界征求意见。该条例系银监会在深入调查研究和广泛听取意见的基础上起草的，共包括总则、预防监测、行政调查、行政处理、法律责任、附则6章37条，几乎涵盖了处置非法集资的所有领域和环节。在该征求意见稿说明

---

① 曲艳丽、龚奕洁：《剑悬现金贷》，《财经》2017年第26期，第26页。
② 曲艳丽、龚奕洁：《剑悬现金贷》，《财经》2017年第26期，第29页。

中提出，鉴于防范和处置非法集资是一项长期、复杂、艰巨的系统性工程，因此要注重防打结合、打早打小，明确职责分工、强化机制，行刑衔接、分别施策。在该征求意见稿中首次明确，非法集资是指未经依法许可或者违反国家有关规定，向不特定对象或者超过规定人数的特定对象筹集资金，并承诺还本付息或者给付回报的行为。其中，非法集资参与人的责任沿用有关规定，明确其应当自行承担因参与非法集资受到的损失。省级人民政府全面负责对本行政区域内非法集资活动的处置工作；县级以上地方人民政府确定的处置非法集资的职能部门履行非法集资预防监测、行政调查处理和行政处罚等职责；其他部门按照职责分工配合做好处置非法集资相关工作。处置非法集资过程中，有关地方人民政府应当采取有效措施维护稳定等。

（三）强化打击非法集资的工作力度

2016 年 8 月，公安部在北京召开第四次全国经济犯罪侦查工作会议，明确提出要加强和改进新形势下经济犯罪侦查工作，必须积极适应经济社会发展新形势和经济犯罪活动新特点，聚焦防控风险，全面提升遏制犯罪、防范风险、服务发展、维护稳定的整体效能。此后，各地公安机关组织部署了打击非法集资系列专项行动，严厉打击以互联网金融、私募股权、虚拟货币、慈善互助等为名的涉众型经济犯罪，强化追赃挽损工作，切实维护群众利益。为认真贯彻全国金融工作会议精神，紧紧围绕服务实体经济、防控金融风险、深化金融改革等重点任务，2017 年 11 月公安部专门研究出台意见，就进一步加强打击金融犯罪工作做出部署。为此，各地公安机关充分发挥职能作用和专业优势，协调各方建立健全打击防范非法集资等经济犯罪的良好氛围和工作格局，全力维护金融安全和国家安全。如强化与有关部门的沟通协作，积极参与各种金融风险排查工作，推动金融领域犯罪和相关风险的预测预警预防，实现早发现、早预防、早整治，更好地防范和化解金融风险；继续保持对金融犯罪的严打高压态势，将打击非法集资犯罪置于重中之重，建立和完善打击预防非法集资等经济犯罪工作机制，深入推进行政执法和刑事司法的衔接；快速出击、强力打击和集中侦办各种非法集资大案要

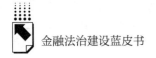
案，全力保护群众经济利益和正当权益；积极防范、及时化解和妥善处置因非法集资引发的群体性事件，切实维护社会和谐稳定和安定局面。

（四）完善有关非法集资的司法解释

2017 年 6 月 2 日，最高人民检察院办公厅印发《关于办理涉互联网金融犯罪案件有关问题座谈会纪要》，详细阐述了检察机关办理涉互联网金融犯罪案件的基本要求，对非法吸收公众存款罪、集资诈骗罪、金融犯罪中单位犯罪及其责任人员、定罪量刑情节以及证据收集、审查及运用等进行了规范。此外，强调检察机关要加大对涉互联网金融犯罪的打击力度，积极主动作为，及时介入侦查，引导规范取证，完善证据体系，依法从快办理涉互联网金融犯罪案件等。

2017 年 8 月 9 日，最高人民法院印发《关于进一步加强金融审判工作的若干意见》，就人民法院贯彻落实全国金融工作会议精神、加强金融审判工作、保障经济和金融良性循环健康发展提出了 30 项意见。该意见明确要求，要以金融服务实体经济为出发点和落脚点，遵循经济和金融的发展规律，依法审理各类金融案件，引导和规范金融交易。对于能够实际降低交易成本、实现普惠金融、合法合规的金融交易模式依法予以保护。对以金融创新为名掩盖金融风险、规避金融监管、进行制度套利的金融违规行为，要以其实际构成的法律关系确定其效力和权利义务。对于以金融创新名义非法吸收公众存款或者集资诈骗，构成犯罪的，依法追究刑事责任。特别是该意见强调，要依法公正高效审理非法集资案件，持续保持对非法集资犯罪打击的高压态势。其中，针对非法集资犯罪案件参与人数多、涉案金额大、涉及面广、行业和区域相对集中的特点，加强与职能机关、地方政府的信息沟通和协作配合，提高处置效果，切实保障被害人的合法权益，有效维护社会稳定。此外，该意见还提出，要依法严厉打击涉互联网金融或者以互联网金融名义进行的违法犯罪行为，规范和保障互联网金融健康发展。

2017 年 8 月 22 日，最高人民检察院印发《关于认真贯彻落实全国金融工作会议精神加强和改进金融检察工作的通知》，要求各级检察机关要充分发挥检察职能作用，加强和改进金融检察工作，为健全金融法治、保障金融安全提供有力司法保障。该通知强调，各级检察机关要加大惩治和预防金融犯罪力度，严厉打击严重危害金融安全、破坏金融秩序的犯罪，坚决查处那些兴风作浪的"金融大鳄"、搞权钱交易和利益输送的"内鬼"。特别是要坚决查处利用互联网实施的非法吸收公众存款、集资诈骗、组织领导传销活动等犯罪，其中对于打着创新旗号大搞"庞氏骗局"等金融欺诈活动的，要依法严厉打击。此外，在办理金融领域犯罪案件过程中，要正确把握法律政策的界限，改进司法办案方式方法，做到惩治犯罪与保护创新并举，既要严厉打击金融犯罪，又要依法保障金融创新。

2017年12月19日，最高人民检察院、公安部联合发布了《最高人民检察院　公安部关于公安机关办理经济犯罪案件的若干规定》，自2018年1月1日起施行。作为具有司法解释性质的规范性文件，该规定共10章80条，进一步严密细化了执法办案程序，健全完善了执法办案依据。其中，针对非法集资高发蔓延势头，为加大防范处置工作力度，该规定贯彻落实了《国务院关于进一步做好防范和处置非法集资工作的意见》所提出的"统分结合"工作原则，进一步建立健全涉众型经济犯罪侦查工作机制，不仅重申了公安机关办理跨区域性涉众型经济犯罪案件，应当坚持统一指挥协调、统一办案要求、统一资产处置等原则，还强调犯罪地公安机关应当立案侦查，并由一个地方公安机关为主侦查，其他公安机关应当积极协助，以利于查明全案犯罪事实、强化工作责任，以及方便刑事诉讼。

五　非法集资犯罪的治理途径

从上述非法集资的成因分析中可以看出，为有效遏制当前犯罪的高发态势，除了对市场进行调整、拓宽投资渠道、平衡市场供需以外，相关政府部门还需深入研究更加系统化、科学化、精细化的犯罪治理对策。

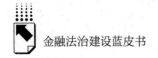
（一）积极引入社会组织民间力量，实现犯罪治理的多元化

从各种类型的违法犯罪综合治理工作中可以看出，犯罪治理仅靠公安机关一家是难以有效控制的。如从电信诈骗犯罪治理经验中我们可以看到，在国家统筹管理下，相关行业监管部门抛开各自的部门利益，从社会整体利益出发，有序协同作战对各自监管范围内的经济行为进行严格监督和管控，共同开展涉众类犯罪的治理才能够彻底控制犯罪局面，减少犯罪带来的危害。针对非法集资犯罪治理的现实情况，我们首先应当树立治理主体多元化的理念，厘清非法集资犯罪链条下涉及的相关行政监管部门与行业协会，积极发挥各个主体的积极作用，形成治理合力才是犯罪治理的根本前提。特别是在激烈的市场竞争环境下，合法企业对规范化的市场秩序需求强烈。当前，市场主体已经具有参与犯罪治理和维护经济秩序等公共事务的意愿与能力。因此，可以促进社会民间力量的积极参与，提升犯罪治理的有效性和精确性。如 2015 年，阿里巴巴集团收集和推送售假线索近 1000 条，助力有关政府部门破获了 1000 多起互联网犯罪案件，抓获了 1200 多名嫌疑人，捣毁了 1500 多个窝点，涉案假货价值将近百亿元。[①] 当前社会民间力量参与犯罪治理的程度和作用在不断提高，我们应当秉承开放、多元和相互合作的治理理念，积极吸收民间力量的参与来弥补国家在犯罪治理中的欠缺。

（二）充分发挥市场信用体系作用，提升犯罪治理的精细化

民无信不立，业无信不兴。犯罪治理必须立足长远，通过健全社会信用体系全面规范市场行为，加大市场主体违规违法的犯罪成本，将市场主体引导到正确的经营道路上来，才能够彻底整治市场环境，铲除犯罪的生存空间。经济犯罪作为一种非法经济行为，其存在形式的依附性与表现形式的复

---

① 《阿里巴巴：互联网犯罪态势严重去年助政府破案逾千起》，http://news.cyol.com/content/2016-04/21/content_12453339.htm。

杂性，均取决于经济形态的动态性和复杂性。[①] 非法集资犯罪扎根于市场经济中，每一次犯罪行为其实都是一场市场交易，交易的形成更多地建立在双方相互信任的基石之上。对于非法集资活动来说，犯罪分子之所以通过各种媒体进行虚假宣传和层层包装，就是为了增加受害人对其的信任度。从这一角度出发，信用在此类犯罪中至关重要，犯罪分子各种谋划都是为了提高自身的可信度。因此，随着当前诚信体系建设步伐的逐步加快，我们可以从信用体系建设的角度构建对此类犯罪的治理模式。毋庸置疑，健全的市场信用体系的建立需要多个部门和社会各方共同参与。实际上，在政府主导的信用体系建设过程中，企业信用平台建设步伐紧随其后，充分发挥出市场主体灵活多样、资源丰富的特点。[②] 因此，应当在政府相关主管部门的支持下，充分调动社会民间力量共同开展信用体系的构建，彻底揭开犯罪分子的虚伪面纱，使市场交易的双方能够有效识别犯罪分子的真实身份和其交易的风险性，从而有效地阻止受害人被骗，预防犯罪的发生。如芝麻信用、腾讯征信、前海征信等企业逐步利用互联网大数据，根据个人用户在社交网站上的各种表现为其打分、评级，并将这些信用分与各类生活场景挂钩，如滴滴打车的违约记录、网店假货的差评记录、预定饭馆的爽约记录等，都纳入各类企业的信用数据，这些信用数据的逐步丰富对于社会整体信用体系的完善将发挥至关重要的作用，尤其是在第三方支付平台中的有效运用将大大规范市场经营行为。以芝麻信用为例，"芝麻分"免押金信用服务已经覆盖全国381个城市，扩展到酒店、租房、民宿、租车、共享单车、医疗、农业设备租赁等八个行业。[③] 芝麻分过低不仅会影响用户的消费和贷款信用，还会影响用户的个人生活服务信用，比如租金优惠、便捷办理签证等。[④] 在此基础上，2016 年 8 月，芝麻信用上线了"互联网金融风控解决方案"产品，为

[①] 参见程小白、汤强主编《经济犯罪侦查学总论》，中国人民公安大学出版社，2014，第66 页。

[②] 《完善信用体系防范信用风险》，《第一财经日报》2017 年 11 月 16 日，第 A02 版。

[③] 张宇哲：《从征信到数据服务商》，《财新周刊》2017 年第 44 期，第 48 页。

[④] 何子维：《现金贷，一门备受质疑的生意》，《南风窗》2017 年第 23 期，第 64 页。

合作企业提供信用评分、反欺诈信息验证及行业关注名单三种服务，这样的流量加风控的激励机制十分有效。① 因此，在非法集资犯罪的治理中，要充分发挥市场主体的积极作用，通过市场信用体系的建立与完善，使市场个人信用评级更加透明化、公开化、科学化，使市场交易的风险能够较为直观地展现在交易者面前，促使市场主体自觉地加强自律、增强责任和预防犯罪，积极参与到整治犯罪行动中来，从而促进犯罪治理的精细化。

（三）严格落实重点行业监管责任，提升犯罪治理的系统化

非法集资犯罪的治理模式应当是预防与打击并重的治理模式，以预防未然犯罪与打击已然犯罪为目标。事实证明，相关监管政策和规章制度的及时出台，可以有效减缓或者控制违法犯罪活动持续高发的恶劣态势。特别是在当前经济犯罪逐渐轻刑化的刑事政策背景下，通过刑事司法对其进行处罚的威慑力度是极其有限的，我们只有主动出击加强对经济领域的控制与监管，才能够有效地降低经济犯罪带来的危害，最大限度地减少犯罪带来的经济损失。大数据时代风险管理、社会信用等新型监管方式方兴未艾，在人员有限的条件下通过技术手段创新提升监管能力不失为一条可行之策。② 因此，相关监管部门要切实担负起行业监管的责任，加强重点经济领域的数据监测，充分运用云计算、大数据、互联网等技术手段及时发现犯罪风险苗头。一是重点关注新兴经济领域，健全完善相关经济管理法规，严格控制犯罪风险；二是加强可疑资金分析，及时发现潜在非法集资犯罪行为；三是加强对明显违背经济规律的经营模式的监管，对其进行充分的行业风险评估，有效控制犯罪风险。如"e租宝"案中宣称高达20%的投资回报率，如此之高的资金投入与收益很难在当时的市场环境中生存与实现，因此在其资金链断裂和崩盘之前，就应当及时予以关注和监管。此外，为有效应对当前有限警力资源与犯罪高发间的矛盾，普通刑事案件早已从以地点为防控对象的犯罪治

---

① 张宇哲、韩祎、吴红毓然：《"不可能"的信联》，《财新周刊》2017年第44期，第41页。
② 张克：《机构改革新动向》，《南风窗》2017年第23期，第22页。

理模式，逐步演化为网格化的社会治安防控格局，经济犯罪既然是以经济领域各行业划界和细分区域的，因此可以探索建立以行业为防控对象的犯罪治理体系，科学调配警力资源，切实提高办案效率。在犯罪高发的经济行业中，要加强对违法犯罪活动的监测，加强与监管部门的信息沟通，强化监管力度，压缩犯罪空间。特别是要推动各个监管部门不断完善领域规范和监管制度，及时正面发声，厘清正常投融资活动、金融创新与非法集资的界限，消除社会认识误区和执法迷茫，并落实风险防控、监管和处置责任，共同投入防范和打击工作。

（四）建立健全犯罪治理评估机制，提升犯罪治理的科学化

长期以来，科学的犯罪治理评估工作一直处于缺位状态。犯罪治理评估可以向治理主体提供关于犯罪治理运行效果的基本信息，通过犯罪治理评估指标体系考察和评估犯罪治理过程的各个阶段与不同环节，犯罪治理行动的实际效率、效能、效益都可以被量化，最终能够对犯罪治理的效果做出整体性判断与评价，这种判断与评价可以起到"旁观者清"的作用。[①] 当前犯罪治理更多的是以被动的打击模式为主，治理信息不够公开透明。对于非法集资犯罪而言，由于此类犯罪涉及生产者、经营者、消费者、监管者等多个层面的主体，涉及复杂的经济利益关系，因此有效的犯罪治理评估机制，一方面有助于犯罪治理主体科学地评价各个环节的监管治理工作，及时准确地获知犯罪治理效果，避免主观性论断，能够客观、理性地对相关刑事政策进行有效指引；另一方面，信息的及时公开，有助于实现社会公众对政府相关部门工作的监督，有效避免部门利益、地方利益对社会整体利益的损害。此外，信息公开使犯罪形势更加明晰地呈现在群众面前，也进一步增强了群众的自我防范意识与参与防范工作的主动性。

---

① 卢建平、姜瀛：《论犯罪治理的理念革新》，《中南大学学报》（社会科学版）2015 年第 1 期，第 43 页。

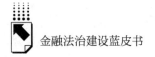
参考文献

［1］何正飞：《新形势下经济犯罪的特点、成因及打防对策浅析》，《法制博览》2017 年第 8 期。

［2］《公安部等 14 家国家机关召开部际联席会议全力打击非法集资犯罪维护群众合法权益》，《中国防伪报道》2017 年第 5 期。

［3］金轶、孙晴、邢飞龙：《P2P 网贷平台融资的犯罪规律分析与司法应对》，《互联网金融法律评论》2016 年第 3 辑。

［4］靳子、钟河：《警惕涉互联网金融刑事风险上升〈2016 年度上海金融检察白皮书〉出炉》，《检察风云》2017 年第 14 期。

［5］陈晨：《涉互联网金融非法集资犯罪风险及其规制研究》，《互联网金融法律评论》2016 年第 3 辑。

［6］王宗、沈言、周孟君、刘琼：《遏制非法集资犯罪 维护市场金融秩序——上海二中院关于非法集资犯罪案件审判情况的调研报告》，《人民法院报》2017 年 9 月 14 日。

［7］宋远升、谢杰：《经济犯罪对策论》，法律出版社，2012。

［8］张天虹：《经济犯罪新论》，法律出版社，2004。

［9］邹传伟、柏亮、张浩伦：《e 租宝事件分析报告》，载许多奇主编《互联网金融法律评论》2016 年第 4 辑，法律出版社，2017。

［10］程小白、汤强主编《经济犯罪侦查学总论》，中国人民公安大学出版社，2014。

B.7
金融科技法治问题研究

张峰 傅巧灵 韩莉 肖文东 等*

摘 要： 金融科技（FinTech）即金融与科技的融合。根据应用领域的不同，将金融科技分为四大类别，分别为人工智能、区块链、云计算和大数据。在金融科技快速发展的同时，各种风险也逐渐暴露出来。一方面体现在人才结构上，从业人员专业素质不高、组成结构失衡等，容易引起操作风险。另一方面体现在业务模式上，人工智能和大数据等技术应用不合理，容易引起技术依赖风险；行业内业务模式呈现同质化、交叉化，极易引发"合规风险"和"蝴蝶效应"。另外，不可忽视的还有网络信息安全风险，怎样合理使用和保护客户信息成为金融科技在未来需要应对的难题。

目前金融科技监管首要目标是解决信息多方不对称的问题，但由于监管层科技水平弱，往往不能及时有效地获取数据，收集、分析问题，以及实时地发送指令，监管者应与被监管者平等地获取信息，并通过数据的共享建立信息交互系统，不仅可以解决信息不对称问题，还可以依托科学技术构建一个实时、自上而下、可预测的监管体系。

* 张峰，博士，北京联合大学管理学院教授，主要研究方向为企业投融资、互联网金融；傅巧灵，博士，北京联合大学管理学院副教授，主要研究方向为商业银行管理、金融营销；韩莉，北京联合大学管理学院副教授，主要研究方向为国际金融；肖文东，博士（后），北京联合大学管理学院副教授，主要研究方向为公司金融；吴若均、邹璐璐、栗庆振三位同学参与了本报告的资料搜集和整理工作。

关键词： 金融科技　创新　风险　监管　法治建设

一　金融科技行业发展概况

（一）金融科技兴起的背景

金融科技（FinTech），即金融和科技的融合，狭义的金融科技是指非金融机构把云计算、大数据等各种新型技术运用到金融领域中来，以此改造和更新传统的金融产品和服务，使之更有效率或更方便地服务于行业发展，是一种具有很强创新性的金融活动。广义的金融科技即指各种类型的技术创新在金融领域的应用。金融科技生态圈如图1所示。

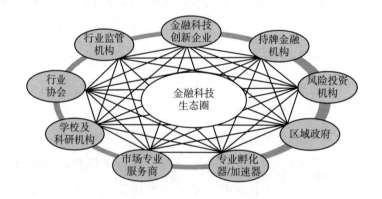

图1　金融科技生态圈

资料来源：董云峰、任舒：《中国金融科技十大趋势，来自毕马威的预测》，www.sohu.com/a/213114110_498997。

金融科技兴起的背景主要包括以下几个方面。

1. 政策环境

2016年，国务院发布的《"十三五"国家科技创新规划》指出，我国要促进科技金融产品和服务创新。党的十九大报告也明确提出，要着力加快建设实体经济、科技创新、现代金融、人力资源协同发展的产业体系，配合国家统一政策，各地方政府也出台了相关细化政策对金融科技予以支持。

2. 经济环境

随着人民生活水平的提高，对理财的需求也趋于多样化。金融业改革的核心就是降低企业融资成本，提高资金的使用效率，而金融科技的不断发展便很好地迎合了当今经济发展的要求，是随着我国经济环境变化而逐渐发展的体现。

3. 技术环境

近年来，我国对区块链、大数据、云计算等技术的研究不断涌现，对科技金融的探索不断推进，相关技术的运用范围也不断扩大，使我国的互联网经济由用户规模推动转化为技术水平推动，人们初步感受到金融科技带来的便利。人们对越来越高级的金融服务的需求逐步扩大，对互联网经济的良好体验制造了金融科技的市场需求，推动科技金融进一步发展。

4. 存在传统金融难以覆盖的空间

我国传统金融发展时间较短，市场没有被充分地利用起来，大量潜在的客户也未被完全发掘；而且，传统金融服务效率较低，不能很好地满足用户日益增长的金融多样化和高效化需求。因此，金融效率还存在很大的提升空间。

（二）各领域发展概况

根据应用领域的不同，将金融科技分为四大类别，分别是人工智能、区块链、云计算和大数据。以下分别从这四个领域介绍金融科技的发展状况。

1. 人工智能广泛应用于金融领域

人工智能的高速发展促进了我国以互联网和智能机器人为代表的科技行业的不断兴起和发展。在过去的 4 年里，我国人工智能产业规模逐年攀升，年增长率为 35% ~ 45%。人工智能与人们的日常生活关系越来越密切，它不仅使人们的日常生活更加便利，在金融领域同样扮演着日益重要的角色，与金融的联系越来越深入。例如，人工智能和云计算的结合产生了智能投顾,在支付方式上,人工智能提供了"指纹支付"和"刷脸支付"等新型而便捷的支付手段,人工智能在金融领域的应用实现了许多突破和创新,推动了高效金融的发展。2014~2018年人工智能产业规模发展如图2所示。

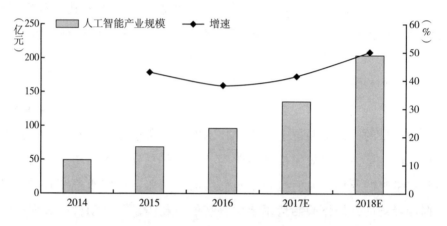

图2 2014~2018年人工智能产业规模

资料来源:前瞻产业研究院。

政策层面上,2016年3月,"两会"上发布了《中华人民共和国国民经济和社会发展第十三个五年规划纲要》,提到要将云计算、大数据、人工智能等新兴科技作为技术突破重点,大力推动人工智能在新兴领域的应用。2016年12月,国务院印发了《"十三五"国家战略性新兴产业发展规划》,提出要充分抓住机会加快人工智能的研究和产业化进程,以及实现"到2020年新一代信息技术、高端装备、新材料等战略性新兴产业增加值占国内生产总值比重达到15%,新一代信息技术产业总产值规模超过12万亿元"的重要目标。

从发展地区来看,我国的人工智能企业主要位于北京、广东和上海等经济较发达省份,占人工智能企业总数的68.83%。与其他省份相比,四川省人工智能企业数量较突出,占总数的3.24%。中国人工智能企业分布情况如图3所示。

从行业角度看,中国的人工智能应用领域主要为计算机视觉领域和智能

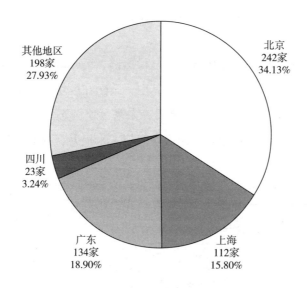

图3 中国人工智能企业分布

资料来源：前瞻产业研究院。

机器人领域。在计算机视觉领域，据中国机器视觉产业联盟（CMVU）的不完全统计，目前全球范围内进入中国的国际机器视觉企业达200多家，来自中国本土的机器视觉企业100多家，计算机视觉作为一个新兴的人工智能应用领域，正快速发展和扩张。在智能机器人领域，目前以博实股份、Slamtec为代表的企业聚焦于工业生产和服务领域的智能机器人，同时依托政府政策和市场扩大需求，处于快速发展阶段。

目前，国内许多上市公司都积极地把业务范围扩大到人工智能领域。例如，百度就把人工智能看作公司的一大重要发展领域，不仅在O2O领域大胆投入，还积极布局无人车、智慧城市等未来科技领域，此外开发了"Baidu Eye""百度筷搜"等一系列智能软硬件。百度的初衷就是把人工智能置于各个领域的首要位置。

2. 区块链凸显经济价值和优势

作为多种数字货币的底层技术，区块链以其强大的智能合约和加密算法创造出一种新兴的互联网模式。目前全球对区块链的关注度逐渐提升，可运用区块链技术推动经济金融转型的领域主要有以下几个特征：资质证明要求严格、标准化程度高和自动化需求大。

目前区块链主要应用领域有金融、供应链、公共服务、物联网和公益慈善。区块链应用生态圈如图4所示。其中，金融在区块链应用生态圈中的比重为55.43%。从目前的发展趋势来看，未来区块链必然会在诸多领域大放异彩，同时也会有更多的企业运用区块链技术来提升自身的影响力。

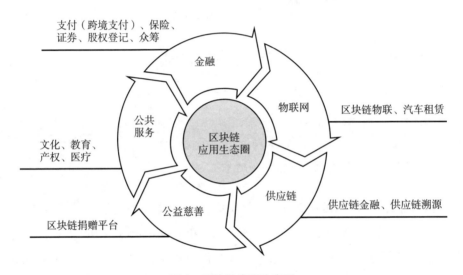

图4 区块链应用生态圈

资料来源：巴曙松、杨春波《当区块链融入金融行业，变革会如何发生？》，http://www.sohu.com/a/197791001-481741。

在政策层面上，央行率先研究数字货币并对央行数字货币票据原型试点进行测试。随后，时任央行行长周小川明确表示数字货币必须由央行发行，区块链是一大可选技术。在国务院印发的《"十三五"国家信息化规划》第四部分重大任务和重点工程中，明确指出要强化区块链等战略性前沿技术并进行超前布局。工信部也响应政策导向联合多家机构编写区块链技术和应用发展白皮书，中国信息通信研究院也积极制定区块链技术标准。

从行业角度来看，我国正逐步建立起包括多个行业在内的以区块链技术、政策、应用交流为目的的互联网平台，对于我国区块链技术的研究与发展起到了重要的促进作用。2015 年 12 月，先后成立了区块链应用研究中心和区块链研究联盟；2016 年 1 月，全球共享金融 100 人论坛宣布在北京成立"中国区块链研究联盟"；不久，中关村区块链产业联盟和中国分布式总账基础协议联盟（China Ledger）也宣布成立。行业联盟将对区块链技术的快速发展起到重要的指引作用。

从企业角度来看，据 Blockchain Angeles 不完全统计，目前全球共有 1175 家区块链创业公司，主要集中在中国、美国等地区。从我国情况来看，2015 年以来，多家与区块链技术相关的创业企业陆续出现，据腾讯研究院统计，目前中国共有区块链创业企业及研究机构近 100 家，主要分布在北京、上海、深圳、广州、杭州等经济较发达地区，对区块链的运用主要体现在资产鉴证证明、供应链、物流以及数字资产流通等领域。

3. 云计算助力高效金融

在政策层面上，随着"互联网＋"政策落地，"互联网＋金融"的发展逐渐加快。国家高度重视金融云的发展，多家监管机构颁布相关的工作目标和指导意见。银监会颁布了《中国银行业信息科技"十三五"发展规划监管指导意见》，首次明确了对云计算在银行业运用的监管意见，提出积极开展架构规划和后期的架构迁移等指导性目标。这是银监会第一次正式公开表态支持行业云的发展。国务院颁布的《关于积极推进"互联网＋"行动的指导意见》中指出，"互联网＋普惠金融"是我国金融业的一个发展方向，鼓励金融机构运用云计算等技术手段实现金融服务和产品的创新，推进我国金融行业的发展。此外，中国人民银行颁布的《中国金融业信息技术"十三五"发展规划》指出，要稳步推进系统架构和云计算技术应用研究，以促进我国金融业的创新发展。

金融机构高度关注分布式云计算架构下 IT 的发展与应用部署，以应对当前业务及运维系统的低效问题，目前金融行业 IT 系统迁移分布式架构仍需要逐步完善。另外，金融机构设想用云计算的技术搭建互联网金融系统，此系统包括消费金融、P2P 贷款等业务，相比于系统架构的迁移，系统的新建有着较轻的历史包袱。云计算产业结构如图 5 所示。

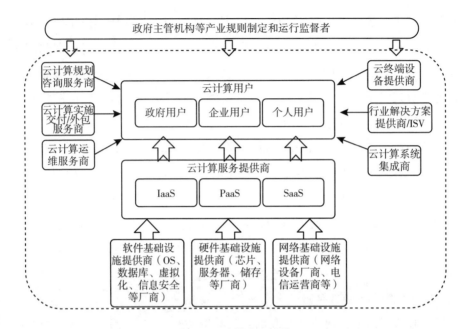

图5　云计算产业结构

资料来源：2017 年《云计算行业分析报告》。

目前，云计算在金融行业的发展主要有公有云和私有云两种模式。公有云主要是金融机构通过金融机构间基础设施领域的合作和各方面资源的共享来形成一批诸如公共接口、公共应用的技术公共服务。而在私有云应用中，技术水平和经济基础较好的企业可通过搭建私有云将一些核心业务系统、重要敏感数据的存储部署到私有云上，提高企业运行效率。经济实力和技术水平相对较弱的中小型银行，可采取行业云的方式。中国私有云市场规模及增速如图 6 所示，中国公有云市场规模及增速如图 7 所示。

4. 大数据快速发展，建设数字金融

2017 年 12 月 8 日，习近平总书记在中共中央政治局第二次集体学习时强调：大数据发展日新月异，我们应该审时度势、精心谋划、超前布局、力争主动，深入了解大数据发展现状和趋势及其对经济社会发展的影响，分析我国大数据发展取得的成绩和存在的问题，推动实施国家大数据战略，加快完善数字基础设施，推进数据资源整合和开放共享，保障数据安全，加快建

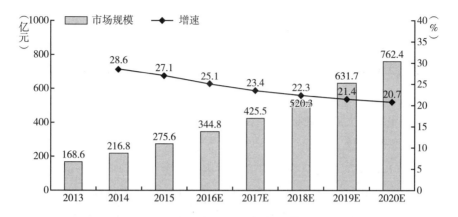

图 6　中国私有云市场规模及增速

资料来源：中国信息通信研究院。

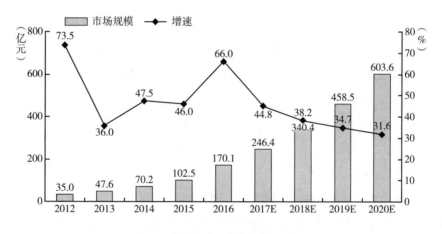

图 7　中国公有云市场规模及增速

资料来源：中国信息通信研究院。

设数字中国，更好地服务我国经济社会发展和人民生活改善。由此可见大数据发展的重要性，而随着大数据在诸多领域的扩张性发展，大数据金融也位列其中。

大数据可以解决传统金融所面临的信息不对称和客户不透明问题。大数据以其强大的技术支撑可以更好地识别和认知客户需求，从而创新产品和服务，进行更有效的风险防控，提升银行等金融机构的服务能力。

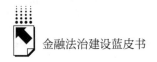

目前我国大数据正处于高速发展阶段，多种商业模式、创新产品和服务不断涌现，行业差异化竞争趋势日益明显。

（1）大数据在传统银行业的应用。大数据对银行的经营和发展发挥着日益重要的作用。例如，民生银行运用大数据充分挖掘和分析行业及企业信息，筛选出具有优势的企业，精准服务企业，有效地解决了银行一直存在的过剩产能贷款问题。

（2）大数据在互联网金融领域的应用。大数据在互联网金融领域的运用范围广，以P2P网贷中的蚂蚁微贷为例，其通过互联网数据化的运营模式，为各家电子商务平台提供普惠制、可持续的电子商务金融服务。

（三）金融科技的风险

在金融科技快速发展的同时，各种风险也逐渐暴露。一方面体现在人才结构上，从业人员专业素质薄弱、组成结构失衡等，容易引起操作风险。另一方面体现在业务模式上，人工智能和大数据等技术应用不合理，容易引起技术依赖风险；行业内业务模式呈现同质化、交叉化，极易引发"合规风险"和"蝴蝶效应"。另外，不可忽视的还有网络信息安全风险，怎样合理使用和保护客户信息成为金融科技在未来需要应对的难题。

1. 操作风险

在金融各个领域的成长时期，人才的培养至关重要。在金融科技快速成长的阶段，加快培养"金融+科技"的混合人才成为当下的任务之一。在目前来看，行业内的从业人员多为科技类专业人才，往往缺乏足够的金融知识和技能，在面对金融风险时显得难以应对。

2. 技术依赖风险不容忽视

早在2008年金融危机爆发前，各种金融衍生品就依赖技术创新规避风险，但是过于信任技术导致了判断失误，推动了危机爆发。当前金融与科技的结合也隐藏着金融创新依赖技术的风险。具体表现为在技术未成熟阶段就开始炒作概念，急于向外界推广，导致信息泄露；还表现为许多平台盲目跟风，应用一些无法真正掌握的技术，不仅浪费资源，增加成本，还带来更多的不确定性。

3. 金融业务交叉风险逐渐增强

金融科技让不同市场、不同行业、不同机构的业务实现了空间上的交叉呼应，同时也让市场风险、信用风险、流动性风险、操作风险等金融风险呈现外溢效应，风险一旦爆发，将会以比以往更快的速度扩散，造成的破坏也将更大，而且极有可能引发市场动荡乃至爆发系统性风险。与此同时，预防和控制这些风险的难度也将更大。

4. 业务创新合规性风险不断加大

金融与科技融合程度不断加深的同时，机构与用户之间的信息不对称程度也在提高。一方面，部分机构在行业内业务同质化日益加剧、利润降低的情况下"被动"地进行业务创新；另一方面，由于创新的难度非常大，成本回收期比较长，所以这些机构选择通过简化业务流程等不合规的操作来降低运营成本，同时由于信息不对称的存在，用户往往难以知晓这些信息，进而可能给用户带来损失。

5. 网络和信息安全问题突出

随着互联网的不断发展，各种风险高度积聚，任何一个网络节点的故障都有可能引起整个网络出现问题，这无疑增大了金融网络安全隐患。同时，在机构间缺乏合作沟通的现状下，行业整体应对风险冲击的能力不足，存在许多风险薄弱点。

另外，近年来国外多个机构存在信息泄露问题，给用户信息安全造成极大威胁。反观我国，在大数据和金融不断融合的过程中，信息也在不断积聚，"鸡蛋都放在了一个篮子里"，一旦出现信息泄露，不仅用户本身会遭受损失，机构的信誉也会因此受损，若泄露了大量数据，还可能影响国家金融稳定。

二 金融科技领域出现的典型司法案例

（一）网络借贷问题平台涌现

2015年12月，"e租宝"经营的互联网理财业务涉嫌违法，非法集资超 500 亿元，随后"e 租宝"事件持续发酵，国内多家互联网金融平台倒闭，其中"中晋系"被查出以"中晋合伙计划"的名义非法吸收资金和非法集资诈骗，涉案金额上百亿元。

2016 年 1 月 17 日，"e 租宝"西安相关负责人因涉嫌非法吸收存款和非法诈骗被当地公安部门批捕，随后，多家新闻机构爆出"e 租宝"非法集资和非法诈骗的内幕。2016 年 4 月 19 日，习近平总书记在网络安全和信息化工作座谈会上明确指出，"e 租宝、中晋系案件，打着'网络金融'旗号非法集资，给有关群众带来严重财产损失，社会影响十分恶劣。现在，网络诈骗案件越来越多，作案手段花样翻新，技术含量越来越高。这也提醒我们，在发展新技术新业务时，必须警惕风险蔓延"。

P2P 网贷行业产生了众多类似于"e 租宝"的问题平台。《网络借贷信息中介机构业务活动管理暂行办法》在提出对 P2P 网络借贷行业规范发展要求的基础之上，制定了"依法、适度、分类、协同、创新"的监管原则和其他具体措施。P2P 网贷行业逐渐朝着规范化的方向发展。

2017 年 2 月，中国银监会办公厅发布了《网络借贷资金存管业务指引》，对《网络借贷信息中介机构业务活动管理暂行办法》做了更为详细的补充，特别是对规范商业银行的资金存管业务、P2P 网贷平台等提出了更为明确的要求。

2017 年 9 月 12 日，北京市第一中级人民法院对安徽钰诚控股集团、钰诚国际控股集团有限公司以及被告人丁宁、丁甸、张敏等 26 人非法吸收公众存款、集资诈骗案进行了公开宣判：处罚 18.03 亿元，丁宁因集资诈骗罪、走私贵重金属罪等被判处无期徒刑。2017 年 11 月 29 日"e 租宝"二审宣判：驳回上诉维持原判。

从上述非法案例分析可见，我国 P2P 网贷平台的监管尚不够完善。金融科技的监管要结合大数据、云计算、人工智能等高新科技带来的新兴金融发展方向，树立在规范中发展、在防范中创新的监管原则，建立完善的、适合金融科技发展特点的监管长效机制。

（二）区块链高风险属性日益突出

区块链技术的兴起促进了金融区块链的快速发展，但是快速发展的同时，由于国内尚没有健全的适用于区块链金融的相关法律文献和监管体系，部分区块链应用频频突破监管法规的底线，以区块链金融的名义进行非法融资、网络洗钱、非法传销等非法行为，给个人和社会带来了严重的损失。

1. 非法融资

运用区块链进行非法融资主要体现在数字货币上。以万福币为例，在其传入国内 3 个月内，通过高利诱惑等手段吸纳会员高达 13 万人，吸收非法资金近 20 亿元。区块链技术在数字货币中的运用是区块链发展的初始阶段，主要目的是方便转账、汇款、支付等，但是现如今很多不法分子打着区块链的幌子进行非法集资，本质上都是庞氏骗局，一旦资金链条断裂，骗局便会浮出水面，创立者可能卷款而逃，给其他各方带来重大损失。

2. 网络洗钱

区块链可能会增加洗钱的风险。以北京乐酷达网络科技有限公司与绥化市华辰商贸有限公司侵权责任纠纷一案为例，在该案件中，犯罪嫌疑人通过实施诈骗得到非法收入 1200 万元，通过北京乐酷达网络科技有限公司旗下的比特币交易平台 OKCoin 购买了 553.0346 个总价值约 200 万元的比特币，经过多次转手，犯罪嫌疑人在澳门的地下钱庄卖出了所持有的比特币。尽管公安机关全力追缴，仍有 1.5 亿元未能追回。法院对此进行了二审，且认为乐酷达公司在进行比特币交易时违反了《非金融机构支付服务管理办法》的有关规定，其违规行为促进了犯罪嫌疑人犯罪行为的发生且为其提供了便利，并且其漠视的态度在另一方面配合了犯罪分子转移赃款的行为，所以乐酷达公司的违规造成的负面影响是巨大的，法院最后也判决乐酷达公司承担被害人不能追回损失的 40% 的赔偿责任。

本案例对以比特币为首的诸多数字货币交易平台的规范和审查具有风向标的作用，随着国家对区块链技术的重视，数字货币交易平台作为互联网支付机构也肩负着反洗钱的重任，切不可以技术的创新为幌子进行网络非法洗钱，应监管与自律两手抓，同时也希望相关部门积极出台法律法规，做到有法可依。

3. 非法传销

2015 年 7 月，席海翔将马克币传销组织从挪威引入中国，打着数字货币的旗帜进行传销活动，并在一年多的时间里发展壮大，最终达到数亿元的涉案金额。2017 年 4 月 5 日，江苏省沛县人民法院对席海翔进行了判决，将其归为组织、领导传销活动罪。2017 年 4 月 7 日，江苏省互联网金融协会的"互联网传销识别指南"中"数字货币传销"部分特别指出，非法传销分子披着数字货币的"华丽衣裳"，同时利用投资者对数字货币不了解的现状进行非法传销活动，该报告还提示广大投资者市场上流通的珍宝币、百川币、马克币、世通元、U 币、万福币、五行币、易币、中华币等数字货币均属于传销式数字货币的范畴。随着金融科技的快速发展，人们的认知往往跟不上时代创新的速度，不法分子利用区块链数字货币进行传销活动，传销的本质没有变，变化的只是形式和手段，在这种情况下，投资者面临的风险更大，想要止损、减损、维权也是难上加难。

区块链金融应用在诸多领域的野蛮生长逐渐放大了其背后的风险，一旦区块链金融的风险暴露，通过互联网大范围快速传播，必将造成严重的危害，所以风险的监管将会更加困难。

从目前的司法处置来看，由于我国的区块链金融监管体系和法制还停留在数字货币的层面上，所以在审判一些区块链金融非法案件时面临着众多疑点，并不一定能做出公正的判决。区块链金融法治建设和监管体系的形成，未来的路还很长。

（三）大数据带来隐私安全问题

中国银行郑州中心支行向社会公布的行政处罚信息显示，从 2017 年 11 月至 12 月，河南省辖区内的 47 家金融机构因涉及瞒报虚报数据、过失泄露信息等违规行为被依法处以行政处罚 716 万元，被处罚的金融机构包括国有四大银行、21家地方农商行和农信社、7家村镇银行、2家城商行、6家保险公司、1家资产管理公司和1家网络科技公司，其中因金融机构虚报、瞒报、漏报金融数据而被处罚的多达数十起。

银行作为置信度较高的金融机构，通过大数据掌握着大量的客户个人信息，而大数据对个人信息的大量获取在一定程度上导致了客户的隐私和安全问题，一旦银行内部系统出现问题，将会导致数以万计的客户信息泄露，给广大客户带来巨大的损失。因此，法治之严、监管之厉显得格外重要。

三 金融科技法治建设概况

（一）金融科技的监管现状

金融科技涉及的主体有金融机构、金融科技企业、中介服务机构、监管部门、消费者以及行业自律组织等，这些主体通过一系列的纽带关系形成了金融科技生态圈，而良好的金融科技生态环境是金融科技行业健康持续发展必不可少的外部条件。但目前中国的金融科技发展还处于初始阶段，监管的"包容"给金融科技的发展提供了一个更加自由、宽松的探索环境。随着各类金融风险的出现，我国逐渐加大了监管力度，金融科技监管体系也逐渐完善，以建设一个良性互动的金融科技生态圈。

国际层面上来看，金融稳定理事会（Financial Stability Board，FSB）在2016年3月首次正式讨论金融科技的系统性风险、全球监管的问题以及金融科技对金融宏微观上的冲击，同时启动国际合作监管。此次会议对以下几方面的问题展开了重点讨论：金融科技的创新产品和服务与传统的金融产品和服务如何区别？在宏微观层面上对金融稳定有何影响？是否面临着市场垄断和新的集中化趋势？……可见，国际监管机构对金融科技的监管发展非常重视，中国参与国际金融监管体系构建和金融科技监管国际合作在此次会议上也是一个重要的课题。

（二）金融科技监管的相关法律法规

根据金融科技在技术应用领域的分类，近年来我国主要出台了以下四个方面的监管法律法规。

1. 大数据监管法规

为了贯彻落实《国务院关于印发〈促进大数据发展行动纲要〉的通知》，2016 年 1 月，国家发改委下发了《关于组织实施促进大数据发展重大工程的通知》，拟组织开展促进大数据发展重大工程，为大数据的进一步发展指明了方向。

为加强建设持续健康发展的大数据产业，实施国家大数据战略，落实国务院《促进大数据发展行动纲要》的有关要求，工信部又编制印发了《大数据产业发展规划（2016～2020 年）》。

2016 年 1 月，国务院办公厅印发了《关于促进和规范健康医疗大数据应用发展的指导意见》，指出要加强大数据与医疗行业的结合，大力研发其在医疗领域的应用，而且要在风险规范上努力完善。

2017 年 8 月，国家自然科学基金委员会发布《"大数据驱动的管理与决策研究"重大研究计划 2017 年度项目指南》，从管理和决策研究中分析大数据所发挥的作用；而随着"智慧城市"概念的提出，2017 年 12 月，国家测绘地理信息局印发《关于加快推进智慧城市时空大数据与云平台建设试点工作的通知》，强调推进智慧城市建设的同时加强大数据与云平台的建设。

2. 云计算监管法规

2016 年 9 月，中国信息通信研究院发布了《云计算白皮书（2016）》，在分析国内外云计算市场发展状况的同时还在我国当前云计算产业所面临的宏观政策环境背景下，为政府和产业界提供参考决策。

2017 年 4 月，工业和信息化部发布了《云计算发展三年行动计划（2017～2019 年）》，提出了未来三年我国云计算发展的目标、路线、方针、原则以及相关保障措施。2017 年 6 月，中国人民银行印发了《中国金融业信息技术"十三五"发展规划》，明确提出在"十三五"期间要大力推动新技术应用的建设，促进金融创新的发展，并将其作为重点任务之一。中国银监会印发的《关于应用安全可控信息技术加强银行业网络安全和信息化建设的指导意见》对我国云计算安全管理提出了指导性意见。

3. 人工智能监管法规

2016年4月，工业和信息化部、国家发改委、财政部发布了《机器人产业发展规划（2016~2020年）》，为"十三五"期间我国机器人产业指明了发展方向并做出了具体要求。

2016年5月23日，国家发改委、工业和信息化部、科技部和中央网信办联合印发了《"互联网＋"人工智能三年行动实施方案》，指出要充分利用人工智能领域的技术创新，激发各行业的"互联网＋"创新潜力，为经济发展提供新的动能。

2016年7月28日，国务院印发了《"十三五"国家科技创新规划》，提出要集中力量发展新一代信息技术，研发新型的互联网技术，保障网络空间安全，促进信息技术在各行业的广泛渗透以及融合。

2016年9月1日，国家发改委办公厅出台了《国家发展改革委办公厅关于请组织申报"互联网＋"领域创新能力建设专项的通知》，通知涉及未来人工智能的发展与应用问题，并表示应该把人工智能作为一个专项内容来大力建设与发展。

2017年7月8日，《新一代人工智能发展规划》为我国人工智能的发展做出了明确的规划。规划提出了科技引领、系统布局、市场主导、开源开放的基本原则，提出了分三步走的战略目标和六个方面重点任务，并说明要进行清晰化布局，形成健康有效的人工智能发展战略路径。

4. 区块链监管法规

2017年1月13日，国务院办公厅颁布了《国务院办公厅关于创新管理优化服务培育壮大经济发展新动能加快新旧动能接续转换的意见》，其中提到要在人工智能、区块链、能源互联网等交叉融合领域，构建产业创新中心和创新网络。

2017 年 2 月 17 日，中国区块链应用研究中心主办了区块链应用领域自律座谈会，座谈会上提出区块链应用领域自律的 10 条公约：设置合规部门；系统可信可控；遵守金融秩序；企业自觉备案；加强用户教育；反洗钱及反电信诈骗；反传销；反市场操作、反资金挪用；同业信息共享；保护个人隐私。

2017 年 8 月，国务院印发了《关于进一步扩大和升级信息消费持续释放内需潜力的指导意见》。该指导意见第二个方面的第七条提出"鼓励利用开源代码开发个性化软件，开展基于区块链、人工智能等新技术的试点应用"。

2017 年 9 月，中国人民银行、工业和信息化部、中央网信办、工商总局、证监会、银监会和保监会七部门联合发布了《关于防范代币发行融资风险的公告》，指出国内出现了许多通过发行代币形式进行融资等投机活动，这些投机活动违反了有关法律并且给社会带来了不良影响，并明确对各类代币发行融资活动的开展下达了禁令。

2017 年 9 月 13 日，中国互联网金融协会发布了《关于防范比特币等所谓"虚拟货币"风险的提示》，提醒投资者应该警惕比特币等"虚拟货币"的风险，防止其成为非法分子从事违法活动的工具，并针对当今区块链平台存在的问题进行了风险提示与警告。

（三）相关法律法规汇总（见表1）

表 1 金融科技相关法律法规汇总

序号	时间	文件信息
全国（截至 2017 年 12 月）		
1	2016 年 1 月	国家发改委印发了《关于组织实施促进大数据发展重大工程的通知》
2	2016 年 4 月	工业和信息化部、国家发展改革委、财政部三部门联合印发了《机器人产业发展规划（2016～2020 年）》
3	2016 年 4 月	国务院发布《P2P 网络借贷风险专项整治工作实施方案》
4	2016 年 4 月	证监会、中央宣传部、中央维稳办、国家发展改革委、工业和信息化部、公安部、财政部、住房和城乡建设部、中国人民银行、工商总局、国务院法制办、国家网信办、国家信访局、最高人民法院、最高人民检察院关于印发《股权众筹风险专项整治工作实施方案》的通知

序号	时间	文件信息
全国(截至 2017 年 12 月)		
5	2016 年 4 月	《互联网保险风险专项整治工作实施方案》(保监发〔2016〕31 号)
6	2016 年 4 月	《教育部办公厅、中国银监会办公厅关于加强校园不良网络借贷风险防范和教育引导工作的通知》
7	2016 年 5 月	国家发改委、科技部、工业和信息化部及中央网信办发布《"互联网＋"人工智能三年行动实施方案》
8	2016 年 5 月	国家工商总局发布《2016 网络市场监管专项行动方案》
9	2016 年 6 月	国务院办公厅印发《关于促进和规范健康医疗大数据应用发展的指导意见》
10	2016 年 7 月	中国人民银行发布《非银行支付机构网络支付业务管理办法》
11	2016 年 7 月	国务院印发《"十三五"国家科技创新规划》
12	2016 年 9 月	中国信通院发布《云计算白皮书(2016 年)》
13	2016 年 9 月	《国家发展改革委办公厅关于请组织申报"互联网＋"领域创新能力建设专项的通知》
14	2016 年 9 月	《中国人民银行关于加强支付结算管理防范电信网络新型违法犯罪有关事项的通知》
15	2016 年 9 月	银监会、国家发改委、工信部、财政部、商务部、中国人民银行、国家工商总局发布《融资性担保公司管理暂行办法》
16	2016 年 9 月	中国保监会印发《关于加强互联网平台保证保险业务管理的通知》(保监产险〔2016〕6 号)
17	2016 年 10 月	国务院办公厅公布《互联网金融风险专项整治工作实施方案》
18	2016 年 10 月	国家工商总局等十七部门关于印发《开展互联网金融广告及以投资理财名义从事金融活动风险专项整治工作实施方案》(工商办字〔2016〕61 号)
19	2016 年 10 月	《中国保监会关于修改〈中国保监会关于严格规范非保险金融产品销售的通知〉的通知》(保监发〔2015〕100 号)
20	2016 年 12 月	《国务院关于印发"十三五"国家信息化规划的通知》
21	2017 年 1 月	工信部编制印发了《大数据产业发展规划(2016～2020 年)》
22	2017 年 1 月	国务院办公厅颁布《国务院办公厅关于创新管理优化服务培育壮大经济发展新动能加快新旧动能接续转换的意见》
23	2017 年 1 月	商务部颁布了《商务部关于进一步推进国家电子商务示范基地建设工作的指导意见》
24	2017 年 1 月	中共中央办公厅、国务院办公厅印发《关于促进移动互联网健康有序发展的意见》
25	2017 年 4 月	工业和信息化部正式发布了《云计算发展三年行动计划(2017～2019 年)》

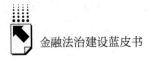
续表

序号	时间	文件信息
全国(截至 2017 年 12 月)		
26	2017 年 7 月	国务院发布《新一代人工智能发展规划》
27	2017 年 8 月	国家自然科学基金委员会发布"大数据驱动的管理与决策研究"重大研究计划 2017 年度项目指南》
28	2017 年 8 月	国务院印发《关于进一步扩大和升级信息消费持续释放内需潜力的指导意见》
29	2017 年 9 月	中国人民银行、中央网信办、工业和信息化部、国家工商总局、银监会、证监会和保监会联合发布《关于防范代币发行融资风险的公告》
30	2017 年 10 月	国务院办公厅颁布《国务院办公厅关于积极推进供应链创新与应用的指导意见》
31	2017 年 11 月	《工业和信息化部办公厅关于组织开展 2018 年大数据产业发展试点示范项目申报工作的通知》
32	2017 年 12 月	国家测绘地理信息局印发《关于加快推进智慧城市时空大数据与云平台建设试点工作的通知》
33	2017 年 12 月	《绿色数据中心先进适用技术产品目录(第二批)》公示
各主要地区和城市关于互联网金融的相关政策(摘编)		
34	2016 年 8 月	《贵州省大数据产业发展引导目录(试行)》
35	2016 年 8 月	《江苏省大数据发展行动计划》
36	2016 年 9 月	《哈尔滨市促进大数据发展若干政策(试行)》
37	2016 年 10 月	河北省出台《关于促进和规范健康医疗大数据应用发展的实施意见》
38	2016 年 11 月	云南省出台《关于促进和规范健康医疗大数据应用发展的实施意见》
39	2016 年 11 月	兰州市发布《大数据产业发展"十三五"规划》
40	2016 年 11 月	《内蒙古自治区促进大数据发展应用的若干政策》
41	2016 年 12 月	《淮南市大数据产业发展三年行动计划(2016～2018 年)》
42	2016 年 12 月	苏州市发布《大数据产业发展规划(2016～2020 年)》及相关配套政策
43	2016 年 12 月	《深圳市促进大数据发展行动计划(2016～2018 年)》
44	2016 年 12 月	四川省出台《关于促进和规范健康医疗大数据应用发展的实施意见》
45	2016 年 12 月	青岛市发布《关于促进大数据发展的指导意见(征求意见稿)》
46	2017 年 1 月	兰州市出台《关于促进大数据发展的实施意见》
47	2017 年 1 月	《上海市关于促进云计算创新发展培育信息产业新业态的实施意见》
48	2017 年 2 月	台州市发布《关于加快大数据产业发展的若干意见》
49	2017 年 3 月	《湖北省云计算大数据发展"十三五"规划》
50	2017 年 3 月	《厦门市促进大数据发展工作实施方案》
51	2017 年 4 月	安徽省出台《关于促进和规范健康医疗大数据应用发展的实施意见》
52	2017 年 4 月	《山西省大数据发展规划(2017～2020 年)》
53	2017 年 6 月	青岛市印发《关于促进大数据发展的实施意见》
54	2017 年 8 月	《浙江省国家信息经济示范区建设实施方案》

序号	时间	文件信息
		各主要地区和城市关于互联网金融的相关政策（摘编）
55	2017 年 10 月	《成都市大数据产业发展规划（2017～2025 年）》
56	2017 年 10 月	《珠海市创建珠江三角洲国家大数据综合试验区实施方案》
57	2017 年 11 月	《中共贵阳市委　贵阳市人民政府关于加快建成"中国数谷"的实施意见》
58	2017 年 12 月	《关于促进山东省大数据产业加快发展的意见》
59	2017 年 12 月	广州推出首个区块链产业扶持政策"区块链 10 条"
60	2017 年 12 月	《浙江省新一代人工智能发展规划》

（四）金融科技法治建设的不足

金融科技作为新生的金融业态尚未有固定的经营模式、成熟的市场机制和监管体制，所以在短时间内，监管部门很难配备足够的专业资源和更新知识架构，也难以识别各种潜在的风险，而且金融科技的监管费用也逐渐变高，金融科技的风险监测和管控的难度与日俱增，这些都使金融科技监管面临巨大的挑战。

金融科技监管当前的首要目标是解决信息多方不对称的问题，但由于监管层科技水平弱，往往不能及时有效地获取数据，收集、分析问题以及实时地发送指令，监管者应与被监管者平等地获取信息，并通过数据的共享建立信息交互系统，不仅可以解决信息不对称问题，还可以依托科学技术构建一个实时、自上而下、可预测的监管体系。

四　金融科技法治建设的趋势

（一）金融科技发展需要关注的问题

1. 消费者教育与权益保护刻不容缓

金融科技的迅速推广与发展增加了各类金融产品的风险和复杂度，极

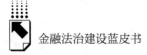
有可能造成包括损害消费者权益在内的一系列危害。所以，金融科技企业在进行金融与科技持续创新的同时应确保信息安全、交易安全以及投诉渠道的畅通，合理、高效运用大数据、人工智能、云计算等技术进行有效的投资评估，开展金融产品风险教育等，使消费者的合法权益得到最大限度的保护。

2. 对法律框架的冲击

金融科技的迅速发展对法律框架造成了猛烈的冲击。以区块链为例，目前国际和各国的法律及监管体系并不完全适用于对区块链网络的监管，二者存在冲突，区块链因其特殊的性质并不需要法律监管提供信用背书，但是作为区块链金融的科技核心又着实依赖于主权法律的确定性，由此引出了一系列监管者亟待解决的问题，国际和国家层面应积极思考和完善未来金融科技的法律框架，做到有法可依。

3. 有效的监管体系亟待建设

金融行业有着其他行业所没有的特点与风险，出于安全性的考虑，金融机构开展金融业务与服务的同时需要引入以公众利益为代表的金融监管。而金融科技凭借金融和科技的创新在快速发展的同时存在诸多的隐患，监管体系的完善显然跟不上金融科技创新，给现行监管带来了巨大的挑战。但是创新与监管本身并不矛盾，我们也可以通过创新探究与构建有效的监管体系和机制，如"监管沙盒体制"，在可控的范围内逐渐积累经验。此外，监管部门也应和金融科技企业保持良性互动，促进金融科技的健康可持续发展。

4. 监管水平有望提高

科技的快速发展给监管体系建设带来了福音。在传统金融行业里，监管者往往难以对系统性风险进行实时有效的监管，而大数据、云计算、人工智能等科技的出现在促进金融科技迅速发展的同时，也为监管部门提供了更多新兴的监管手段，如生物识别、大数据和区块链等领先信息科技的应用使建立金融科技创新环境下的公共信用服务体系的可能性加大。领先的科学技术应用于监管体系不仅可以在微观层面上进行信用评估，也为金融科技的监管提供了更加有力的监管工具，未来的监管将会变得更加迅速、有效。

（二）法治建设与监管的趋势

1. 厘清监管职责范围，纳入现有监管框架

在金融科技发展的最初阶段，如何对业务中的金融活动实施有效监管成为当下人们关注的焦点。在国际上，绝大多数国家和地区认为应该将金融科技的各项业务活动纳入现有的监管体系，从而保证监管原则的一致性。具体来看，从监管部门的设计上，目前社会各界普遍认同可以沿用现有设施，根据各相关部门的职能分工来实现对金融科技活动的"分环节""渗透式"监管；从监管架构的设计上，可以在现有架构之上开辟细分目录，并实现动态监管，即随着金融科技的不断发展，监管架构也要不断更新和完善。而且，对金融科技实施准确的分类，对其中股权和债权融资监管办法进行区别等问题，各国的解决必然存在一定的差异，而解决问题的核心就在于在现有的监管框架内厘清职责。

2. 鼓励金融科技创新，培育良好生态体系

目前国际上已经或正在推出的鼓励金融科技创新的举措非常多，总结来看可以分为三大类：监管沙盒（Regulatory Sandboxes）、创新中心（Innovation Hubs）和创新加速器（Innovation Accelerator）。三种模式可以独立运用，但也有国家将监管沙盒视为更广义的创新中心的一个模块，且使用最多，也更成熟。

监管沙盒模式最早出现在 2016 年 5 月，英国金融行为监管局（FCA）启动了关于金融科技业务的"监管沙盒"项目。该项目旨在简化金融科技产品市场准入的标准和流程，实现部分法律的豁免适用，并在保证消费者权益不会受到损害的前提下，促进新产品的快速落地。

从目前各国出台的征求意见稿中可以看到，尽管各国监管的实际情况存在差异，但仍体现出一些共同特点：首先，进入监管沙盒的门槛比较低，无论机构是否接受监管都可申请进入。这样的做法会引导众多不同发展阶段、

不同经营模式以及不同规模的金融科技公司进入监管体系，而对于这些公司而言，进入监管沙盒意味着可以降低自身产品创新监管的不确定性，同时也能起到自我约束的作用。其次，在提交创新产品或服务时，申请公司可以获得监管部门的个性化建议和指导，这不仅有利于监管部门提高自身综合能力和业务效率，也有利于差异化产品与创新和发展。最后，备受关注的消费者保护工作也呈现出相似之处，各国均提出在测试环境中添加消费者保护的相关细节，从产品的设计之初即嵌入保护消费者的内容。

创新中心模式目前已在英国、澳大利亚、新加坡、中国香港等地得以实施，该模式旨在通过鼓励创新，支持和引导机构理解金融监管框架，以实现金融科技公司在合规合法的前提下加速创新。同时，基于这一模式涉及的测试内容相对简单，可操作性强，预计未来会有更多的国家和地区推出类似的制度或安排。

创新加速器模式旨在通过监管部门或政府部门为业界提供资金扶持或政策扶持，来加快金融科技创新的发展。我国现有的"前孵化器"就属于这种模式下的创新，"前孵化器"是指以高校科研部门为平台，让创新理念在真正进入实际操作之前就得到市场的可行性测试。这种模式可以实现高校资源和业界资源的有效利用与优势互补。

总的来看，目前各国当局都在以构建良好的金融科技生态系统为目标并为之努力，积极推动政府、监管部门和金融科技行业相关主体的交流合作，引导培育和建设金融科技产业，鼓励金融科技创新，重点培养金融科技人才，同时做好金融消费者利益的保护工作。

3. 国际治理加速推进，双边合作渐次展开

2016 年 3 月，金融稳定理事会正式将金融科技纳入其内部议程，随后，其下属的证券、银行、保险等行业也持续跟进金融科技领域的工作进程，并表示国际证监会组织、国际保险监督官协会等国际行业监管当局将会根据金融科技的发展现状对目前国际监管制度体系中的不适当内容进行修改，从而适应当今形势下的金融科技发展需求。另外，随着诸多国家双边合作项目的开展，金融科技的双边合作模式将进一步发展并超越传统的

合作监管模式。

金融科技监管背后体现出来的问题依旧是老生常谈的人与科技问题。金融越是技术化、智能化、高科技化，往往越需要更为严格的治理和监管体系，如何运用区块链、大数据、人工智能等负外部性很强的新兴事物来提升金融产品和服务的正外部性，是目前金融科技领域亟待解决的问题。

参考文献

［1］白利倩：《人工智能概念异军突起》，《理财》2016 年第 7 期。

［2］工业和信息化部：《云计算发展三年行动计划（2017～2019 年）》，《印刷杂志》2017 年第 5 期。

［3］廖岷：《全球金融科技监管的现状与未来》，《中国中小企业》2016 年第 10 期。

［4］宋慧欣：《数说工业机器人市场》，《自动化博览》2016 年第 6 期。

［5］杨紫峰：《加强银行业网络安全和信息化建设》，《农银学刊》2014 年第 Z1 期。

［6］叶舒、严威川：《人工智能：改变世界的"原力"》，《信息安全与通信保密》2016 年第 12 期。

［7］董云峰、任舒：《中国金融科技十大趋势，来自毕马威的预测》，www. sohu. com/a/213114110_ 498997。

［8］巴曙松、杨春波：《当区块链融入金融行业，变革会如何发生?》，http：//www. sohu. com/a/197791001_ 481741。

［9］工业和信息化部办公厅：《工业和信息化部办公厅关于组织开展 2018 年大数据产业发展试点示范项目申报工作的通知》（工厅信软〔2017〕987 号），http：//www. miit. gov. cn/n1146285/n1146352/n3054355/n3057656/n4699766/c5913431/content. html。

［10］国家发改委办公厅：《国家发改委办公厅关于组织实施促进大数据发展重大工程的通知》（发改高技〔2016〕42 号），http：//bigdata. sic. gov. cn/news/510/6456. htm。

［11］国务院办公厅：《国务院办公厅关于积极推进供应链创新与应用的指导意见》，（国办发〔2017〕84 号），http：//www. gov. cn/zhengce/content/2017－10/13/content_ 5231524. htm。

［12］深圳市人民政府办公厅：《深圳市人民政府办公厅关于印发〈深圳市促进大数

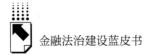

据发展行动计划（2016～2018年）〉的通知》（深府办函〔2016〕195号），http：//www.sz.gov.cn/szzt2010/dzzwjs/wjfg/201612/P020161214411284068245.doc。

［13］《厦门市促进大数据发展工作实施方案》，http：//www.myzaker.com/article/58c8e4381bc8e0452d000039/。

［14］《国务院办公厅印发〈关于促进和规范健康医疗大数据应用发展的指导意见〉》，http：//www.gov.cn/xinwen/2016-06/24/content_5085211.htm。

［15］《监管金融科技无需另设机构核心在于厘清职责》，http：//www.sohu.com/a/114017801_481842。

新型金融犯罪问题研究

李永升　袁汉兴*

摘　要： 2016～2017 年出现了"小面额型"伪造货币案，"伪造批准
文件型"擅自设立金融机构案，"共谋伪造合同型"高利转
贷案，"空存款项型"违规出具金融票证案，"洗售交易型"
操纵证券、期货市场案，"虚构转口贸易型"逃汇案等新型
金融犯罪，这些犯罪具有网络化趋势明显、犯罪手段更加隐
蔽、金融惯犯屡禁不止等特征。通过分析发现，案件发生原
因有经济、行政、法律等方面的社会原因，也有犯罪人和被
害人的个人原因。相应的，对这些金融犯罪的防控对策也应
当从经济对策、行政对策和法律对策等几个方面展开。

关键词： 新型金融犯罪　案例回顾　犯罪原因　治理对策

打击金融犯罪，维护金融安全，是坚持总体国家安全观的重要内容。20
世纪以来，几乎所有国家的经济安全问题都是首先从金融危机中爆发并最终
对整个社会造成重大影响的。在影响金融安全的诸多因素中，形形色色的金
融犯罪带来的负面影响不可忽视。近年来，可以说没有哪个国家未遭受过金
融犯罪的侵扰。每五年召开一次的全国金融工作会议于 2017 年 7 月 14 日至

---

* 李永升，西南政法大学教授，博士生导师，博士后合作导师，主要研究方向为中外刑法学、
犯罪学、经济刑法学、经济犯罪学、金融刑法学等；袁汉兴，西南政法大学刑法专业博士研
究生，研究方向为中外刑法学、金融刑法学。

15 日在京召开，本次全国金融工作会议有四个特点：一是强调金融安全是国家安全的重要组成部分；二是提出推进构建现代金融监管框架；三是重视健全金融法治；四是强调打击金融监管失职、渎职行为。本次会议基本决定着我国未来五年金融工作的基调和重点，对于开展金融工作、维护金融安全以及打击金融犯罪具有重要指导意义。2016 年以来，我国在金融体制改革领域的各项工作取得了重大进展，但层出不穷的金融犯罪特别是新型金融犯罪严重威胁着国家金融秩序的安全与稳定。根据《上海金融检察白皮书（2016）》，2016 年，全市检察机关共受理金融犯罪审查逮捕案件 1238 件1921 人，金融犯罪审查起诉案件 1683 件 2895 人；案件共涉及 7 类 28 个罪名，包括金融诈骗类犯罪 1137 件 1313 人，破坏金融管理秩序类犯罪 504 件1498 人，扰乱市场秩序类犯罪 25 件 66 人，金融从业人员犯罪 32 件 39 人。对比《上海金融检察白皮书（2015）》，虽然 2016 年案件量较 2015 年下降了 21.3%，但 2016 年出现了一些新型的金融犯罪模式，这给犯罪侦查带来了不少难题。我们通过分析 2016 年以来的金融犯罪案例，在总结新型金融犯罪表现形式、犯罪特点和形成原因的基础上，提出一系列针对新型金融犯罪的防控对策，期望在丰富金融犯罪刑法理论的同时，能够为司法实践提供一些参考性的意见。

一 新型金融犯罪案例回顾

（一）危害货币管理制度的新型金融犯罪

针对危害货币管理制度的行为，我国刑法典设置了伪造货币罪，变造货币罪，持有、使用假币罪，出售、购买、运输假币罪，以及金融工作人员购买假币、以假币换取货币罪等罪名。2016～2017 年，我国发生了大量的危害货币管理制度的犯罪行为，有广东梅州 "0203" 特大伪造货币案、四川巴中特大伪造货币案、江苏 "1·17" 特大伪造货币案等。这些危害货币管理制度的犯罪案件呈现一些与以往不同的特点。

1. "小面额型"伪造货币案突出

通过整理 2016 年以前的伪造货币罪相关案例发现，以往的犯罪分子伪造货币大多数是面额 100 元的钞票。例如，2012 年广州吴生有伪造货币案，涉案的 1.95 亿元假币全部是面额 100 元的假币。由于面额 100 元的假币更容易引起民警的注意，为了逃避侦查，在 2016 年以后的伪造货币案件中，犯罪行为人更加倾向于伪造面额 50 元、20 元、10 元甚至 5 元的假币。例如，在江苏"1·17"特大伪造货币案中，犯罪行为人伪造的货币主要是面额 20 元和 50 元的假币；又如，在重庆市璧山区郭某等伪造货币案中，犯罪行为人伪造的货币主要是面额 5 元、10 元、20 元的假币。

2. "个人线上运作型"伪造货币案增多

以往的伪造货币犯罪，犯罪行为人通常是多人采取分工合作、小作坊生产的犯罪模式。但 2016 年以来的案例显示，有的伪造货币犯罪，即使只有一人也能实施。在互联网技术的帮助下，一人就可以串起整个伪造货币犯罪的产业链。犯罪嫌疑人可以在网上购得伪造货币所需的一切原材料，包括油墨纸张等，另外，网上还有伪造货币的教程以及打印假币程序。犯罪嫌疑人通过网络就可以实施伪造货币中的购买、制造、运输、贩卖等行为，等于将生产线从线下搬到了线上，手段极其隐蔽，这给犯罪侦查带来了不小的难度。

（二）危害金融机构设立管理制度的新型金融犯罪

针对危害货币管理制度的行为，我国刑法典设置了擅自设立金融机构罪和伪造、变造、转让金融机构经营许可证、批准文件罪两个罪名。2016 年以来，危害金融机构设立管理制度的新型金融犯罪主要有两种：一是"伪造批准文件型"的金融犯罪行为，即通过伪造金融机构经营批准文件的方式擅自设立政策性银行；二是"以金融机构名义对外宣传型"的金融犯罪行为，即非金融机构以金融机构的名义对外宣传，承揽金融业务的新型犯罪行为。其典型案例有以下两个。

1. "伪造批准文件型"擅自设立金融机构案

2017 年 5 月，重庆市江北区人民法院办理了一起擅自设立金融机构罪的案件。在该案中，被告人何某在 2015 年底花费 3600 元，找人伪造了中国银监会新疆监管局关于筹建"喀什嘉和商业银行股份有限公司"的批复文件等材料。2016 年 8 月，何某拿着这些伪造材料，在重庆江北嘴金融城租下写字间，设立"喀什嘉和商业银行"重庆筹备处办公点，并招聘了 8 名员工去发展股东，吸引他人投资。为了能够吸引他人来此投资入股，何某制作了"喀什嘉和商业银行"宣传册，印制了招股说明书和资金募集出资协议书，对外宣称该"银行"是一家政策性银行。此外，他还伪造了一些自己与领导的合影，并让公司员工将宣传资料制作成 PPT 向客户宣传讲解。后来，经员工向公安机关举报，何某被公安机关抓获。在何某擅自设立金融机构一案中，出现了通过伪造银监会批准文件的方式设立金融机构的行为，这是 2016 年以来危害金融机构设立管理制度的一种新型犯罪行为。

2. "以金融机构名义对外宣传型"擅自设立金融机构案

2017 年 3 月，黑龙江省黑河市出现了一起"以金融机构名义对外宣传型"的擅自设立金融机构案件。2017 年 3 月 10 日，黑河银监局接到群众举报：在黑河市辖区内金宇投资公司存在擅自设立村镇银行行为，金宇投资公司在营业场所内挂"惠民银行"和"惠民村镇银行"标牌，发放各类宣传单，夸大宣传其起点低、收益高、灵活性高、安全可靠、七日代偿等优势。成立以来共 20 余人购买其理财产品，涉案金额 150 余万元。在金宇投资公司擅自设立金融机构一案中，金宇投资公司以"惠民银行"和"惠民村镇银行"名义对外宣传，并且在实质上经营了金融业务，对于金宇投资公司的行为应当认定为擅自设立金融机构罪。

（三）危害金融机构存贷管理制度的新型金融犯罪

针对危害金融机构存贷管理制度的行为，我国刑法典设置了高利转贷罪，骗取贷款、票据承兑、金融票证罪，非法吸收公众存款罪，违法发放贷款罪，吸收客户资金不入账罪等罪名。2016 年以来，危害金融机构存贷管理制度的新型金融犯罪主要有三种：一是"共谋伪造合同型"高利转贷的金融犯罪行为；二是"伪造购货合同型"违法发放贷款的金融犯罪行为；

三是"开具虚假社员股金证型"吸收客户资金不入账的金融犯罪行为。其典型案例有 3 个。

1. "共谋伪造合同型"高利转贷案

2016 年 3 月，四川省天全县人民法院审理了一起新型高利转贷案。2011 年 5 月，任某以做矿石生意需要资金周转为由向何某借款，口头承诺支付月息 4% 的高额利息。何某为了牟利，以房产证、土地使用证作抵押，并在任某的帮助下虚构事实，以房屋装修的名义伪造了《装修工程施工合同》，向中国工商银行雅安分行申请贷款 150000 元。2011 年 5 月 17 日，中国工商银行雅安分行按约定将该笔贷款全额发放至任某的个人账户。任某向何某出具了借条。2011 年 5 月至 2013 年 8 月，何某按月以 4 分利息（每月 6000 元）计算，28 个月共收取任某利息 168000 元，扣除归还银行的同期利息 22610.38 元，何某实际获利 145389.62 元。2015 年 8 月 28 日，何某被公安机关传唤后到案，如实供述了其高利转贷的事实。

2. "伪造购货合同型"违法发放贷款案

2017 年 3 月，江苏省东海县人民法院审理了一起新型违法发放贷款案。被告人张某锋担任江苏常熟农村商业银行股份有限公司东海支行客户经理期间，于 2014 年 3 月在办理贷款过程中，违反国家及该行流动资金贷款实施办法的相关规定，伪造购货合同，违规向连云港市金耐威五金工具有限公司发放贷款人民币 100 万元，后该公司按期归还了贷款。到案后，被告人张某锋如实供述了犯罪事实。

3. "开具虚假社员股金证型"吸收客户资金不入账案

2016 年 4 月，河南省宁陵县人民法院审理了一起新型吸收客户资金不入账案。2010 年 7 月 9 日至 2015 年 6 月 29 日，被告人孙某华在任宁陵县楚庄信用社、华堡信用社主任期间，利用其职务之便，打着完成储蓄任务的幌子，以高息为诱饵，采取向储户开具加盖有信用社储蓄专用章的虚假的"社员股金证"、活期存款折，或打白条的方式，向虞城县营盘乡的李某甲多次揽储计 198.86 万元，向宁陵县的黄某揽储 40 万元，向周某揽储 200 万元，向胡某揽储 35 万元。以上存款均没有在其信用社账目上记载，而是将

这些款项用于借于他人、自己经商、支付借款高息等，造成直接经济损失 270 余万元。

（四）危害金融票证、有价证券管理制度的新型金融犯罪

针对危害金融票证、有价证券管理制度的行为，我国刑法典设置了伪造、变造金融票证罪，违规出具金融票证罪，对违法票据承兑、付款、保证罪，伪造、变造国家有价证券罪，伪造、变造股票、公司、企业债券罪等罪名。2016 年以来，危害金融票证、有价证券管理制度的新型金融犯罪主要有两种：一是"空存款项型"违规出具金融票证的金融犯罪行为，二是"擅自出具担保函型"违规出具金融票证的金融犯罪行为。其典型案例有以下两个。

1. "空存款项型"违规出具金融票证案

2017 年 6 月，贵州省安顺市平坝区人民法院审理了一起新型违规出具金融票证案。2015 年 8 月至 2015 年 10 月 22 日，被告人陈某在平坝区信用联社工作期间以需要亮资、还款为由，伙同在普定县农村信用联社工作的被告人王某君、杨某利用职务上的便利，采取空存款项的方式出具储蓄业务凭证（存单），向被告人陈某提供的账户办理现金存款业务共计 564.7562 万元（其中，王某君办理空存款 436.7562 万元、杨某办理空存款 128 万元）。致使贵州省信用联社的现金出现空库情况，最长空库时间达 74 小时以上。被告人陈某、王某君、杨某身为金融机构工作人员，违反规定，为他人出具储蓄业务凭证（存单），情节严重，其行为已触犯《中华人民共和国刑法》第一百八十八条之规定，犯罪事实清楚，证据确实、充分，应当以违规出具金融票证罪追究刑事责任。

2. "擅自出具担保函型"违规出具金融票证案

2016 年 9 月，内蒙古自治区武川县人民法院审理了一起新型违规出具金融票证案。2013 年 12 月 17 日，内蒙古 XX 房地产开发有限公司法定代表人胡某某以个人身份向呼和浩特市信融小额贷款有限责任公司借款人民币 600 万元，双方签订《借款合同》。胡某某提供了相应的担保手续，担保手

续包括《担保函》、保证人及抵押物。时任武川县农村信用合作联社可镇信用社主任的被告人兰某某，未经武川县农村信用合作联社授权，擅自向呼和浩特市信融小额贷款有限责任公司出具《担保函》。该《担保函》的被担保主体为内蒙古 XX 房地产开发有限公司，并约定"如企业到期不能还款，由呼和浩特市武川县可镇信用社及我本人负责偿还本息及实现该项债权的相关费用"，担保数额为 600 万元人民币，期限一个月。被告人兰某某在《担保函》上签名并加盖可镇信用社公章。2013 年 12 月 18 日，呼和浩特市信融小额贷款有限责任公司向胡某某账户汇入人民币 600 万元。被告人兰某某违反信用社规定为他人出具担保函，其行为触犯了《中华人民共和国刑法》第一百八十八条的规定，犯罪事实清楚，证据确实、充分，应当以违规出具金融票证罪追究其刑事责任。

（五）危害证券、期货管理制度的新型金融犯罪

针对危害证券、期货管理制度的行为，我国刑法典设置了内幕交易、泄露内幕信息罪，编造并传播证券、期货交易虚假信息罪，诱骗投资者买卖证券、期货合约罪，利用未公开信息交易罪，操纵证券、期货市场罪等罪名。2016 年以来，危害证券、期货管理制度的新型金融犯罪主要有三种：一是"提前建仓、电视节目推荐型"操纵证券、期货市场的金融犯罪行为，二是"洗售交易型"操纵证券、期货市场的金融犯罪行为，三是"利用持仓优势回转交易型"操纵期货市场的金融犯罪行为。其典型案例有以下三个。

1. "提前建仓、电视节目推荐型"操纵证券、期货市场案

2017 年 9 月，江苏省南京市中级人民法院审理了一起新型操纵证券、期货市场案。2009 年，被告人吴某某在任江苏现代资产投资管理顾问有限公司证券投资部实际负责人期间，使用他人证券账户提前建仓，再利用公司名义在四川卫视《天天胜券》节目推荐相关股票，在股票价格上涨后抛售，获取非法利益。2009 年 5 月 18 日至 6 月 20 日，被告人吴某某操控在华泰证券股份有限公司西安文化北路证券营业部等证券交易机构开设的 17 个股票账户，采取上述方式交易股票名称为"南方航空""杭州解百"等 14 只股

票，累计买入 10269061 股，成交总额为人民币 6398 余万元，卖出 10269061 股，交易额为人民币 6859 余万元，非法获利人民币 460 余万元并归个人所有。被告人吴某某违背有关从业禁止的规定，买卖相关证券，通过对证券公开做出预测，影响证券交易价格，在证券交易中谋取利益，情节严重，应当以操纵证券市场罪追究刑事责任。

2. "洗售交易型"操纵证券、期货市场案

2016 年 9 月，山东省聊城市中级人民法院审理了一起新型操纵证券、期货市场案。2012 年 6 月 18 日至 2013 年 5 月 27 日，被告人王某甲以帮助他人炒股等方式实际控制了陈某、刘某甲、贾某甲等的 35 个证券账户，并于聊城市昆仑宾馆等地在上述的 35 个证券账户之间采用洗售交易的方式交易"山东如意"股票，影响"山东如意"股票的交易价格和交易量。其中，2012 年 6 月 18 日至 9 月 19 日，"山东如意"股价从 9.19 元上涨至 12.91 元，大幅偏离深成指下跌幅度。2013 年 3 月 21 日至 5 月 27 日，"山东如意"股价从 7.70 元上涨至 9.18 元，较大幅度偏离深成指下跌幅度。经深圳证券交易所认定，上述 35 个账户在 2012 年 8 月 8 日至 9 月 6 日，连续 22 个交易日累计对倒量超过同期市场总成交量的 20%，非法获利 10368297.96 元。被告人王某甲在自己实际控制的账户之间进行证券交易，影响证券交易价格和交易量，情节严重，其行为触犯了《中华人民共和国刑法》第一百八十二条之规定，应当以操纵证券市场罪追究其刑事责任。

3. "利用持仓优势回转交易型"操纵期货市场案

2016 年 12 月，四川省成都市中级人民法院审理了一起新型操纵期货市场案。2014 年 10 月至 12 月，为操纵期货市场甲醇 1501 合约价格，被告人姜某通过成都欣华欣化工材料有限公司大量囤积甲醇现货，以反作用于期货市场；利用资金及持仓优势，通过实际控制的 42 个期货账户，以连续交易、回转交易、分仓买入等方式，大量违规交易甲醇 1501 合约。截至 12 月 16 日，被告人姜某实际控制的 42 个账户，累计动用资金 41544 万元，持有甲醇 1501 合约买仓 27517 手，占市场全部买仓的 76.04%，致使甲醇 1501 合约价格明显出现异常波动。12 月 17 日至 19 日，被告人姜某实际控制的账

户因持仓量大，出现资金链断裂，被期货公司强制平仓，引发市场一度出现恐慌性抛盘，导致甲醇 1501 合约价格出现连续三个跌停板单边市，跌幅达 19%。部分中小投资者难以及时平仓，造成大面积亏损，部分期货公司出现大范围穿仓。被告人姜某通过实际控制多个期货账户，利用持仓优势，以回转交易等多种方式操纵甲醇 1501 合约价格，其行为已触犯《中华人民共和国刑法》第一百八十二条的规定，应当以操纵期货市场罪追究其刑事责任。

（六）危害外汇管理制度的新型金融犯罪

针对危害外汇管理制度的行为，我国刑法典设置了逃汇罪、骗购外汇罪两个罪名。2016 年以来，危害外汇管理制度的新型金融犯罪主要是"虚构转口贸易型"逃汇的金融犯罪行为。其典型案例是被告人姜某"虚构转口贸易型"逃汇案。

2014 年 7 月、8 月，被告人姜某在经营被告单位上海通某实业有限公司（以下简称通某公司）期间，为赚取外汇保证金存款利率与外汇美元贷款利率之间的利差，虚构通某公司与其实际控制的中国世邦国际贸易有限公司之间的转口贸易，以虚假的采购合同、销售合同、提单等材料向平安银行上海分行申请外汇贷款 1000 万美元，7 月 30 日，平安银行离岸营业部付汇 1000 万美元，在扣除相关费用后向世邦公司境外账户发放贷款 9594444.44 美元，8 月 4 日，该笔外汇贷款经境外公司转账后汇入通某公司境内账户。2016 年 10 月，国家外汇管理局上海市分局发现通某公司在办理离岸转手买卖项下付汇业务时涉嫌逃汇，遂将该线索移送公安机关。2016 年 11 月 17 日，被告人姜某被公安人员抓获。被告单位通某公司虚构转口贸易，致使境内外汇被非法转移至境外，数额较大，被告单位通某公司构成逃汇罪；被告人姜某系被告单位直接负责的主管人员，其行为构成（单位）逃汇罪。逃汇的数额应以境内外汇转移至境外的具体数额来确定，本案中银行实际向境外付汇是 1000 万美元，故据此认定逃汇数额为 1000 万美元。

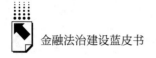

（七）新型金融科技犯罪

最近几年是金融科技高速发展的时期，也是金融科技各种问题的集中爆发时期，机遇与挑战并存，利益与风险相伴。当下，金融科技风靡全国，一批批金融科技公司如雨后春笋般涌现，其中一部分金融科技公司因顺应国家金融体制改革的发展潮流而呈现勃勃生机，也有不少金融科技公司因违反法律法规而被国家坚决取缔和制裁。金融科技是伴随着"互联网＋"发展热潮而快速发展起来的新兴产业，以大数据、人工智能技术、云计算、线上线下一体化等科学技术为产业手段，推进金融业的数字化、智能化、规范化发展。一方面，金融与科技两者结合，能够优势互补，产生"1＋1＞2"的效果；另一方面，由于新型科学技术手段的加入，传统金融法规在面对金融科技中监管问题时显得力不从心，导致金融科技违法行为时有出现，金融科技犯罪屡禁不止。通过归纳，2016年以来出现的新型金融科技犯罪有以下几个类型。

1. "伪网络金融平台型"非法吸收公众存款案

网络金融平台，即人们通常说的网络金融P2P，指的是金融科技公司将自身定位为纯粹的信息中介，不参与网络金融交易的实体内容，仅为投资人、融资者提供信息发布、信息撮合、信用评估、资金结算等平台性服务，从中收取佣金的模式。一个比较成功而典型的网络金融平台是上海的"拍拍贷"，其是中国首家通过互联网方式提供P2P无担保网络借贷的信息中介服务平台，也是目前为数不多的以单纯收取服务费为盈利模式的金融科技公司。

反面例子是"e租宝"。"e租宝"全称为"金易融（北京）网络科技有限公司"，是安徽钰诚集团全资子公司，其以网络金融平台之名行非法吸收公众存款犯罪之实，2017年9月北京市第一中级人民法院依法判决被告单位安徽钰诚控股集团、钰诚国际控股集团有限公司以及相关责任人员26人集资诈骗罪、非法吸收公众存款罪。不具有非法占有目的，但为了筹措资金而搭建所谓的"网络金融平台"，通过虚设借款人、众筹项目的方式向社会不特定对象吸收资金，据为已用，这是"伪网络金融平台型"非法吸收公众存款犯罪的典型特征。从 2014 年 7 月"e 租宝"上线至 2015 年 12 月被查封，相关犯罪行为人以高额利息为诱饵，虚构融资租赁项目，持续采用借新还旧、自我担保等方式大量非法吸收公众存款，累计交易金额达 700 多亿元。

2. "利用网络传播联名举报信型"编造并传播期货交易虚假信息案

2016 年 6 月上旬，鸡蛋期货主力合约 JD1609 价格持续上涨，"中国蛋品流通协会"（未在民政部门登记，以蛋品贸易商和养殖大户为主要成员）部分"会员"因持有该合约空单出现较大亏损。6 月 14 日，该"协会"所谓"秘书长"曾某雄起草了《转交给大商所领导的一封信——中国蛋品流通协会联名上书》，捏造鸡蛋期货遭多头恶意炒作、"协会"力不从心、请求有关部门查处的虚假误导性信息，并夸大事实称"有鸡蛋养殖户因套期保值被逼借高利贷，即将家破人亡"。6 月 15 日早 7 点 10 分，曾某雄通过由其担任网络管理员的"中国蛋鸡信息网"互动"论坛"公开发布上述虚假信息，当日 10 点 50 分，农产品期货网发布该信息，10 点 55 分经相关门户网站转载后传播范围进一步扩大，严重扰乱期货交易市场。部分"协会"的"会员"通过卖空该合约获利。应当指出，对于通过正常的投诉、举报渠道和方式切实维护自身合法权益的行为，应当鼓励和支持。但任何人不得假借"举报""投诉"之名行违法违规之实，干扰市场正常运行秩序。

3. "冒用支付宝账号型"贷款诈骗案

2015 年 4 月 26 日至 28 日，被告人曹某庆、徐某厂经预谋，冒用陈某等人的真实身份信息进行"支付宝"实名认证后，利用其真实信用额度向重庆市阿里巴巴小额贷款有限公司申请个人消费贷款，通过小贷公司的"借呗"贷款网络平台骗取贷款 21 笔，共计人民币 203040 元。中国人民银行确定了小额贷款公司的编码为金融机构二级分类码，将小额贷款公司纳入了金融机构范围，且小额贷款公司主要业务是发放贷款，因此小额贷款公司属于中国人民银行认可的其他金融机构。阿里巴巴小贷公司系依法设立的小额贷款公司，属于其他金融机构。被告人曹某庆、徐某厂以非法占有为目的，结伙诈骗其他金融机构的贷款，数额巨大，其行为均已触犯刑律，构成贷款诈骗罪。

二　新型金融犯罪的特点

（一）金融犯罪网络化趋势明显

金融犯罪网络化是指以计算机、网络为工具实施的金融犯罪，如利用计算机、网络实施伪造货币罪、信用卡诈骗罪等。从近年来金融犯罪的案例看，金融犯罪网络化主要包括两个方面，一方面是金融犯罪手段的网络化，这一类型的金融犯罪，只是犯罪手段的网络化，金融犯罪的本质并没有发生变化；另一方面是网络金融产品是否涉嫌犯罪的问题。实际上，无论是金融犯罪手段的网络化抑或是网络金融产品刑法规制问题，都是近年来金融刑法重点关注的问题。尤其需要关注的是披着电子商务外衣从事信用卡诈骗、买卖假币、擅自发行公司债券等金融犯罪。

（二）犯罪手段更加隐蔽

在伪造货币犯罪案件中，借助互联网的力量，犯罪行为人一个人就可以串起整个伪造货币犯罪的链条。伪造货币所需的原材料、伪造货币的方法都可以通过网络的途径获取，犯罪嫌疑人通过网络购得犯罪所需的原材料后，可以选择任意地点伪造货币，如果公安司法机关无法掌握相关网络信息，犯罪侦查根本无从下手。在操纵期货市场犯罪案件中，连续交易、回转交易、分仓买入等犯罪方式与一般的合法交易行为极其相似，如果没有相关被害人举报，公安司法机关根本无法掌握相关案件信息。这意味着，这类新型金融犯罪的犯罪手段极其隐蔽，导致公安司法机关难以在实际危害结果出现之前对其进行预防和打击。

（三）金融惯犯屡禁不止

我国金融刑事法律体系中并没有设置资格刑，《刑法修正案九》新增的从业禁止的规定在近年来也鲜有适用的案例。这种立法缺陷和司法不力，间接导致了金融犯罪累犯、惯犯屡禁不止现象的出现。从近年来金融犯罪的案例看，有的金融犯罪行为人在被人民法院判决有罪之前，曾因为金融违法行为被相关监管部门进行多次行政处罚。有的判决书显示，部分金融犯罪行为人不止一次因为金融犯罪行为被判处刑罚。从金融犯罪的司法实践来看，在刑法典中增设资格刑或者提高从业禁止在金融犯罪中的适用比例十分必要。

三　新型金融犯罪的原因分析

新型金融犯罪的原因涉及一个庞大而复杂的社会系统，具体说来，它源于以下几个方面的因素。

（一）经济因素

金融犯罪作为一种典型的经济犯罪，其犯罪活动必然受到经济因素的深刻影响。

第一，2016～2017年是我国深化金融体制改革的关键时期，这个时期是一个摩擦不断、各种矛盾交织的特殊时期，这不但给犯罪分子带来了巨大的诱惑，而且为犯罪分子实施金融犯罪提供了现实可能性。在现行金融体制下，中国人民银行、银监会、证监会和保监会共同承担对全国所有金融机构的监管工作。但是随着中国市场经济和金融市场的高速发展，行业之间的界限日渐模糊，金融业与非金融业之间、不同的金融行业之间相互交叉、相互渗透的趋势越来越明显，这给我国的分行业监管体制带来了监管真空、监管重叠、监管不独立等体制性问题。正是这些体制性问题给了不法分子可乘之机，伺机通过金融犯罪攫取巨额社会财富。

第二，产业升级压力下，政府为守住不发生系统性金融风险的底线，对金融市场采取宏观审慎政策，让不法分子进行金融犯罪有了可乘之机。守住不发生系统性金融风险的底线，是近年来国家的主要金融政策，同时政府面临着制造业规模不断扩大，迫切需要进行技术革新和产业升级的巨大压力，

政府不得不对金融市场的发展采取宽松、鼓励的态度，以调集大量的社会资金来刺激产业升级。在这样的经济大环境下，一些犯罪分子看到国家对金融监管的放松，进而铤而走险进行犯罪。

第三，2015～2016年"股灾"也间接促使了金融犯罪的大量出现。虽然没有直接证据证明"股灾"与金融犯罪具有直接关系，但后股灾年份即2016年证监会向公安机关移送的涉资本市场犯罪数量激增，在一定程度上说明两者具有联系。众所周知，2015年6月至2016年1月半年的时间里，中国两市市值蒸发近36万亿元，极大地破坏了金融市场的稳定秩序，给投资者造成了巨大的财产损失。部分在"股灾"中遭受经济损失的投资者，为了弥补损失，不畏惧国家法律的震慑，再次把目光投到了资本市场，企图通过违法犯罪的方式"东山再起"。

（二）行政因素

金融市场的健康、稳定发展离不开合理的政府监管，但是金融市场对于国家经济发展的重要性决定了，政府对金融市场的监管既要保证公平有序，又要保证监管有度。应当承认，政府对金融市场的监管制度建设是一项长期而又复杂的工程。但是，这不能成为纵容金融犯罪的借口。在现阶段，虽然行政监管不到位不是造成金融犯罪的决定性原因，但其深刻影响着金融犯罪的发生及发展。

首先，分业监管体制下存在金融监管真空地带，这种监管真空地带容易滋生金融犯罪。对于银行业、证券业以及保险业，我国采取的是银监会、证监会和保监会分业监管体制。在这种监管体制下，各个监管机构领地意识强，容易画地为牢，不愿进行主动监管和加强合作。但是金融市场的深入发展催生了大量的经营业务交叉的金融公司，对于这些跨行业的金融公司，由银监会、证监会或保监会任一监管机构进行监管都不合适，必须采取合作监管的方式才能进行有效监管。

其次，金融监管措施的供给不足导致新型金融犯罪大行其道。金融市场的健康发展需要自由、开放的发展空间，但这并不意味着金融市场不需要监管。相反，由于金融市场是社会资本的集中地，金融犯罪手法日新月异，因此，必须加大金融监管措施的供给力度和加快金融监管措施的更新频率，以适应不断发展的金融犯罪手法。另外，为了弥补刑法的相对滞后性，应当在制定刑法修正案时尤其注意金融犯罪刑法规制的适应性更新，填补刑法典相关规定的漏洞。

再次，金融事前审查机制不完善，导致难以对金融犯罪进行有效预防。不可否认，金融市场自由化是一个不可逆转的趋势。但是，金融市场自由化建立在完善的金融事前审查机制之上。进一步讲，建立完善的金融事前审查机制，不但有利于防治金融犯罪，而且对于维护国家金融安全也具有重要意义。遗憾的是，现有的金融事前审查制度无法满足预防金融犯罪的需要。一方面，关于金融监管的相关法律制度对于事前审查缺乏明确规定或者规定过于原则化，使得金融事前审查制度形同虚设，导致相关负责事前审查的工作人员无章可循，只能敷衍了事。另一方面，在跨行业公司的事前审查方面，我国缺乏协调审查机制，这使得不同部门在行使事前审查权时容易产生相互推诿的现象。

（三）法律原因

由于我国的现代金融体系建设仍处于起步阶段，金融法制建设包括金融刑事法律制度建设还不成熟，这些法律制度的不成熟使得我们无法有效及时地打击各种新型金融犯罪。

第一，我国金融刑法存在立法滞后的问题。根据传统刑法理论，金融犯罪属于行政犯、法定犯，即在对某金融行为进行论罪处罚时必须以该行为违反金融法律、行政法规为前提。但是，我国关于金融犯罪的刑事立法跟不上金融法律行政法规更新的步伐，这是众所周知的事实。于是，就存在这样一种现实尴尬，即由于金融刑事立法滞后，部分违反了金融法律、行政法规，严重侵害金融秩序的行为无法得到刑事处罚。另外，在新型金融形态的冲击下，金融刑事立法的滞后性更是暴露无遗。典型的例子是，大部分网贷公司之所以被追究刑事责任，是因为该公司资金链断裂导致投资人的资金无法回收，而被投资人举报，而不是该公司金融违法行为本身的刑事违法性被司法机关主动识别。

第二，我国金融防范法律体系有待完善。应当承认，我国金融运行的基本法律框架已经搭建完毕，但是在金融准入条件逐渐放宽、金融管制更加宽松化、金融市场开放程度更高的时代背景下，金融防范法律体系并没有进行适应性调整。事实上，越是宽松的金融市场，越是需要严密的金融防范法律体系。遗憾的是，我国金融防范法律体系依然存在不少制度性缺陷。其一，我国金融法律制度中的法律空白依然存在，如规范信贷管理的信贷法等。其二，我国部分金融法律法规的规定存在过于原则性的问题，使得相关司法、执法人员在使用法律时无法很好地进行法律适用，导致法律适用的效果大打折扣。其三，我国金融法律体系的结构不合理，法律规定与行政法规的规定之间存在相互冲突的内容。随着金融体制改革的进一步深化，金融防范法律体系应当及时做出与金融体制改革相协调的改进，纠正以往已经发生偏离的金融防范法律体系修正方向，实现金融防范法律体系与金融体制改革的良性互动。

第三，金融领域的行政执法与刑事司法的衔接机制有待健全。金融行政执法行为是具有金融行政管理职权的行政机关或者授权组织依照法律、行政法规的规定对违反金融法律、行政法规的行为进行监督、管理和处罚的行为。而金融犯罪的刑事司法行为是公安机关中的经济犯罪侦查部门对金融市场运行过程中出现的破坏金融管理秩序犯罪、金融诈骗犯罪案件进行立案侦查、执行拘留和逮捕等强制措施、移送检察机关审查起诉等刑事诉讼行为的统称。而金融行政执法行为与金融犯罪的刑事司法行为的衔接问题，关系到金融犯罪的打击效率以及效果，对于维护金融安全与稳定具有举足轻重的作用。因此，必须重视金融领域的行政执法与刑事司法衔接机制的建立及健全。当前，金融领域的行政执法与刑事司法的衔接机制主要存在以下问题。①金融行政执法与刑事司法之间移送不及时。移送不及时有多种原因，有的是因为金融行政执法人员的刑事法律意识不强，一些已经涉嫌犯罪的金融违法行为没有及时移送公安司法机关；有的是受地方保护主义、部门保护主义的影响，认为金融行为的犯罪率丑化了自己部门的形象；有的是因为金融行政执法部门对金融违法行为的定性存在认识性分歧，对罪与非罪把握不准。②金融行政执法部门与刑事司法部门之间信息不畅。信息机制的欠缺是摆在金融行政执法与刑事司法有效衔接之间的又一问题。由于公安机关内部的经济犯罪侦查部门负责扰乱市场秩序犯罪案件、妨害对公司/企业管理秩序犯罪案件、危害税收征管犯罪案件等九类犯罪案件的侦查追诉工作，这导致公安机关对于金融犯罪案件的信息来源只能依靠群众举报和金融行政执法部门移送，其中尤其倚重金融行政执法部门的移送。但由于金融犯罪具有手段隐秘、犯罪证据数字化的特征，金融行政执法部门无法快速地对金融犯罪行为的刑事违法性进行专业判断，从而影响了金融犯罪信息的传递速度。

（四）犯罪人的原因

虽然犯罪人的原因不是导致金融犯罪的必然原因，但其对于金融犯罪的诱发值得人们去深究。意大利犯罪学家龙勃罗梭曾提出过疑问："为什么惯犯、累犯屡禁不止时，法官在定罪时却依然总是过多地关注犯罪事实本身？"[1] 毋庸置疑，对犯罪人的原因进行一番深入的了解，的确对预防和打击犯罪大有裨益。

一是，投机、侥幸、挑战等心理因素的影响。在经济学上，投机指利用市场出现的价差进行买卖从中获得利润的交易行为。从经济学对投机的定义看，投机原本并不是贬义词，但心理学上的投机心理并不是一个褒义词。具体到犯罪中的投机心理，指的是犯罪分子企图以最小的成本获得最大的经济收益，或者说企图在最短的时间内实现一夜暴富。犯罪学上侥幸心理具有多方面的解读。例如，行为人看到别人的金融犯罪行为获得了巨大的经济利益而没有受到法律制裁，于是认为自己的金融犯罪行为也不会被惩罚。又如，行为人看到别人的金融犯罪行为获得了巨大的经济利益，虽然受到了法律制

---

① 〔意〕龙勃罗梭：《犯罪人论》，黄风译，中国法制出版社，2000，第310页。

裁，但侥幸地认为自己的金融犯罪行为不一定会受到惩罚。再如，行为人过去的金融犯罪行为虽然被法律制裁了，但侥幸地认为今后的金融犯罪行为不一定会被公安司法机关发现。另外，挑战心理也是造成金融犯罪行为人进行金融犯罪的心理原因之一，因为很多金融犯罪行为人认为金融犯罪是高智商犯罪，能够犯罪成功、非法获取巨额财富是一种"成功"的体现，这使得犯罪分子在犯罪成功后具有一种胜利的快感，这也不断刺激其继续进行金融犯罪。还有一个心理原因是，金融犯罪是法定犯，不同于杀人、放火等自然犯罪，人们难以一般的社会道德规范或者公序良俗对其进行评判，在这样的社会认知背景下，金融犯罪行为人道德负担显然较轻。

二是，金融犯罪行为人往往是金融企业高管或者金融专业人员，他们深谙金融市场的运行规则。有一个案例能够说明上述论点。2017 年 11 月，贵州省高级人民法院做出终审裁定，维持贵阳市中级人民法院对厦门圣达威服饰有限公司欺诈发行私募债券案的刑事判决，圣达威法定代表人章某、原财务总监胡某因犯欺诈发行债券罪，分别被判处有期徒刑三年和两年。该案是全国首起因欺诈发行私募债券而被追究刑事责任的判例。根据法院判决书，2012 年下半年，因资金紧张、经营困难，圣达威法定代表人章某与公司高管研究决定发行私募债券融资，并安排财务负责人胡某具体负责。为顺利发行债券，章某安排胡某对会计师事务所隐瞒公司及章某负债数千万元的重要事实，并提供虚假财务账表、凭证，通过虚构公司销售收入和应收款项、骗取审计询证等方式，致使会计师事务所的审计报告发生重大误差，并在募集说明书中引用该审计报告。2013 年 5 月 3 日，圣达威在深圳证券交易所骗取 5000 万元中小企业私募债券发行备案，并在当年分两期完成发行。圣达威获得募集资金后，未按约定用于公司生产经营，而是用于偿还公司及章某所欠银行贷款、民间借贷等，致使债券本金及利息无法到期偿付，造成投资者重大经济损失。在上述案件中，金融高管利用自己对公司的信息优势以及金融专业知识进行欺诈发行私募债券犯罪，连会计师事务所也被蒙在鼓里，这说明遏制金融高管以及金融专业技术人员进行金融犯罪是未来打击金融犯罪的重点环节。

（五）被害人的原因

本报告只讨论狭义上的被害人，即自然人和单位。与其他类型犯罪的被害人相比，金融犯罪的被害人在一定程度上对金融犯罪的发生具有不可推卸的责任。金融犯罪的被害人原因主要有以下几个方面。

第一，部分金融犯罪被害人自身的违规操作导致了金融犯罪的发生。被害人的违规操作有多种原因，有的是企业为了逃避国家税费而有意为之，有的是企业自身的管理不规范让犯罪分子有了可乘之机，有的是企业为了获取非法经济利益而参与到金融犯罪中去最终又成为金融犯罪的受害者。不管被害人违规操作的动机是什么，有一点可以肯定的是，正是被害人自身的违规操作，使得国家监管部门无法及时对金融违法行为进行监管，最终导致了金融犯罪的发生。另外，有的企业为了获取高额利息而违反国家金融管理的相关规定，非法把企业资金出借给他人，最后贷款人无法还本付息，导致自己的企业血本无归。应当注意的是，相关金融监管部门在查处金融违法行为时，要与公安司法机关密切联系，随时关注隐藏在金融违法行为背后的金融犯罪。

第二，部分金融犯罪被害人自身的防范意识不强。其中，金融犯罪被害人内部缺乏有效的违法犯罪防范机制是主要因素。事实上，许多金融犯罪都是由被害人内部的员工单独或者与外部的犯罪分子相互勾结实施的。如果被害人单位自身具有良好的违法犯罪防范机制，能够及时发现违法违规行为，那么被害人单位的"蛀虫"自然没有下手的机会。其次，部分被害人单位在日常经营过程中操作不规范、风险管理不到位、事前审查不严谨，这些都是导致被害人遭受犯罪侵害的重要原因。以贷款诈骗犯罪案件为例，许多被骗银行放贷前审查不严，或者相关主管人员对贷款审核过于形式化、流程化，对于贷款人的还贷能力没有进行实质考察，对于贷款项目没有进行实地调查，放款后对资金流向不关心，从而容易导致贷款诈骗犯罪案件的发生，使银行遭受严重的经济损失。

第三，部分金融犯罪的被害人缺乏金融知识，金融经验不足。金融犯罪又称高智商犯罪,往往是精心布局、巧妙包装的犯罪。如果被害人缺乏金融知识,或者从事金融活动的经验不足,极容易上当受骗。例如,北京长城机电科技产业公司的非法集资案,犯罪分子不到一年时间,就骗取了社会10万多人共10亿多元。深究其原因,被害人金融知识缺乏、金融经验不足是导致被骗的重要原因。此外,由于被害人缺乏金融知识,在遭受经济损失以后,有的被害人无法意识或者无法及时意识到自己遭遇了金融犯罪,使得金融犯罪的线索无法及时反馈到金融犯罪侦查部门,延误了调查取证的最佳时机,最后导致犯罪分子逍遥法外。实际上,让更多的人民群众了解金融法律知识,学会运用金融法律知识,是金融法治建设的重要内容,不但有利于国家金融政策的实施以及推广,还有利于增强全民金融风险意识,防止上当受骗。

四 新型金融犯罪的防治对策

习近平总书记在党的十九大报告中提出要建立现代金融体系,健全金融监管体系和深化金融体制改革。要实现上述三项目标,离不开对金融犯罪的有效防治。众所周知,金融安全与稳定对于经济平稳运行和社会秩序的稳定具有不可替代的作用。金融犯罪的危害性在于,其发生在我国社会主义市场经济的核心部位和动脉系统,所谓牵一发而动全身,如果不能有效遏制金融犯罪,势必会严重影响社会主义市场经济的正常运行。金融犯罪极大地损害着国家、金融机构和广大存款人、投资者的经济利益,从而阻碍金融市场的健康发展,对国家的金融安全构成严重威胁。因此,必须高度重视对金融犯罪的研究、防范和惩治。具体而言,金融犯罪的防治对策主要有以下几个方面。

(一)经济对策

金融犯罪作为一种典型的经济犯罪,其产生和发展必然受到经济因素的影响。因此,从经济根源上寻找防治金融犯罪的对策,对于预防和惩治金融犯罪具有事半功倍的意义。金融犯罪防治的经济对策可以从以下几个方面展开。

第一,坚持和完善中国特色社会主义市场经济体制。中国特色社会主义市场经济是发展生产、加快社会主义物质文明建设的正确方法，只有坚持和完善中国特色社会主义市场经济体制，才能不断促进生产力的发展，不断提高人民收入水平。一方面，社会物质文明的进步、人民生活水平的提高，都有利于抑制犯罪人铤而走险的动机。另一方面，坚持和完善中国特色社会主义市场经济体制，有利于填补和改进金融体制中各种管理、制度上的漏洞和不规范之处。坚持和完善中国特色社会主义市场经济体制与建设现代金融体系是相协调、相统一的，两者相辅相成，互为补充，市场经济体制的完善对于堵塞金融犯罪产生的渠道具有宏观指导作用。

第二，坚持和完善按劳分配为主体、多种分配方式并存的分配制度。当前，我国的收入分配制度面临着初次分配过程中的要素价格扭曲、再分配力度有限、城乡差别和行业差别扩大以及隐性分配问题突出等制度性缺陷。如果这些制度层面的缺陷得不到有效解决，那么必将进一步加剧社会两极分化，引发包括金融犯罪在内的诸多经济犯罪。首先，应当对初次分配中的要素价格进行适当干预，提高劳动报酬在初次分配中的比重。生产要素价格的扭曲，使得劳动要素无法根据实际的生产价值换回应有的报酬，这不但不利于劳动生产率的提高，而且徒增劳动者的不满情绪。劳动者在强烈被剥夺感和不平衡感的驱使下，容易通过极端方式来分享社会财富，最终导致金融犯罪甚至暴力犯罪的发生。其次，应当运用税收政策、财产政策等方法，加大再分配的调节力度，着力提高低收入者的收入水平，逐步扩大中等收入者的比重，有效调节过高收入，规范个人收入分配秩序，努力缓解收入分配差距扩大的趋势。最后，应当重视隐性收入分配不公问题。隐性收入分配不公指的是教育机会不公平、职业歧视、非法收入差别等实质性不公平。隐性收入分配不公是导致既得利益集团固化、贫富代际流动渠道堵塞、平民上升通道狭窄等社会公平问题的重要原因。

第三，进一步完善就业政策，扩大就业，促进就业，保障失业者的基本生活水平。大量的研究成果表明，失业者的增加会直接推动犯罪率上升，其中，失业率的升高首先刺激财产犯罪的增加。[1] 因此，促进就业对于防止经

---

① 严小兵：《上海市就业市场状况与城市犯罪的空间计量分析》，《人文地理》2013 年第 3 期。

济犯罪具有重要意义。政府应当扩大就业。在产业结构上，大力发展就业容量大的第三产业和服务业；在经济形式上，鼓励发展对就业贡献大的民营经济；在企业类型上，支持发展具有比较优势的劳动密集型中小企业；在就业形态上，鼓励劳动者多种形式灵活就业。同时，对劳动者就业予以政策支持，调动他们自主就业的能动性。鼓励劳动者自谋职业和自主创业，通过定额减免税费和提供小额担保贷款给予扶持。此外，对困难群体加大政策扶助，帮助他们摆脱失业困境。对就业困难对象进行就业援助，政府投资开发的公益性岗位优先安排困难对象，并给予社会保险补贴和岗位补贴。最后，建立失业监测预警机制，对失业进行预防和调控；在企业重组改制和关闭、破产过程中做好职工安置就业工作。

第四，进一步完善社会保障体系。完善社会保障体系是保障和改善民生的重要措施，也是预防犯罪的重要手段。[1] 社会保障体系的不健全在心理学上反映为安全感的缺失，没有社会保障体系对未来失业、养老等问题的确定性保障，容易使人陷入一种焦虑、不安甚至恐慌的情绪中。这种情绪容易转化为反社会情绪，最后演变成犯罪的诱因。因此，完善社会保障体系对于缓解人们的精神焦虑、化解社会矛盾具有重要意义。社会保障体系的作用在于调节收入分配，保障社会成员的基本生活，有利于降低社会成员的越轨风险，从而起到预防犯罪的作用。习近平总书记在党的十九大报告中提出"按照兜底线、织密网、建机制的要求，全面建成覆盖全民、城乡统筹、权责清晰、保障适度、可持续的多层次社会保障体系"。从犯罪预防的角度分析，习近平总书记提出的全面建成多层次的社会保障体系，关键作用在于消除了人们的后顾之忧，这也就使得人们愿意通过合法的途径去获取经济收入，而不是冒不必要的危险去谋生计。

（二）行政对策

近年来，我国金融领域的行政违法案件形势依旧严峻，暴露出我国在分

---

[1] 程琦：《论社会保障与社会预防犯罪》，《犯罪研究》2008 年第 3 期。

业监管体制、金融监管措施供给、金融事前审查机制等方面需要进行反思性变革，以应对不断更新变化的金融违法案件的挑战。并在此基础上，为进一步遏制金融犯罪打下基础，构建预防型行政监管体系。

第一，建立健全金融分业监管协调机制，消除金融监管真空地带。混业经营是近年来金融行业发展的一大趋势，为了适应金融行业的新形势，对金融混业经营进行有效监管，我国除了要加快修改金融监管的相关法律法规、转变监管理念外，重要的是建立有效的金融分业监管协调机制，改变以往各监管机构在各自监管领域各自为政的局面，加快推进金融监管一体化建设。应当承认，我国以往的金融分业监管体制对于防止金融风险的跨界传播、在不同金融行业之间设置风险防火墙、防止金融体系的系统性风险曾发挥了不可替代的作用。但是近年来，随着我国金融市场的进一步发展，特别是客户金融需求的多元化发展，传统的金融行业面临着跨界经营的转型挑战。事实上，在21世纪之初，美国、日本等传统金融强国的金融市场就已经由分业经营转向混业经营。毫不夸张地说，混业经营已经成为一股不可逆转的金融发展潮流，在这样的时代背景下，我国的金融分业监管体制没有理由拒绝做出转变。唯有建立健全金融分业监管协调机制，才能在不同的分业监管机构之间架设信息共享、沟通协调的桥梁，打破分业监管的制度性界限；才能改变以往对交叉性金融业务的监管真空，实现金融监管的全覆盖；才能缓解不同监管机构之间相互冲突、相互推诿的尴尬局面，提高金融监管公信力和监管效率。

第二，创新金融监管方法，加大金融监管措施的供给力度。为了适应金融混业经营的新形势，必须对传统的金融监管措施进行制度性变革，加大金融监管措施的供给力度，使金融监管能够适应金融市场的快速发展。首先，建立有效的信息共享机制。在未来一段时间内，我国的分业监管体制恐怕一时之间难以进行彻底性的变革。在维持现有分业监管体制的情况下，应当尽快建立有效的信息共享机制，确保各个监管机构能够随时掌握整个金融市场的新动态，以便各个金融监管机构能及时执法，提高监管效率。其次，监管内容从合规性监管向风险性监管转化。在金融混业经营的市场模式下，以往的监管内容发生了新的变化，要对新的金融行为进行有效监管，监管内容从合规性监管向风险性监管转化势在必行。过去，金融机构对金融行为的监管主要集中于对金融政策、法律、法规实施情况的监管，由于法律法规的规定具有不可避免的滞后性，这导致了合规性监管对新型金融违法行为和新型金融犯罪行为的敏感度不强，难以实现国家金融监管的目标。而风险性监管以金融机构的资本充足情况、风险管理水平、盈利水平等为监管对象，其在识别、度量金融机构的违法风险方面具有制度性的优势，更能及时地对金融机构的金融违法行为乃至金融犯罪行为做出应对措施。最后，建立金融监管考核评价制度。完善的金融监管体系离不开金融监管考核评价制度的保障，金融监管考核评价制度着眼于金融监管的预定目标和最终结果，对于提高金融监管效率具有督促性的作用。

第三，建立健全金融安全审查机制。金融自由化是一个不可逆转的趋势，但金融管制的放松，一方面有利于金融资源配置效率的提高，另一方面也加剧了金融违法行为以及金融犯罪行为的发生。因此，建立健全金融安全审查机制对于维护金融安全、打击金融违法行为和金融犯罪行为具有重要的现实意义。建立健全金融安全审查机制需要从以下几个方面着手。首先，以立法形式确立金融安全审查机制。我国目前的相关法律法规无法满足金融安全审查的现实需要，导致我国在金融安全审查方面相关执法、司法工作的开展无法可依。因此，应当在相关金融法律法规之中增加金融安全审查条款，而且，应当探索性地推进金融安全审查专门性法律、法规的立法工作。其次，借鉴美国等西方发达国家的金融安全审查启动程序，建立符合我国实际国情的金融安全审查启动程序，把有利于金融发展的因素引进来，把不利于金融发展的因素通过金融安全审查机制挡在金融运行体制之外。最后，明确我国金融安全审查机制的具体审查对象。事实上，在金融安全审查对象的问题上，美国等西方发达国家走在了我国前面，美国针对金融安全审查对象，甚至制定了详细的审查要素指南。我国也应当完善相应的金融安全审查配套制度，在资本监管、信息监管、运营监管等方面，细化金融安全的审查对象。

第四，建立健全金融信息披露制度，降低金融违法以及金融犯罪风险。

金融混业经营趋势的形成和发展，对金融信息披露提出了更高的要求。从长远来看，金融信息披露制度的建立健全，有利于打击金融违法行为和金融犯罪行为，对于建立一个健康有序的金融市场、提高金融资源的配置效率具有重要意义。其一，应当以立法形式对金融信息披露制度进行专门性规定，以提高金融信息披露制度的效力等级，排除金融信息披露制度的规范阻碍。其二，确立金融信息强制性披露原则。坚持金融信息强制性披露原则，有利于监管机构克服信息不对称造成的监管困境，提高监管效率。最重要的是，高度开放的金融市场与过去自愿性的信息披露原则已经显得格格不入，因为自愿性的信息披露原则容易导致相关信息披露主体选择性披露、拖延披露甚至虚假披露等，使得金融监管机构无法根据所披露的信息进行相应的监管，信息披露制度形同虚设，无法发挥信息披露在金融监管中的作用。其三，确立金融信息持续性披露原则。金融信息持续性披露原则具有定期披露和不定期披露两个方面的要求。定期披露体现为年度报告、半年度报告和季度报告等形式，而不定期披露主要是指根据监管机构、股东等主体的要求而做出的公司财务、经营管理等方面的信息披露。无论是定期披露还是不定期披露，根据持续性披露的原则，所披露的信息都要符合及时性、完整性、真实性的要求。

（三）法律对策

金融犯罪既是对社会秩序的侵害，也是对法律规范的违反，因此，对于金融犯罪的防控，社会手段和法律对策二者缺一不可。其中，法律对策是控制金融犯罪最有效也是最主要的方法。

第一，立法方面的对策。其一，建立完备的金融法规等非刑事法律保护体系。根据金融法基本理论，金融法具有二元规范结构的特征。一方面，金融法又称为监管法，在维护金融市场秩序、防止金融违法行为、预防金融犯罪方面起到重要的作用。另一方面，金融法在法律实践中又起到金融交易法的作用。但在金融法二元规范结构中，金融交易法一直占据着主导作用。这是因为金融关系的实质归根结底是平等主体之间的民商事关系，换言之，调整金融关系的法律性质依然属于私法的范畴。受私法自治原则的影响，金融交易法一直占据金融法二元规范结构的主导地位。但是随着金融业的不断发展，金融关系逐渐突破了以往的私法范畴，具有公共政策性，其中最典型的例子是国家货币政策对金融业的影响越来越大。从我国金融发展的实践看，逐步增强金融监管法的职能是金融法发展的趋势。但我国商业银行法、证券法、保险法、信托法等金融法律的监管性质仍需进一步加强。其二，完善金融刑事立法。我国金融刑事立法体系还不够完善，在罪名设立、刑罚配置等方面尚待改进。首先，有的金融犯罪的犯罪主体应当扩大，如贷款诈骗罪、有价证券诈骗罪等罪名只规定了自然人犯罪主体，没有规定单位犯罪主体。事实上，在司法实践中，有的案件是企业等单位实施贷款诈骗行为，按照我国刑法典的规定无法追究单位的刑事责任，只能对相关责任人员按照自然人犯罪来处理。其次，应当扩大洗钱罪上游犯罪的范围。我国洗钱罪的上游犯罪限于毒品犯罪、黑社会性质的组织犯罪、恐怖活动犯罪、走私犯罪、贪污贿赂犯罪、破坏金融管理秩序犯罪、金融诈骗犯罪七种，这与《联合国反腐败公约》《联合国打击跨国有组织犯罪公约》《欧洲反洗钱公约》等国际条约关于洗钱犯罪的刑事立法相悖。其中，《联合国打击跨国有组织犯罪公约》和《欧洲反洗钱公约》都将所有犯罪的非法收益作为洗钱犯罪的打击对象，而《联合国反腐败公约》也规定能够产生犯罪收益的犯罪都是洗钱犯罪的上游犯罪。最后，完善我国金融犯罪的刑罚配置。我国关于金融犯罪的刑罚，配置了拘役、有期徒刑、无期徒刑和死刑的主刑以及罚金、剥夺政治权利和没收财产的附加刑。一方面，我国金融犯罪的刑罚配置存在重自由刑、轻财产刑的倾向。金融犯罪是典型的经济犯罪，我国对于金融犯罪的刑罚配置应当重视财产刑的作用。另一方面，我国的金融犯罪缺乏资格刑的法律规定。事实上，对于金融犯罪这类专业性较强的犯罪类型，设置资格刑是完全有必要的。虽然我国《刑法修正案九》增加了从业禁止的规定，但从业禁止毕竟是非刑罚处罚措施，难以发挥资格刑的作用。

第二，司法方面的对策。"徒法不足以自行"，法律的生命在于实施，加强和完善司法机关的职能，对于预防和惩治金融犯罪具有不可替代的作用。首先，加强司法参与立法的积极性和科学性。金融立法与其他领域的立法不同，具有浓厚的专业性和实践性色彩。完善司法职能，首要是做好金融立法工作，为司法提供科学依据。因此，应当特别注意鼓励和引导司法带着实践中的问题参与到立法中来。只有建立在立法与司法积极互动基础上的立法工作，才能保证立法的科学性。其次，提高司法机关的政策解读能力。金融的发展与国家金融政策息息相关，相对应的是，金融司法工作的开展也要与国家金融政策相协调，保持步调一致。国家金融政策是为了应对国内外复杂金融形势而制定的纲领性、指导性文件，金融政策往往体现了国家金融发展的大方向。提高司法机关对国家金融政策的解读能力，有利于司法机关在解决金融纠纷时不与国家金融政策相违背，既为金融纠纷的解决提供思路，也为国家金融政策的实施铺平法治道路。最后，培养符合防治金融犯罪要求的司法工作人员。为了防止传统的犯罪侦查方法在面对新型金融犯罪时束手无策，必须大力培养符合防治金融犯罪要求的司法工作人员。金融犯罪的网络化、国家化、智能化对司法工作人员提出了新的要求。一是司法工作人员除了要熟练掌握金融犯罪的法律知识以外，还须具有丰富的计算机、证券、期货等金融学知识；二是司法工作人员要熟练地运用现代化的工具检测书证的真伪、还原犯罪分子刻意隐瞒的网络数据、追踪金融资产的去向等；三是要加强打击金融犯罪的国际合作，其中，尤其要注意加强与国际刑警组织、有关国际法院、国际商会商业犯罪局、外国司法机关的联系和沟通，以防止外国金融犯罪分子对我国的渗透以及我国金融犯罪分子的外逃。最后，建立健全金融领域行政执法与刑事司法的衔接机制。我国金融领域行政执法与刑事司法之间存在衔接不畅的问题，这是不容否认的事实。其中，案件移送不力的问题尤其严重，部分已经构成金融犯罪的案件被行政执法机关按照一般的金融违法行为处理掉了，导致有的应当受到刑罚处罚的金融犯罪行为没有得到应有的惩罚，间接纵容了犯罪。而行政执法部门对金融违法行为普遍存在的执法不到位问题，使得金融违法成本极低，不利于打击金融违法行为以及金融犯罪行为。

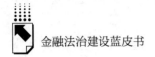

参考文献

［1］〔意〕龙勃罗梭：《犯罪人论》，黄风译，中国法制出版社，2000。

［2］严小兵：《上海市就业市场状况与城市犯罪的空间计量分析》，《人文地理》2013 年第 3 期。

［3］程琦：《论社会保障与社会预防犯罪》，《犯罪研究》2008 年第 3 期。

专 题 篇
Special Topics

B.9

中国金融安全法治战略构建

李永升　张 楚*

摘　要： 金融是国家的经济命脉，金融安全能够保障当代中国的经济发展，也能改善国际、国内的金融情势。中国金融安全法治战略，是指中国经济以及金融的稳定、运行与发展必须以法治为后盾，以法律为靠山，寻求稳健、持重、开放、全方位的长远布局。经过了2016年的金融低迷期，2017年和2018年的金融开始回暖，各国政府的金融政策逐渐转变为保护主义的内向型金融措施，减少贸易和跨境投资流动。在这个关键性的时期，财政政策、货币政策必须双管齐下，辅之以配套的金融监管法律法规，以构建中国金融安全法治的长期战略。

* 李永升，西南政法大学教授，博士生导师，博士后合作导师，主要研究方向为中外刑法学、犯罪学、经济刑法学、经济犯罪学、金融刑法学等；张楚，西南政法大学刑法专业博士研究生，研究方向为网络刑法和人工智能刑法。

关键词： 中国金融安全　法治建设　战略构建

　　金融安全，能够保障当代中国的经济发展，也能改善国际、国内的金融情势。习近平总书记历来重视经济金融工作，2014 年 4 月 15 日，在中央国家安全委员会第一次会议上，习近平对国家安全做了重要阐述，"金融安全"是其中的一个重要组成部分；习近平在中共中央政治局就维护国家金融安全进行的第四十次集体学习过程中指出：维护金融安全，是关系我国经济社会发展全局的一件带有战略性、根本性的大事。

　　所谓"战略"，原本是军事方面的概念，指的是发现智谋的纲领，后来指战争全局的计划和策略，比喻一定历史时期指导全局的方略。[①] 中国金融安全法治战略，是指中国经济以及金融的稳定、运行与发展，必须以法治为后盾，以法律为靠山，寻求稳健、持重、开放、全方位的长远布局。经过了2016 年的金融低迷期，2017 年和 2018 年的金融开始回暖[②]，各国政府的金融政策逐渐转变为保护主义的内向型金融措施，减少贸易和跨境投资流动。[③] 在这个关键的时期，财政政策、货币政策必须双管齐下，辅之以配套的金融监管法律法规，以构建中国金融安全法治的长期战略。

一　金融安全与国家经济安全概述

　　金融安全与金融风险指数、金融危机等因素休戚相关，指的是货币流通和交易过程中，整个金融体系的健全和安稳。[④] 2016～2017 年是全面深化经济体制改革的攻坚期，也是全球金融形势的回暖期，我国金融安全面临的主

---

① 门洪华、刘笑阳：《中国伙伴关系战略评估与展望》，《世界经济与政治》2015 年第 2 期。
② 《转变重点全球经济形势》，http：//images. mofcom. gov. cn/gn/201701/201701171924 13928. pdf。
③ 《2017 年一季度国外智库多边机构观点综述》，《中国财政》2017 年第 9 期。
④ 王云龙：《中国金融安全论》，中国金融出版社，2003。

要问题有：资本的非法输出、金融装备的落后、金融监管与金融安全的不适应以及金融法治建设与要求的不健全。经济全球化和经济一体化背景下，我国金融安全面临的主要挑战是：跨境交易对融资渠道的影响、对外开放对传统金融领域的冲击、网络金融对金融平台的开拓等。①

习近平总书记提出的"总体国家安全观"，旨在构建集政治安全、国土安全、军事安全、经济安全、文化安全、社会安全、科技安全、信息安全、生态安全、资源安全和核安全于一体的国家安全体系。而金融安全是经济安全的一个重要组成部分。有学者明确指出，金融是现代经济的核心，金融竞争是经济竞争的核心，因而金融安全也是国家经济安全的核心。② 一般认为，影响金融安全的因素主要有宏观和微观两个方面，其中，在宏观方面，主要涉及金融宏观调控与金融市场监管的问题，在微观方面，主要涉及金融交易安全的问题。③

（一）金融宏观调控安全与国家经济安全

金融宏观调控的核心在于货币政策，金融宏观调控旨在借助各种金融工具对信用量和货币总量进行调整。④ 在经济周期繁荣、衰退、萧条和复苏四个阶段中，金融宏观调控通过货币总量的调整，刺激金融投资消费，减少财政赤字，或者抑制金融过度活跃，抑制通货膨胀，控制物价上涨的速度。

金融调控的框架主要包括"金"和"融"两个维度，"金"主要指货币的收放与调控，主要由一国中央银行来控制；"融"主要指各类证券和票据在经济体系中的往来和市场交易。⑤ 价格杠杆、信贷杠杆与税收杠杆为调整经济的三大杠杆，这三大杠杆的着力点在于一个国家金融的稳健。价格杠

---

① 钟雯雯：《论金融安全与我国金融法体系的完善》，《金融时代》2016 年第 26 期。

② 谢婷婷：《经济全球化的中国金融安全的思考》，《特区经济》2007 年第 1 期。

③ 史东明：《经济一体化的金融安全》，中国经济出版社，1999。

④ 肖明辉、彭亮：《完善我国循环经济宏观调控政策的思考》，《西南民族大学学报》（人文社会科学版）2012 年第 1 期。

⑤ 郑长德：《当代西方区域金融研究的演进及其对我国区域金融研究的启示》，《西南民族大学学报》（人文社科版）2005 年第 11 期。

杆，通过比价或者差价来调整商品的供求关系；信贷杠杆，通过税率的调整，以及不同的贷款方向、贷款成本和贷款数量，来调整金融市场的收与放，调整市场上流通货币的总量；税收杠杆旨在通过调整纳税人之间的利益分配来实现对社会经济生活的调节。金融市场作为生产要素市场中最活跃的要素，与社会劳动力市场相联动，与土地市场和技术市场相协调，与信息市场相互作用。

金融市场作为市场经济发展到高级形态的产物，一方面巩固和加深市场的货币化程度，另一方面促进和活跃经济的发展。[1] 保障货币市场和资本市场的稳健与活跃，确保经济发展的稳定性，强化资本流通和货币交换的有序性；资金市场的充实，有助于金融监管部门制定有效的调控政策，有效地波及资金市场、黄金市场、证券市场和股票市场。反之，资金链条的羸弱甚至断裂，会严重影响央行决策的有效性。金融市场中资金投入、资金运营和资金回笼三大链条的相互支撑与配合，能够提高金融市场的合理配置，进而提高市场调节的有序性。

（二）金融交易安全与国家经济安全

金融交易是从微观经济的角度研究经济活动的，是涉及经济主体有关金融资产所有权变更的交易。[2] 金融交易既可以通过金融主体直接进行，也可以是金融主体以中介机构为路径实施的经济往来。

金融交易与宏观金融调控相关，都是资金链的有序运转。与宏观调控不同的是，金融交易具有自发性和盲目性，而金融调控具有远瞻性和目的性。尤其是在社会主义市场经济条件下，社会主义市场具有外向性和开拓性，在极具竞争力的市场机制下，以价格机制为利益驱动，各经济主体会最大限度地追求经济利益，最大化实现经济目标。以股票市场和证券市场为代表的资

---

[1] 陈雨露、马勇、阮卓：《金融周期和金融波动如何影响经济增长与金融稳定？》，《金融研究》2016 年第 2 期。

[2] 钱小平：《中国金融刑法立法的应然转向：从"秩序法益观"到"利益法益观"》，《政治与法律》2017 年第 5 期。

本市场，是融资的重要渠道和主要场所。

每一笔金融交易都是经济复苏和繁荣的再生细胞，也是推进经济活动新陈代谢的重要途径。金融交易安全关乎国民经济安全，也与每一位股民的经济利益休戚相关。有效的熔断机制的建立，能够在金融交易产品价格剧烈波动时给投资者以警醒，借由金融风控手段和相关金融措施，给投资者以区间限制。证监会以部分法规的形式，结合当前的经济形势，决策股票价格熔断点之后，是暂停交易，还是限制在一定的区间内继续撮合成交。

保障金融交易安全，一方面亟待金融市场的进一步提升，另一方面需要金融交易的市场主体提高自身理财意识，降低融资风险，增强反金融欺诈的能力。只有强化抵御风险的对策，才能确保经济复苏，以金融交易体制的完备支持国家经济体制的完善，以金融交易安全保障国家经济安全。

（三）金融监管与国家经济安全

金融监管是指以中央银行为首的监管机构对金融交易行为主体、对象和具体行为做出的禁止与限制。与金融交易相比，金融监管属于宏观的范畴；与金融调控相比，金融监管属于防范性的范畴。

我国金融监管体系是随着银行体系的建立而建立的。自从1978年改革开放以来，中国人民银行与各商业银行的业务开始分化，自1984年开始，中国人民银行重新独立地行使中央银行的职能，商业银行负责储蓄和贷款，而中央银行负责货币的发放、货币政策的制定以及其他金融业务的开展，以对商业银行和货币的统一控制与管理来实现对银行业的监管。1992年是社会主义市场经济建立之年，也是证监会成立之年，1998年，保监会成立，2003年，银监会成立，从此，"一行三会"的局面正式形成。直至2015年，全国人大常委会委员、财经委副主任委员尹中卿建议：待条件成熟，"一行三会"有待合并为统一的综合监管机构。2018年3月13日，国务院发布机构改革方案，银监会和保监会合并，组建中国银行保险监督管理委员会，统一监管银行业和保险业。自此，中国金融监管的新框架正式落地，"一委一行两会"金融监管框架包括国务院金融稳定发展委员会、中国人民银行、

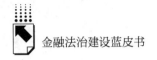

中国银行保险监督管理委员会、中国证监会。

金融监管是对金融安全的反向激励，把握金融市场的导向，防控金融风险，弥补金融机制漏洞，在放贷政策上对银行做出区间内的限制，以侧面鞭策，作用于国家经济，以金融监管反哺于国家经济安全。金融监管是巩固和促进国家经济发展的重头戏，在金融安全法治战略构建的过程中，大部分法律问题都要从监管的角度来切入。

但是，在如今的市场经济体制下，我国的金融监管体制主要存在"监管重叠"和"监管真空"两大棘手的问题，这一方面使得我国的金融监管体系冗杂，庞大的金融监管机器停滞，另一方面使得部分新型的互联网金融平台和新式金融公司无人监管也无力监管，成为金融市场成熟和健全的瓶颈，衍生出层出不穷的经济安全保障新问题。

当前金融监管秩序混乱，亟待金融秩序的合并和重组，以后金融监管不仅仅是"一委一行两会"的任务，在整个监管过程中，财政部就地方财政拨款或者部门财政拨款，国资委涉及对国有资产的有效管理，公安部涉及对金融违法犯罪尤其是近年来的网络金融犯罪的有效监管。

二　金融市场的隐患剖析

习近平总书记在全国金融工作会议上提到：必须加强党对金融工作的领导，坚持稳中求进工作总基调，遵循金融发展规律，紧紧围绕服务实体经济、防控金融风险、深化金融改革三项任务，创新和完善金融调控，健全现代金融企业制度，完善金融市场体系，推进构建现代金融监管框架，加快转变金融发展方式，健全金融法治，保障国家金融安全，促进经济和金融良性循环、健康发展。

无论是"一委一行两会"还是与金融活动相关的财政部、国资委、公安部甚至司法部门，都对金融安全有一定的监管义务。在金融宏观调控上以金稳委、央行为主导，银保监会、证监会相配合。在整个金融活动过程中，金融市场存在各种隐患和问题。在金融安全调控和金融安全监管的双管机制下，问责机制应逐渐构建和完善。机构问责、监督问责、规制问责、预算问责制度安排以及同体问责制度安排，是金融监管治理体系的重要问责制度。[1] 近年来，我国金融市场也出现过诸多问题，其隐患可以列举如下。

（一）金融监管力度有待进一步加大

党的十八届三中全会《关于全面深化改革若干重大问题的决定》指出，使市场在资源配置中起决定性作用。然而，到底如何保障市场在资源配置中起到决定性而不仅仅是基础性的作用，这取决于社会主义市场经济中价格机制、竞争机制、供求机制、风险机制多方面的影响。价格机制是市场的"指挥棒"，竞争机制是市场的"催化剂"，供求机制是市场的"杠杆"，风险机制是市场的"底线"。往往是风险机制的鞭策不到位，导致市场经济中大量的企业减产、倒闭，直至紧逼破产的底线。[2]

金融监管的失控、金融安全的破坏、金融秩序的紊乱，带来的不仅是市场竞争的失范，也可能引发一系列违法犯罪的后果。2017 年，全国非法吸收公众存款犯罪有近 6000 起，其中河北、山西、江苏、浙江、福建、山东和河南是重灾区。金融监管应当如何介入市场，一直是经济领域一个老大难的问题，"不管就乱，一管就死"是金融监管面临的最大问题，金融监管的力度和范围，是一个应当明确的问题。随着市场在资源配置中的作用越来越大，对民间资本的监管以及对金融主体的限制是一门立法艺术，也是一门司法技术。金融监管不到位，是引发金融安全问题的原因之一。

（二）金融市场资产质量不高

随着互联网金融的兴起，点对点网络借贷（P2P）演变成民间小额借贷的新型方式。与传统的融资平台相比，P2P 互联网金融具备成本低、效率高、覆盖广、发展快等优点，但同时也具备管理弱、风险大等弊端。2015

---

① 张晓静：《国际金融机构的公众问责制》，《法学家》2014 年第 1 期。
② 张琳琳、蒋盼：《我国国债期货市场的定价效率研究——基于不同风险机制下的经验证据》，《产业经济研究》2016 年第 6 期。

年底，银监会等各部门联合起草了《网络借贷信息中介机构业务活动管理暂行办法》，结合当前市场经济的特点，确定网络贷款行业监管以自律为主，以行政监管为辅。

2012年伊始，中国的网贷平台如同雨后春笋，蓬勃发展。但是，无论是线下金融，还是线上金融，金融市场的资产质量都较低。金融市场资产的运行质量低下，是导致金融市场风险隐患的根本原因。对于现阶段互联网借贷平台的规范和限制，我国并未明确立法。金融行为的失范，将导致金融市场资产的不断下滑。在网络借贷业务范围内，对哪些行为应当放开甚至是鼓励以活跃金融市场，对哪些行为应当有所引导，直接关乎金融资产的有效沉淀和有序运作。《网络借贷信息中介机构业务活动管理暂行办法》明确了P2P平台的12项禁止性行为，对发放贷款、融资项目的期限、理财产品的发售、提供融资中介服务等行为做出了限制。

（三）金融科技监管偏松

随着网络化、信息化时代的到来，以互联网金融为代表的金融科技逐渐深入我们生活的方方面面。根据巴塞尔银行监管委员会的分类，金融科技可以分为支付结算、存贷款与资本筹集、投资管理和市场设施四类①，以互联网为科技支撑，居民的存贷渠道、投资渠道和支付渠道更加畅通。在2018年1月15日~16日召开的第十一届亚洲金融论坛上，与会人员达成共识：以区块链和人工智能为代表的新兴技术可能会重塑整个金融业态。②

金融科技的日新月异，不仅让科技创新与实体金融赛跑，也带来了风险防范和监管的新挑战。有学者指出：确立金融科技监管，应当为实体经济服务，在监管上，给予明确的限度，在市场周期上，给予明确的预期，有的放矢地进行管理。

2017年发布的《美国金融科技考察报告》指出，中国金融科技发展的

---

① 李文红、蒋则沈：《金融科技（FinTech）发展与监管：一个监管者的视角》，《金融监管研究》2017年第3期。

② http://news.cnstock.com/news, yw-201801-4176734.htm.

规模超过了美国，但是在金融科技监管上仍然存在严重问题，总结起来，有以下几个方面：第一，从监管对象来看，传统金融监管仍然不足，监管市场呈现较大真空；第二，从监管力度上看，监管相对比较宽容，与互联网的普惠性难以协调；第三，从监管效果来看，监管行业所呈现的效果参差不齐，第三方支付的监管较为成熟，但是网络贷款的监督特别混乱，股权众筹因为市场的缺乏更是缺乏监管的投入。①

监管是应当具备预计性和前瞻性的活动，由于鼓励金融创新，在过去的几年中，我们对金融科技的监管更多是"包容性"的监管。② 在往后的金融科技监管模式中，应当构建起穿透式监管，以功能监管为手段，对金融风险进行防控，对混合经营业务的资金来源、走向和中间运作环节进行全方位的把控。③

在金融科技兴起的同时，一系列法律问题有待解决：除却个人隐私和企业的商业秘密，还涉及电子数据的所有权以及知识产权归属的判定。在金融科技监管的策略上，应当提高金融信息的透明度，在注重涉密信息的同时，保证大数据分析的正常运营。以合理、适当的法律法规介入金融科技的监管和调控，任重而道远。

（四）金融腐败问题突出

当前，金融腐败呈现群体化、高官化和隐蔽化等特点。④ 金融交易和管理的失范行为，通常情况下不是一人所为，而是多人所致。全国金融系统缺乏整体化、科学化的监督体系，加之网络犯罪的隐匿化，给金融腐败问题创造了滋生的环境。就金融机构外部而言，证监会、银保监会平面铺

---

① 《专家建议：加强金融科技全方位监管》，http：//money. 163. com/17/1106/07/D2HSI1Ⅱ 002580S6. html
② 杨松、张永亮：《金融科技监管的路径转换与中国选择》，《法学》2017 年第 8 期。
③ 张郁：《商业银行资产管理业务的穿透式监管：本质、难点及对策》，《南方金融》2017 年第 10 月。
④ 魏博洋、王朝、冉启涛：《我国金融腐败问题及法律对策》，《合作经济与科技》2013 年第 3 期。

开，进行业务监管，中国人民银行和外汇管理局纵向整合，进行资金监管。机构与机构、部门与部门之间缺乏沟通与协作，不仅造成金融反腐资源的浪费、业务的交叉和不明确，也容易在权力缝隙中孕育出金融腐败的新问题。就金融机构内部而言，专门的监督机构缺失和设立不到位，造成金融机构内部的腐败问题无人监管也无力监管，不少机构内部岗位职责设置杂糅，有些高层管理既是金融监督的执行者，又是监督的对象，金融反腐工作难以开展。

（五）新型金融犯罪激增

随着互联网金融的立体化推进，新型金融犯罪逐渐出现在人们的视野中。"网络洗钱"是近年来的热词，涉及金融的贪贿类、走私犯罪，从现金交易逐渐演变为在线转账，并且以合法的收益外观来掩饰。黑色收益的隐匿性，决定了经侦工作的复杂性。随着在线支付的盛行，非法经营、金融诈骗，对金融机构的盗窃成了传统金融犯罪的几种重要异化形式。

近几年，互联网金融洗钱主要有五种形式：赌场洗钱、地下钱庄、艺术品拍卖、服务行业的虚假交易以及保险洗钱。[①] 大多数赌博网站无人监管，也缺乏对用户的实名登记，因此很多犯罪集团先将上游犯罪的收益存进在网站上开设的账户，然后通过赌博将账户的钱赎回来。在洗钱交易中，比较有代表性的是"比特币"洗钱，因为电子货币的无形性和可逆兑换性，司法机关很难检测到行为人户头上的资金变动，整个过程极难侦查。[②] 近几年兴起的网络贷款，虽然在注册和使用前必须进行"实名制"登记，甚至需要人脸识别，但是在登记的过程中也极易造假，有可能信息的注册者和账户的使用者并非同一人，这也给侦查工作带来了许多不便。

随着互联网在线支付的广泛使用，其也引发了一些新型的网络犯罪，互

[①] 施余兵、艾逦姗：《新技术在网络洗钱中的应用及中国的应对》，《北京政法职业学院学报》2012 年第 4 期。

[②] 潘迪、高伟伟：《互联网金融反洗钱——以比特币为例》，《重庆科学院学报》（社会科学版）2017 年第 9 期。

联网犯罪的隐蔽性和反侦查性都是相通的，但是在罪名的适用和量刑上，学界还存在一定的争议，是金融诈骗、普通诈骗，还是盗窃行为，学界还没有定论。性质的认定直接决定了犯罪的社会危害性大小，以及量刑幅度的选择。当然，这是纯粹从法律适用问题上进行的讨论。移动互联网支付涉及的犯罪形式主要表现为三种：第一种是窃取受害人存储在第三方平台（电子钱包）中的资金；第二种是窃取受害人第三方平台所绑定的借记卡或者信用卡中的资金；第三种是更换商家的二维码，让本应当支付给商家的款项流入不法分子的手里。此外，很多人缺乏有效的密码保护措施，其信息容易在购物时被他人捕捉，这也充分表现出在线支付的主要障碍和短板。

另外，电信诈骗一直是新型网络犯罪的重灾区，诈骗对象主要是以大学生为主体的年轻人和 50 岁以上的中老年人。冒充公检法和熟人诈骗、兼职诈骗、考试诈骗、校园贷诈骗、投资返利诈骗等是近年来电信诈骗的主要手段。[①] 2012 年，中国第一例"伪基站"诈骗案件爆发，其后，"伪基站"诈骗案件频发，成为新型金融诈骗罪的主要手段之一。《刑法修正案（九）》第 30 条把擅自设立无线电站，或者擅自使用无线电频率干扰无线电通信秩序的行为纳入刑法调整，严厉打击设立伪基站的行为，公安部在 2016 年也与腾讯达成反诈骗战略合作，部署"麒麟"系统，对违法设立电信频率干扰设备的行为，以及非法获取个人信息的行为进行联合打击。

（六）涉外金融犯罪严重

在过去十几年里，我国的涉外金融犯罪主要包括以下几个方面的表现：其一，通过虚假的信用证，与境外不法人员勾结，骗取巨额货款或者物资，或者逃避巨额税款，2002 年深圳的泰明公司诈骗案就是一起典型的涉外信用证诈骗案；其二，虚构国际期货的交易项目或者交易信息，切断客户真实交易的渠道，为己所用以实施骗局；其三，利用作废或者国企的信用卡跨境

---

① 杨旺：《"互联网＋"环境下大学生防范网络电信诈骗有效路径研究》,《广西科技师范学院学报》2017 年第 4 期。

消费，或者使用窃取或者骗取的信用卡支付消费；其四，以银行保函为外观，利用外汇受托的佣金，骗取巨额钱财；其五，境外恐怖活动组织或者黑社会活动组织，为掩盖黑色经济利益而实施洗钱活动。①

涉外金融犯罪作为国内金融犯罪的补强和掩护，具有隐蔽性、有组织性和有计划性等特征，侦查工作往往难以开展。迈入网络化、信息化时代后，涉外金融犯罪随之而来，同时带来的还有取证难、管辖难等问题。涉外金融犯罪通常情况下借助信用证或者信用卡，涉及信息安全和境外交易失范行为的，往往伴随着电子证据的采集，这一类电子证据极易被更改，并且容易被损坏，在刑事诉讼中的证明力较弱。另外，涉外犯罪涉及多个犯罪主体的配合和联动，如果涉及互联网交易，其还具有与传统犯罪的不同之处，即不是行为与结果的分离，而是行为人与行为的分离。网络犯罪管辖难的问题，在涉外金融犯罪中大有体现。②

因此，对于涉外交易，侦查机关应当充分洞察异常交易，找出交易的破绽和漏洞；各跨国公司应当对资金的流向进行严格审查，明确资金的来源和去向。用经济手段来进行引导和调控，用行政手段和刑事手段来约束和制裁。另外，有效地升级网络金融系统和装备，也能对涉外金融犯罪起到一定的抑制作用，弥补涉外金融漏洞，降低涉外金融风险，以预防为主、以惩治为辅，防治结合，才能保证涉外金融良好的运作。

三　金融安全法治建设的战略构建

从微观上讲，金融安全一般指一个国家或者地区在货币资金融通上的安全；从宏观上讲，金融安全甚至关乎国家的安全。准确把握国际、国内金融形势，合理应对金融事态，全面防控和化解金融风险，是金融工作的重要任务。在微观层面上，我们应当从技术上维护金融安全，升级国家金融安全

---

① 魏晓光、张凯：《论我国涉外金融犯罪的特点及防控对策》，《湖北警官学院学报》2008年第2期；张筱薇：《涉外金融犯罪的预防与控制》，《犯罪研究》2006年第1期。

② 吴师法、徐立坤：《新时期网络犯罪管辖权研究》，《中国公共安全》2009年第1期。

机制的软硬件；在宏观层面上，我们应当从战略上长远地维护金融安全，加强金融风险防控，按照习近平总书记的要求，"形成全国一盘棋的金融风险防控格局"，构建稳定、健康、和谐、发展、可持续的国际、国内金融秩序。①

（一）推进金融创新，服务实体经济

金融创新是推动中国经济发展，促进金融活跃的原动力。随着互联网金融时代的到来，被誉为中国"新四大发明"之一的无现金支付，方便了人们的购物、交易、转账、融资等金融活动，也为网络众筹、网络借贷、网络理财提供了有效便捷的渠道。2015 年 7 月 17 日，习近平总书记在长春召开的部分省区党委主要负责同志座谈会的讲话中明确：要改善金融服务，尤其是要疏通金融进入实体经济，特别是中小企业、小微企业的管道。

2013 年 11 月，党的十八届三中全会提出：鼓励金融创新，丰富金融市场的层级和产品，以此为完善金融市场体系的重要内容。因此，融资方式的创新，是金融市场活跃以及金融渠道扩展的重要手段：以信贷融资拖动非信贷融资，以间接融资反哺直接融资，以正规金融引领民间金融。② 随着大数据时代的到来，金融领域内的"加减乘除"成了融资创新的新法则：第一，做好"加法"，提高金融服务的附加值，利用信息技术和人才资源，为金融客户提供个性化、增值化的服务；第二，做好"减法"，降低企业和自然人的融资成本，以"科学合理，公开透明"为原则，合理地收取税费和其他融资费用，对于融资的弱势群体，可以在保本保利的基础上提供融资服务；第三，做好"乘法"，以科技手段为依托，提高金融服务的效率，借助当前的互联网金融背景，推动金融服务模式的变革，拓宽移动网络融资和借贷的渠道，拓宽网络融资的覆盖面；第四，做好"除法"，建立运营成本的分担机制，将金融运营和金融监管的权力分散到城乡，形成中央与地方互利共

---

① 廖岷：《全球金融科技监管的现状与未来走向》，《新金融》2016 年第 10 期。
② 江乾坤、王泽霞：《中国民营企业集团跨国并购融资创新模式》，《技术经济》2012 年第 9 期。

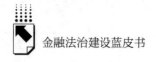

赢、优势互补的局面，保障中小金融机构对金融业务的话语权，也保障金融活动的稳健运行。①

所谓"百业兴则金融强"，金融的根基在于实体经济。只有活跃了实体经济，金融行业才能与实体经济相互促进、相得益彰。金融的活跃与稳健，是刺激实体经济的一把密钥。为了刺激和繁荣实体经济，中央应当进一步简政放权，把经营权下放到企业，一方面，保证中小企业以及小微企业经营的自主性；另一方面，以负面清单的管理模式对金融投资的禁区进行列举。实体经济与金融之间，如同肌肤与血液之间的关系，因此应当多方举措，多方位支持实体经济，尤其是作为我国实体经济重要组成部分的小微企业。第一，调整过高的利率，降低小微企业的融资成本。第二，调整过高的税率，减少重复纳税的环节，自 2016 年所有行业试点进行"营改增"后，确保税负只减不增。第三，简化行政审批的流程，合理分配当前市场上的贷款资源，放宽贷款的限制，拓宽贷款的渠道，以贷款的政策优惠刺激小微企业的投资。从小微企业投资相关数据上看，2015 年至今，互联网行业、电信行业以及 IT 行业的交易量分别居投资行业的前三位。②

（二）完善金融立法，依法治理金融

中国金融安全法制体系的建立，以及中国金融法治战略的构建，必须经历一个从对策到政策、从政策到法律的升华。我国当前金融立法的完善，应当把握好四个重要的市场：其一，在信贷市场上，界定间接融资的法律关系，明确存款人的风险责任，明确以银行为代表的金融机构的审慎义务和提示责任；其二，在证券市场上，注重交易公平的维护，适时披露金融信息，消除投资者和融资者的风险；其三，在信托市场上，明确金融中介机构以及委托人的法律责任，明确委托人的风险收益和法律责任；其四，在保险市场上，精算保险人的补偿能力，明确投保人的偿付风险。③

---

① 张逸：《"加减乘除"助推工业发展》，《当代江西》2015 年第 11 期。

② 张梓靖：《小微企业投资风险管理问题探析》，《中国集体经济》2017 年第 14 期。

③ 谷志威：《论金融监管立法原则》，《理论界》2006 年第 3 期。

在当前的金融环境下，经济全球化、金融开放化是一个大趋势，一方面，应当合理地放宽金融管制的限度，保护合法的外商投资，促进投资竞争和金融的良性发展；另一方面，应当对特定的国内金融进行保护，尤其对国内以文化、公益为对象的投资项目进行扶持，以维持我国现有的金融特色。金融主权是国家经济主权的核心，国与国之间的金融交易，必须有明确的范围和程度，加强国际以及区域间的金融合作，保障国家的金融主权和安全。当然，金融安全的构建还必须以可持续为重要原则，金融稳定和金融效率作为影响金融安全的两个重要因素，一个是前提基础，一个是价值追求，在金融法治战略的构建过程中不能厚此薄彼，而应当两者兼顾：在保持金融稳定的前提下，提高金融效率，构建和谐、健康、可持续的国内金融安全环境。

在金融立法的层次上，应当从民事立法、行政立法和刑事立法三个维度上展开。在民事领域的金融立法上，以补偿原则和公平原则贯穿其中，明确金融机构的风险提示义务，确立证券公司、会计公司以及律师事务所三方机构的审慎义务和披露义务，在信托市场里明确受托人的管理职责和法律责任，提示委托人的风险责任，明确保险人对投保人在偿付能力或者补偿能力上的提示。以多方网状的法律关系结构明确金融市场中的主体责任，以注意义务和提示义务为立法导向，连带责任和补充责任为民事责任的架构，构建起完善的金融民事法律体系。行政立法以调控作用为基石，以经济法或者社会法的视角进行审视。明确央行对商业银行在贷款上的把控，以指导为主，以禁止为辅，通过最高利率和浮动利率、信贷准入机制等手段来调控信贷市场；证监会以基金子公司的设立门槛、净资本的约束以及风险准备金的计提等相关规定来控制调整证券市场的扩张或者紧缩，银保监会应当对投资范围进行说明，对禁止行为予以处罚，改进监管模式，提升监管的权威性。刑事立法作为民事立法和行政立法的补充和后备，以刑罚手段为依托，净化金融市场，预防金融犯罪，对货币类犯罪、金融诈骗犯罪、擅立金融机构的犯罪、擅发金融凭证的犯罪进行坚决打击，对金融腐败犯罪进行坚决预防，把金融权力放在笼子里，形成不能

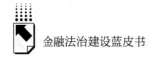

腐、不敢腐和不想腐的长期机制，查处洗钱犯罪的窝点，从根本途径上扼杀和抑制金融犯罪。

（三）加大执法力度，规范金融市场

随着中国的开放程度越来越高，全方位、多领域和宽层次成为经济改革和金融改革的必由之路，市场在资源配置中所起到的作用越来越大，金融执法力度应当如何强化、金融执法效果应当如何保证，必须立足于当下的中国金融态势。

随着 1995 年《中国人民银行法》《商业银行法》等一系列银行法律的颁布，金融信贷资产逐渐从财政化向市场化进行转变，这给国家融资带来了便利，当然挑战也并存。金融执法的弹性，是金融调控过程中必须把握好的一个关键。金融活，则经济活。金融执法力度的加大，前提在于金融市场的成熟化和规范化。对于市场融资、投资、进出口，商业银行应当在何种程度上实现共建与包容，又应当在什么样的情况下介入调控、在什么样的情况下动用惩罚手段，是随着市场经济的发展而不断变化的问题。在市场改革的过程中，金融改革和金融执法应当注意以下五个问题。

第一，注重金融法律法规与财政政策的配合与衔接，提高金融执法的有效性。随着"一委一行两会"金融监管框架的确立，我国的金融风险防控工作和金融执法工作由四驾马车同时拉动。2017 年，为实现金融执法的协调和监管短板的弥补，全国金融风险工作会议宣告成立。党的十九大提出了"不发生系统性金融风险底线"的要求。[①] 这就要求在上层建筑的建设上，以政策为导向，以法律为手段，注重财政政策与法律法规的有机结合，形成一套完善的、互补的金融法律法规和金融财政政策。

第二，严格划分政策性的金融业务和经营性的金融业务，让金融执法有证可查，有据可循。在繁杂交叉的金融调控分工上，统筹各金融部门的职能，明确政策性银行和商业性银行的业务范围，将调控、管理、经营、监督

---

① 董小君：《在借鉴国际经验中补我国金融监管体系的短板》，《理论探索》2018 年第 1 期。

以及核算等业务区别开来，从整体规划上明确职能归属，既能保障监管职权的覆盖和深入，又能在布局上合理安排，在职能授权上避免重复构建。

第三，强化银行系统的管理，以商业银行的内部管理为主体，以央行政策执法为依托。商业银行的管理，包括外部管理和内部管理。外部管理以央行的调控和导向为主体，内部管理以商业银行的运行规范为表现。央行应当严格按照《中国人民银行法》第四章及第五章的业务规范和监督管理规范开展工作；商业银行应当加强对存款人的保护，开展贷款业务和其他相关业务，建立分支机构的约束机制，制定合理合法的行业规章，形成"总行协调、分行负责"的总体运营模式。[1]

第四，大力开展金融法制宣传，普及金融法律知识。在金融机构改制的当下，不少老员工法律意识淡薄，新员工大局意识薄弱，因此金融法制宣传应当以新老员工为不同对象，以内部宣传和外部宣传为手段双管齐下。对于金融机构的老员工、老干部，应当向他们充分普及最新的法律法规知识，使他们能自觉执法，用法律武器来捍卫金融安全；对于新员工，应当向他们普及国家的宏观政策以及金融风向，让他们能够把所学金融知识和法律知识与国家的金融政策结合，明确在金融执法过程中的幅度和底线。

第五，提高执法水平，统筹执法依据的刚性和执法手段的柔性。金融执法，作为行政执法的一部分，必然存在一定的裁量范围和裁量幅度，执法机关应当以规范市场为原则和导向，对个案进行综合全面的把控，增强执法的严肃性，保障金融主体的合法权利。在金融活动中严格区分合法与违法的界限，对"灰色地带"进行合理把控和裁断，以分析总结为日常，监督检查为补充，全面提高执法水平。

（四）强化金融监管，健全工作机制

2017 年是我国金融的监督管理转折之年，截至年底，行政机关查处的

---

[1] 鄢秉松：《论金融执法中的法规冲突与自由裁量权行使——基于金融统计执法案例》，《福建金融》2017 年第 12 期。

金融违法案件有 2700 余件，罚没的金额超过 80 亿元。为响应党的十九大号召，体系性的金融监管是接下来几年金融监管的趋势和走向。如何把握金融监管的系统性基调，以金融监管的体系性谋篇布局，开展各领域各行业的金融工作，是金融监管工作机制构建的首要话题。

2017 年 4 月 25 日，中央政治局会议以"维护国家金融安全"为主题，提出了包括"加强金融监管"在内的 6 项任务；7 月 24 日，提出"整顿金融乱象"；12 月 18 日，提出化解重大风险的防范机制，让金融市场服务于实体经济；在 7 月召开的全国金融工作会议上，国务院设立了金融稳定发展委员会，对系统性的金融风险进行防范和问责，首次提出"监管长牙齿"，明确"有风险没有及时发现是失职、发行风险没有及时提示和处置是渎职"①，确立终身问责制、倒查责任，严控地方政府的举债问题。在党的十九大报告中，金融发展的聚焦点不再是创新，而是维稳，服务于实体性产业，以防范系统性风险为金融活动的底线。在年末的中央经济工作会议中，"防范和化解金融风险"与"精准扶贫""污染防治"被列为三大攻坚战，金融风险的防范与化解作为重中之重，目标是促进金融体系的良性循环。

细数近两年来金融监管相关的法律法规文件，较为突出的可以列举如下。

2016～2017 年，财政部先后出台《金融企业绩效评价办法》《关于进一步加强国有金融企业股权管理工作有关问题的通知》，并且与五部委联合发布《关于进一步规范地方政府举债融资行为的通知》，旨在提高企业经营管理水平以及国有股权的管理效率，加强政府与社会资本方的业务合作；从活跃性和持续性上对金融活动进行正向监管，从融资的渠道和资金的流向对金融安全和经济安全进行把握，保障国民经济的正常运营。

2017 年 11 月，央行牵头，与证监会、银监会、保监会、国家外汇管理局共同发布《关于规范金融机构资产管理业务的指导意见》（征求意见稿），作为金融稳定发展委员会成立后的首份重要文件，对于其他金融领域法律法规的制定有着提纲挈领的作用，明确了几项重要的监管内容：其一，对投资

---

① 周延礼：《深化保险改革防范金融风险维护金融安全》，http://www.cs.com.cn/。

者的要求进一步提高，资管产品的标准进一步统一；其二，改变理财的管理模式，实现兑付的净值化管理；其三，打破金融机构之间的刚兑通道；其四，升级资金管理的流动性，规范市场资金池；其五，细化和提高资金产品设计的分级；其六，加强和完善理财与同业存单的监管；其七，整顿和规范以"校园贷"为首的"现金贷"等行业乱象，防范潜在风险。

在银行业的其他方面，信托业务风险、理财风险和套利行为严重危及金融安全和国家经济安全，对维持国家金融的正常秩序形成了一定的隐患。2016 年伊始，银监会先后印发《进一步加强信托公司风险监管工作的意见》《2016 年商业银行理财业务监督管理办法（征求意见稿）》《关于开展银行业"违法、违规、违章"行为专项治理工作的通知》《关于开展银行业"监管套利、空转套利、关联套利"专项治理工作的通知》《关于开展银行业"不当创新、不当交易、不当激励、不当收费"专项治理工作的通知》。这些文件的颁发，旨在对银行信托项目的推出进行严格限制；设置银行理财门槛，对投资端加大限制；扫除银行监管的盲区，进一步加强银行业监管；对交叉性的金融产品套利进行防治，对银行违规交易进行整治。

在保险业方面，保险资产通道的疏通、保险资产投资范围的明确以及监管权威性的提升，是金融安全长期机制构建的重要路径。构建好保险金融安全的长效机制，才能确保国民经济健康、有序的发展。2016～2017 年，保监会印发了《中国保监会关于清理规范保险资产管理公司通道类业务有关事项的通知》《关于加强组合类保险资产管理产品业务监管的通知》《关于弥补监管短板构建严密有效保险监管体系的通知》，明确了新老保险业务资质，提升了保险监管体系的效能。

在证券业方面，资金母公司对资金子公司净资本的控制和约束，是市场投资体系架构的重要联动；证券从业资格人员的竞业禁止和责任机制还有待明确；通过证券买卖实现金融调控和监管，保障金融安全，是国民经济安全的重要保证。2016～2017 年，证监会出台了《基金管理公司子公司管理规定》《基金管理公司特定客户资产管理子公司风险控制指标管理暂行规定》《证券期货经营机构落实资产管理业务"八条底线"禁止行为细则》《关于保本基金的指导意见》《上市公司股东、董监高减持股份的若干规定》，旨在对资金母公司对资金子公司的资本控制、资产管理者的职责、保本基金的运行规范以及相应持股人员的股份减持规则予以明确。

（五）惩治金融犯罪，宽严相济预防

金融犯罪涉及的领域较多，大致可以分为四类，第一类是金融货币类的犯罪，以伪造、变造货币或者使用、持有假币为主要的犯罪手段；第二类是金融诈骗类犯罪，以刑法分则第三章第五节所列举的金融诈骗罪的罪名为例；第三类是金融贪贿类犯罪，主要以金融机构内部的贪污受贿或者职务侵占为主要表现；第四类是其他违反金融管理秩序的犯罪，主要以擅自设立金融机构，违规披露、不披露重要信息，或者为金融犯罪实施洗钱的犯罪行为为表现。在四类金融犯罪中，对金融安全影响最为重大的是货币类犯罪和金融诈骗类犯罪，因为货币的管理涉及资本市场的宏观调控，金融诈骗犯罪则扰乱了金融交易市场的秩序。

根据法律文书网的数据，2016~2017年，货币类犯罪呈现下降的趋势：2016年案件审理数量为2969件，2017年案件审理数量为2106件，同比下降29.1%。在全国范围内，广东省、福建省、安徽省、江苏省为重灾区，在过去的两年里，四省法院审理的金融货币类刑事案件分别为248件、177件、148件和137件。在各类案件中，法院审理的伪造货币的案件从2016年的255件下降到166件，同比下降34.9%。持有假币的案件总量从2016年的497件下降到323件，同比下降35.0%。相较之，变造货币的刑事案件虽然两年的审判数量都不多，但是2017年却有所上升：2015年和2016年全国审判的变造货币案件均只有1例，2017年却发生了6例，其中江西2例，浙江、安徽、湖南和广东各1例。随着移动无现金支付时代的到来，网上购物、扫码交易成为现在年轻人消费的主流。货币类案件数量的减少，并不意味着货币类案件的预防和打击可以松懈，在司法部门把更多的注意力放在网络犯罪打击和惩治的前提下，伪造或者变造货币的犯罪活动仍然时有发生。无现金支付的方式虽然减少了现金交易的机会，也衍生出了新型金融诈

骗方式。

移动支付带来的最大问题是，扫码支付可能引发一系列的金融诈骗行为。根据相关数据统计，2016 年，全国上下审判的信用卡诈骗罪有 15224 例，2017 年有 10868 例，同比下降 28.6%，经过重拳整顿和预防金融犯罪，信用卡诈骗犯罪在一定程度有所遏制，但是，沿海一带仍然是重灾区。从 2017 年反映的相关数据上看，福建省涉及的信用卡诈骗案件有 1131 例，广东省涉及的信用卡诈骗案件有 831 例。在其他各类金融诈骗犯罪案件中，2016 年的保险诈骗罪案件为 841 例，2017 年为 656 例，同比下降 22.0%；贷款诈骗罪 2016 年为 1192 例，2017 年为 828 例，同比下降 30.5%；票据诈骗罪 2016 年为 1018 例，2017 年为 678 例，同比下降 33.4%；金融凭证诈骗罪 2016 年为 179 例，2017 年为 104 例，同比下降 41.9%；有价证券诈骗罪 2016 年为 7 例，2017 年为 10 例，同比增长 42.9%。从总趋势上来看，在全国上下大力打击金融犯罪的政策背景下，金融诈骗罪案件有所减少。

在近几年的司法实践中，集资诈骗罪和非法吸收公众存款罪的适用，被刑法学界广为关注。根据相关统计数据，非法吸收公众存款 2016 年的案件量为 16397 例，2017 年为 18839 例，同比增加 14.9%，在 2017 年的非法吸收公众存款案件中，江苏省、浙江省、山东省的案件数量都超过了 1000 例，河南省超过了 2000 例，而四川省超过 3000 例。与之相比，集资诈骗罪的受案率则比非法吸收公众存款罪低很多。根据相关数据，集资诈骗罪在 2016 年的案件量为 2395 例，2017 年为 2130 例，同比下降 11.1%。2017 年，江苏省、浙江省、河南省和广东省案件数量居前，都超过了 150 例。可以看出，集资类的诈骗在江浙等沿海省份比较常见。近年来，非法吸收公众存款的案件数量增加，集资诈骗罪的案件数量减少，司法机关在进行司法认定时，一方面要保障投资者、理财者的资金安全，让犯罪分子最终落入法网；另一方面也要注意宽严结合，充分考虑刑事被告人的罪名选择和量刑适用，即一方面大力打击非法集资的行为，另一方面严格认定行为人的主观方面，在证据上主张非法占有目的的有无，在鼓励投融资的金融环境下，以刑法的谦抑性为原则，以最大限度保护刑事被告人的人身权益。

对于金融犯罪的源头和流向，司法机关应当重拳出击，保护金融法益，减小甚至消除经济损失的潜在风险，杜绝更严重的金融犯罪。2017 年、2016 年，金融洗钱类犯罪案件分别有 58 例和 52 例，相比 2015 年、2014 年的 22 例和 28 例，几乎增加了一倍，这样的数据反映出在金融犯罪的流向上，司法机关捣毁了洗钱的渠道和窝点，净化了金融市场，让金融资金更透明、更干净。2017 年、2016 年，妨害信用卡管理的犯罪案件分别为 1344 例和 1301 例，相比 2015 年、2014 年的 749 例和 760 例，几乎也翻了一番。金融犯罪的预防，不在于惩治手段的严厉，而在于打击的覆盖面以及打击的程度，在源头上做好惩治，杜绝后患，才是刑事手段适用的初衷。

（六）加强金融审判，维护金融安全

金融审判，以司法手段为金融宏观调控和金融失范行为惩治的连接点，以审判者职业素养的提高为要求，以保障投资者、融资者的民事权益为使命，也以维护金融安全为初衷。比起金融政策的调控性和前瞻性，金融司法的裁量具有被动性和事后性，相比刑事措施的惩治性，金融审判有着多样性和分配性。2017 年 8 月，最高人民法院发布《关于进一步加强金融审判工作的 30 条最新意见》（以下简称《意见》），全文贯穿了全国金融工作会议上的讲话精神，也以实体经济为最终落脚点，以规范金融交易为最终指向。

加强金融审判，必须加强法官对于犯罪新问题、新案件的分析能力，提高法官的业务素养。《意见》中指出：以金融创新名义吸收公众存款或者集资诈骗，构成犯罪的，应当追究刑事责任能力，在司法活动中，非法集资的手段，逐渐从以前的专业化发展为当前的平民化，从以前的单一化发展为当前的复杂化。2017 年，警方发布的新型非典型集资手段中，网络平台集资表现最为突出，而 P2P 网络借贷、股权众筹又是网络集资的突出表现。此外，地方交易场所非法集资、房地产企业变相融资、虚拟理财产品非法集资、"养老"投资等是非法集资的其他重要手段。①

---

① 赵春燕：《最高法出台加强金融审判 30 条意见》，《民主与法制时报》，http：//www. mzyfz.com/。

加强金融审判，必须在民事审判领域强化法官保障投资人权益、活跃金融市场的意识。第一，必须坚守24%的利率底线，保护借款方的合法权益。贷款方以复利、违约金等为由主张超过24%费用金额的，或者其他费用过高，借款方向人民法院主张适当调减的，人民法院应当予以支持。第二，丰富担保类型，化解金融担保风险，拓宽小微企业的融资担保渠道。在物权和债权分庭而治的民法理论下，担保合同是意思自治原则下的产物，而担保行为必须遵循物权法定原则。在审判过程中，法院应当在担保合同有效而担保行为无效的情况下，充分保障债权人的利益。第三，充分审视合同的实质内容，以保障借款双方的权利和义务。在司法实践中，不少网络平台以融资、投资为名，在进行金融交易时更是以保障金缴纳为由，提高实体经济的融资成本。法院在审理相关案件时，应当对合同进行实质审查而非形式审查，确定合同性质，以确定双方的权利和义务。第四，确定好网络居间方的民事责任。新兴的网络借贷、网络众筹通常情形下没有固定的模板，只在软件安装时有让人忽视的"权利告知"，在审判过程中法院应当对其中规避平台责任的霸王条款裁定无效；另外，要注重对合同双方以及第三方的民事权利和义务进行实质审查，以防网络平台运营者以居间费用收取规避民间借贷24%的利率上限。第五，防范不具有金融资历的企业转贷牟利。相关企业是否具备放贷资格，或者其放贷行为如何认定法律效力，可以向有关司法部门提出司法建议，以避免无效贷款的发放。①

（七）开展涉外金融交流，加强国际金融合作

随着改革开放的不断深入，市场经济体制改革的不断推进，我国的涉外金融交流进一步深化，国际金融合作进一步加强。随着"走出去"的步子迈得越来越大，我们应当在涉外金融活动中立足于当下国情，进一步加大金融开放的力度。在涉外金融的合作过程中，也遇到过不少问

---

① 李志刚：《明确指导思想加强金融审判为建设现代化经济体系提供有力司法保障》，《人民法院报》，http://www.chinacourt.org/。

题和瓶颈：一是基础设施需求量过大，尤其是在电子信息、通信等基础设施建设上略显薄弱；二是相关地区金融体系不完善，金融市场开放程度较低；三是相关国家的国内政局和社会环境不稳定，难以开展有效的融资活动。①

为解决基础设施建设问题，中国银行浙江分行与中国进出口银行浙江分行向红狮水泥公司在老挝的项目提供融资支持，中国进出口银行浙江分行向柬埔寨和缅甸光纤公司提供信贷服务，以提高互联互通水平，畅通"信息丝绸之路"。目前，已经有 9 家中资银行在 26 个"一带一路"沿线国家中设立了 62 家一级分支机构，其中，与 22 个相关国家签署了本币互换协议，总金额高达 1 万亿元人民币。② 国外投资环境的营造、金融创新建设的推进、金融风险管理的强化以及信用体系建设的完善，是涉外金融交流和国际金融合作的主要途径。

为提升涉外贸易和涉外投资的便利化，全力打造和开放自由贸易区，同时利用好综合保税区的区域优势和平台优势。自 2013 年 9 月 29 日上海自贸区正式挂牌成立至今，我国已有 11 个自由贸易区，以负面清单的方式保障各国资金的流动性，在区域成员之间取消关税，以此提高贸易量，不断积累金融资本，提高区域生产效率。至今，我国已经有近 50 个综合保税区，将国外货物入区保税，区内企业之间不征收增值税和消费税，降低了进口的成本，提高了资金的流动性，整合了原保税区、保税物流园区以及出口加工区的多方外向型功能，负责国内外各项配送、采购、中转、加工等业务。

如果说自由贸易区的建设是为了打造"海上丝绸之路"，那么义乌小商品批发市场等推动的跨越式采购，则开创了"陆上丝绸之路"的先河，浙江义乌为"一带一路"倡议的新起点，交通银行浙江分行为义乌通往欧洲的专项融资提供了 4000 万元的流动资金贷款。各种网络购物平

---

① 魏华：《探析我国金融改革的方向》，《中国国情国力》2015 年第 5 期。

② 《发改委：中国将从五方面推进"一带一路"建设》，http：//e－pro. singlewindow. gov. cn/ newpolicy_ 43. html。

台，也开始开展跨境电子商务，打造"网上丝绸之路"，自2015年国务院同意在杭州设立首个跨境电子商务综合试验区后，我国其他的试验区如同雨后春笋，从1个增加到13个，通过线上的"单一窗口"和线下的"综合园区"相联动，实现当地政府、金融机构和企业在信息上的互通与共享。

在无法把控他国政局的前提下，我们要不断优化涉外金融服务环境，以内部举措来营造一个和谐、稳定的融资氛围。要不断创新对投融资的支持方式，实施全口径跨境融资宏观审慎管理政策，降低对外融资的成本，取消企业外债的事前审批，解决融资难的问题。在金融服务能力上，做出国别与行业的正确判断，为"一带一路"倡议保驾护航，不断创新管理机制，以新手段应对新问题，如招商银行杭州分行设计出"特险易"这一避险产品，旨在规避信用风险，保障交易安全。

（八）坚持党对金融工作的领导，打造高素质金融队伍

在第五次全国金融工作会议中，习近平总书记指出，必须加强党对金融工作的领导。自1978年改革开放以来，我国的金融改革也走出了一条有中国特色的道路，在这个过程中，坚持党中央、国务院对金融工作的领导，是金融工作有序开展的重要保障。中国的金融工作应当跟上时代的步伐，在经济市场化逐渐深化的今天，党中央的每一个重要决策都立足于中国的金融现状，一切从实际出发，全面部署各项金融工作。

自1997年首次召开全国金融工作会议以来，每隔五年召开一次，到2017年，已经召开5次。党中央在金融工作方面沉着部署，结合一定的时代背景做出了正确的领导决策：建立与社会主义市场经济相适应的社会主义金融体系，加快商业银行的改革步伐；重点推行和试点农信社的改革，提出"必须把银行办成现代金融企业"；深化国有商业银行改革，完善农村金融体系，发展资本市场和保险市场；金融服务实体经济、风险防控和深化金融改革三位一体，明确国家金融发展的方向。

参考文献

［1］冯锐、刘思义、冯一帆：《法律制度对区域金融发展的影响——基于中国〈证券法〉的分析》，《经济研究导刊》2018 年第 1 期。

［2］李怡然、侯璐：《完善我国互联网金融监管法律制度的路径探析》，《经济师》2018 年第 4 期。

［3］安子靖：《我国互联网金融监管面临的法律问题与对策》，《时代金融》2018 年第 8 期。

［4］许多奇、埃米利奥阿福古利亚斯：《中国金融稳定性监管变革的法律框架》2017 年第 5 期。

［5］袁开宇：《中国金融监管模式的选择》，《中国法律评论》2017 年第 2 期。

［6］丁冰：《论从法律角度应对金融风险的策略》，《中外交流》2017 年第 2 期。

［7］李求轶：《中国版金融商品交易法的理论体系和立法框架》，《证券法律评论》2017 年第 1 期。

［8］马玉荣、李佩珈、邓海清、郑联盛：《中国金融监管框架谋变》，《中国经济报告》2017 年第 9 期。

［9］张涵：《金融科技给监管体系带来新挑战》，《中国国情国力》2017 年第 8 期。

B.10
金融欺诈问题研究

马丽仪*

摘　要： 近年来，金融欺诈问题频发，给社会带来巨大的经济损失和风险，引起政府和社会各界的高度重视。本报告共分为两部分，第一部分是金融欺诈数据，基于大数据技术挖掘网络舆情数据，分析了2016~2017年网络媒体对金融欺诈的关注度趋势、年度金融欺诈主题和金融欺诈热点话题；调研了360互联网安全中心、猎网平台和中国反钓鱼网站联盟等专业安全机构对电信诈骗、P2P网贷诈骗、仿冒网站欺诈、非法集资、网络诈骗、信用卡和银行卡欺诈等主要欺诈类型的年度发案状况统计。第二部分是规制，系统梳理了国家主管部门对电信诈骗、P2P网贷、第三方支付、非法集资、互联网金融、保险欺诈等的相关监管措施。

关键词： 金融欺诈　电信诈骗　P2P网贷欺诈　数据　规制

一　相关数据

本节分为两部分："网络舆情数据"和"机构统计数据"。其中，第一部分"网络舆情数据"基于大数据技术，对2016~2017年网络媒体关于

---

* 马丽仪，北京联合大学管理学院副教授，硕士生导师。主要研究方向为风险管理、大数据管理决策。

金融欺诈的相关报道进行了统计、分析和挖掘，可视化地展示了年度媒体关注度趋势、年度金融欺诈主题、年度金融欺诈热点话题；第二部分"机构统计数据"则基于权威机构（如最高人民法院、中国银监会、中国人民银行等）、专业商业机构（如360、艾媒咨询、第一网贷等）和互联网门户（如搜狐网、和讯网、东方网等）等发布的金融欺诈数据做了系统揭示和梳理。

（一）网络舆情数据

2016年，共计566家主流媒体发布了2791条与金融欺诈相关的报道，主要媒体包括网易、新浪财经、腾讯财经和搜狐财经等。2017年，共计532家主流媒体发布了2003条与金融欺诈相关的报道，主要媒体与2016年相同。

2016年和2017年网络媒体对金融欺诈的关注度趋势如图1和图2所示。

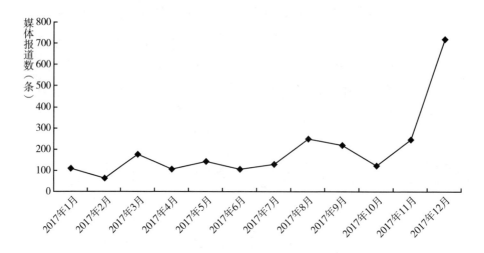

图1　2016年网络媒体对金融欺诈的关注度趋势

对2016年和2017年网络媒体报道的文本信息进行分词处理，然后以"欺诈"和"诈骗"为关键词，制作词云图如图3至图6所示。由图3至图6可见，2016年和2017年的最高频主题都是"电信诈骗"，2016年的热点话题是"电信诈骗案件"，2017年的热点话题是"电信网络诈骗"。

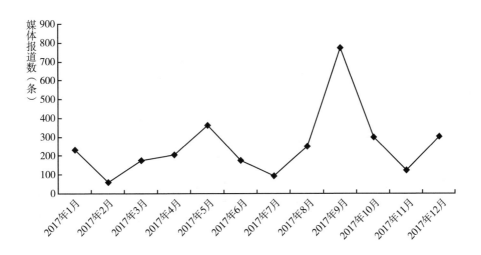

图2　2017年网络媒体对金融欺诈的关注度趋势

图3　2016年金融欺诈主题词云图

（二）机构统计数据

1.电信诈骗

2016年以来，我国陆续发生了几起在校学生被骗走学费而导致猝死或自杀的电信诈骗案件，影响极其恶劣，引起了社会强烈关注。非法使用

图 4 2017 年金融欺诈主题词云图

图 5 2016 年金融欺诈热点话题词云图

"伪基站""黑广播"设备，非法获取、出售、提供公民个人信息，帮助转移诈骗赃款等上下游关联电信诈骗犯罪不断蔓延。① 电信网络诈骗犯罪严重侵犯群众的财产安全和其他合法权益，严重干扰正常的电信网络秩序，严重

---

① 《关于办理电信网络诈骗等刑事案件适用法律若干问题的意见》，http：//blog. sina. com. cn。

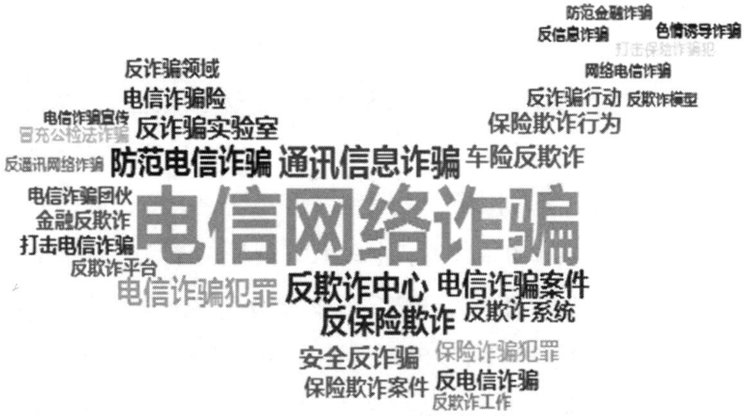

图6 2017年金融欺诈热点话题词云图

破坏社会诚信，严重影响社会和谐稳定，实属一大社会公害。① 2016 年 1 月至 11 月，全国共破获各类电信网络诈骗案件 9.3 万起，查处违法犯罪人员 5.2 万人，同比均成倍增长，并打掉一批境外犯罪窝点。

据 360 公司公布的数据②，2016 年 8 月，360 手机卫士共拦截诈骗电话 4.45 亿次，平均每天拦截诈骗电话约 1435 万次。在用户接到的所有诈骗电话中，虚假的金融理财诈骗和身份冒充诈骗所占比重较大，分别达到 43.2% 和 25.2%。而在身份冒充类诈骗中，冒充电信运营商、冒充领导和快递位列前三，占比分别为 26.0%、21.2% 和 14.3%。固定电话、400/800 电话和手机是三大诈骗电话的号码源类型，基于这三大号码源呼出的诈骗电话数量分别占所有诈骗电话呼叫量的 56.0%、27.1% 和 15.4%，另外有 1.2% 的诈骗电话来自境外呼入。iiMedia Research（艾媒咨询）发布的报告显示③，近七成的受访用户表示银行账户、密码和手机号等隐私信息被窃取过；22.0% 的用户表示收到过仿冒银行的短信；非法链接恶意广告推广、盗

---

① 《关于办理电信网络诈骗等刑事案件适用法律若干问题的意见》，2016 年 12 月 20 日，http://www.mps.gov.cn/n2254314/n2254409/n4904353/c5580478/content.html.

② 360 互联网安全中心：《2016 中国电信诈骗形势分析报告》。

③ iiMedia Research（艾媒咨询）：《2016 年中国电信诈骗事件分析报告》。

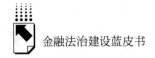
偷流量占比约为16.7%。

2. P2P网贷欺诈

经过一年多的整治，P2P网贷发展多年来呈现出的"快、偏、乱"野蛮生长三大乱象已经得到根本性改变。[①] 2017年全国P2P网贷问题平台（包括主动停止经营、提现困难、失联跑路等）增速大降，从过去的300%以上，下降到2017年的30%以下。全国P2P网贷累计问题平台数量，2013年底至2017年底分别为75家、362家、1518家、2456家、3192家，2014年至2017年环比增长率分别为382.67%、319.34%、61.79%、29.97%。网贷问题平台的良性退出大增，从过去的10%以下，上升到2017年的40%以上，2017年下半年上升到接近60%。

截至2017年底，累计问题平台（特别风险预警平台）3192家，占全国P2P网贷平台总数7257家的43.99%。尽管问题平台大都是短命的小平台，但还是给投资者造成了一定的损失。

3. 仿冒网站欺诈

中国反钓鱼网站联盟公布的数据显示[②]：2016年我国钓鱼网站量为147211例，数量较2015年同比增长150.96%；移动互联网的钓鱼行为占比超过了传统互联网，达51.95%，成为钓鱼攻击新趋势。[③] 主要仿冒对象为淘宝、中国移动、各大银行等，所使用的域名主要有.COM、.CC、.PW、.NET，从.COM顶级域发现的钓鱼网站数量超过总量的一半，以64.24%的占比高居首位。2016年147211例钓鱼网站，其域名为8055位注册者所持有，平均每个注册者持有18例，注册者"huwei"持有的钓鱼网站数量最

---

① 深圳市钱诚互联网金融研究院（第一网贷）：《2017年全国P2P网贷行业快报》，http://www.p2p001.com/netloan/shownews/id/16590.html。

② 网络钓鱼，是指攻击者通过垃圾邮件、即时通信、社交网络等信息载体，发布欺诈性消息，骗取网络用户访问其构建的虚假仿冒钓鱼网站，意图引诱用户泄露其敏感信息（如用户名、口令、账号ID或信用卡详细信息）的一种网络犯罪行为。这种攻击方式已成为当前互联网最大的安全威胁之一。

③ 互联网域名管理技术国家工程实验室与国际反钓鱼工作组（APWG）、中国反钓鱼网站联盟（APAC）：《全球中文钓鱼网站现状统计分析报告（2016年）》。

多，高达 12239 个，其仿冒目标主要为中国移动、淘宝。截至 2017 年 12 月，中国反钓鱼网站联盟累计认定并处理钓鱼网站 410233 个。2017 年 12 月，涉及淘宝网、中国工商银行、小米、京东 4 家单位的钓鱼网站总量占全部举报量的 98.6%（见图 7）。其中，淘宝网处于钓鱼网站仿冒对象的第一位。从钓鱼网站所涉及行业分布来看，支付交易类钓鱼网站数量占 2017 年 12 月处理总量的比例最高，占到了 79.8%（见图 8）。

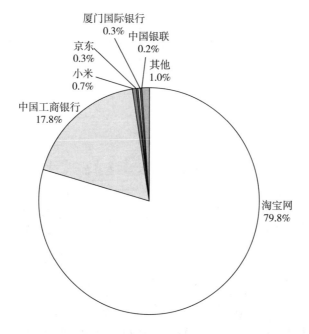

图 7　钓鱼网站仿冒对象分布

4. 非法集资

2016 年，非法集资案件高发势头有所遏制，非法集资案件数和涉案金额近年来首次出现"双降"，非法集资早发现早处置的良好局面正逐步形成，守住了不发生系统性风险的底线。①

据统计，2016 年全国新发非法集资案件 5197 起、涉案金额 2511 亿元，

① 汪闽燕：《案件数量金额"双降"》，《法制日报》2017 年 4 月 26 日。

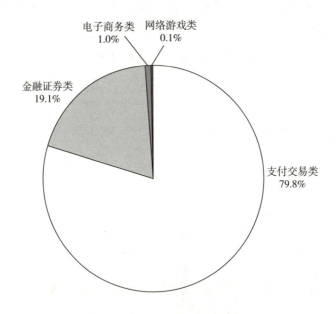

图 8　钓鱼网站涉及行业分布

同比分别下降 14.48%、0.11%。2016 年，非法集资发案数量前十位省份合计新发案件 3562 起、涉案金额 1887 亿元，分别占全国新发案件总数、总金额的 69%、75%。非法集资组织化、网络化趋势日益明显，线上线下相结合，传播速度更快、覆盖范围更广，跨区域案件不断增多，并快速从东部地区向中西部地区蔓延。民间投融资中介机构仍是非法集资重灾区，大量投资咨询、非融资性担保、第三方理财等未取得金融牌照的机构违法开展金融业务活动，严重破坏正常的金融市场秩序，此类案件占非法集资新增案件总数的 30% 以上。P2P 网络借贷领域非法集资案件增速回落。

5. 网络诈骗

2016 年，猎网平台共收到全国用户提交的网络诈骗举报 20623 例，总金额 1.95 亿元，人均损失 9471 元。与 2015 年相比，举报数量下降 17.1%，但人均损失却增长 85.5%。从用户举报数量来看，虚假兼职依然是举报数量最多的诈骗类型，共举报 4550 例，占比 22.1%；其次是网游交易 2738 例（占比 13.3%）、虚假购物 2649 例（占比 12.8%）。从涉案总金额来看，金融理财类诈骗最高达 7411.4 万元，占比为 37.9%；其次是赌博博彩涉案总金额 3067.4 万元，占比为 15.7%；虚假兼职涉案总金额为 2163.8 万元，占比为 11.1%。从人均损失来看，金融理财类诈骗也是最高的（37356 元）；而赌博博彩诈骗仅次于金融理财诈骗（26719 元），排名第二。从用户举报数量来看，11559 人主动给不法分子转账，占比 56.0%；其次有 7105 人在虚假的钓鱼网站上支付，占比 34.5%。在钓鱼网站上填写用户的账号、密码等隐私信息后，被盗刷的用户有 992 人，占比 4.8%。从涉案总金额来看，钓鱼网站支付，占比 56.4%，累计 1.1 亿元；其次受害者主动转账占比 39.3%，累计 7683.0 万元；钓鱼网站导致盗刷占比 3.6%，累计 700.1 万元。

2017 年第三季度，猎网平台共接到来自全国各地的网络诈骗举报 6172 起，涉案总金额高达 9102.4 万元，人均损失 14748 元。从用户举报数量来看，金融理财诈骗是举报数量最多的类型，共举报 1111 例，占比 18.0%；其后依次是虚假兼职 966 例（15.7%）、虚假购物 787 例（12.8%）、虚拟商品 701 例（11.4%）、网游交易 641 例（10.4%）。金融理财类诈骗同样是总金额最高，达 5128.5 万元，占比 56.3%；其次是赌博博彩诈骗，涉案总金额 1535.3 万元，占比 16.9%；身份冒充诈骗排第三，涉案总金额为 672.1 万元，占比 7.4%。从人均损失来看，金融理财类诈骗人均损失最高，达到了 46160.8 元；其次，赌博博彩诈骗为 36730.5 元；身份冒充为 12538.7 元。从用户举报数量来看，有 3966 人通过银行转账、第三方支付、扫二维码支付等方式主动给不法分子转账，占比 64.3%，其次有 1918 人在虚假的钓鱼网站上支付，占比 31.1%。从涉案总金额来看，钓鱼网站支付，占比 71.1%，累计 6475.0 万元；其次，受害者主动转账占比 28.8%，累计 2625.1 万元。

6. 信用卡和银行卡欺诈

2016 年，我国银行卡产业在发卡、交易、受理三方面均保持稳健增长，整体风险可控，但伪卡交易在欺诈损失中的占比有所上升。[①] 从 2016 年的

---

① 《中国银行卡产业发展蓝皮书（2017）》，http://news.yktworld.com/201706/20170606 1454384204.html。

情况看，信用卡欺诈损失仍然以伪卡交易为主，借记卡最主要的欺诈类型是电信诈骗、互联网诈骗。统计数据显示，2016 年银行卡欺诈率为 2.57 个基点，较上年上升 0.68 个基点。银行卡的欺诈手段也不断翻新，主要包括：伪卡盗刷的商户合谋案件增多；攻击手机移动终端，欺诈手段呈高科技化趋势；部分第三方机构违规存留银行卡磁条数据、敏感数据访问权限管理不善。这都为批量化、规模化信息窃用埋下了隐患。

二　相关规制

1. "两高一部"等发布防范和打击电信诈骗系列方案

（1）发布《关于防范和打击电信网络诈骗犯罪的通告》

2016 年 9 月，最高人民法院、最高人民检察院、公安部、工业和信息化部、中国人民银行、中国银行业监督管理委员会联合发布《关于防范和打击电信网络诈骗犯罪的通告》（以下简称《通告》），提出了一系列源头防范的举措，明确了从严从快打击的方针，并责令犯罪分子在规定期限内投案自首。《通告》的发布，起到了教育群众、震慑犯罪的作用，社会反响热烈。

（2）发布《关于办理电信网络诈骗等刑事案件适用法律若干问题的意见》

2016 年 12 月，最高人民法院、最高人民检察院、公安部发布《关于办理电信网络诈骗等刑事案件适用法律若干问题的意见》（以下简称《意见》）。《意见》共七个部分三十六条。分别规定了总体要求、依法严惩电信网络诈骗犯罪、全面惩处关联犯罪、准确认定共同犯罪与主观故意、依法确定案件管辖、证据的收集和审查判断、涉案财物的处理等内容。

（3）发布《关于加强支付结算管理防范电信网络新型违法犯罪有关事项的通知》

2016 年 9 月，中国人民银行发布《关于加强支付结算管理防范电信网络新型违法犯罪有关事项的通知》（银发〔2016〕261 号），就加强支付结算管理有关事项通知如下：加强账户实名制管理，加强转账管理，加强银行卡业务管理，强化可疑交易监测，健全紧急止付和快速冻结机制，加大对无证机构的打击力度，建立责任追究机制。

2. 银监会发布 P2P 网贷行业"1+3"监管体系

2017 年，P2P 网贷行业"1+3"（一个办法+三个指引）制度体系基本搭建完成，初步形成了较为完善的制度政策体系，进一步明确 P2P 网贷行业规则，有效防范网贷风险，保护投资者权益，加快行业合规进程，实现网贷机构优胜劣汰，真正做到监管有法可依、行业有章可循。

（1）《网络借贷信息中介机构业务活动管理暂行办法》

一是界定了网贷内涵，明确了适用范围及网贷活动基本原则，重申了从业机构作为信息中介的法律地位。二是确立了网贷监管体制，明确了网贷监管各相关主体的责任，促进各方依法履职，加强沟通、协作，形成监管合力，增强监管效力。三是明确了网贷业务规则，坚持底线思维，加强事中事后行为监管。四是对业务管理和风险控制提出了具体要求。五是注重加强消费者权益保护，明确对出借人进行风险揭示及纠纷解决途径等要求，明确出借人应当具备的条件。六是强化信息披露监管，发挥市场自律作用，创造透明、公开、公平的网贷经营环境。①

（2）《网络借贷信息中介机构备案登记管理指引》

该指引主要分为新设机构备案登记申请、已存续机构备案登记管理和备案登记后管理三部分。

（3）《网络借贷资金存管业务指引》

一是明确了网贷资金存管业务的基本定义和原则。二是明确了委托人和存管人开展网贷资金存管业务应具备的条件。三是明确了网贷资金存管业务各方的职责义务。四是明确了网贷资金存管业务的具体操作规则。五是明确了三项具体落实保障措施。

（4）《网络借贷信息中介机构业务活动信息披露指引》

信息披露指 P2P 平台及其分支机构通过其官方网站及其他互联网渠道

---

① 《公安部联合多部门共同加强网贷监管》，《中国防伪报道》2017 年第 8 期，第 30~37 页。

（手机 App、微信公众号、微博等渠道）向社会公众公示网络借贷信息中介机构基本信息、运营信息、项目信息、重大风险信息、消费者咨询投诉渠道信息等相关信息的行为。根据信披指引，P2P 平台应向公众披露的信息包括备案信息、组织信息和审核信息。

3. 央行发布第三方支付专项整治系列方案

（1）2016 年 10 月，央行正式发布《非银行支付机构风险专项整治工作实施方案》，专项整治工作的重点内容包括两方面，一是开展支付机构客户备付金风险和跨机构清算业务整治，二是开展无证经营支付业务整治。[①]

（2）时隔三个月，针对客户备付金整治，央行于 2017 年 1 月发布《关于实施支付机构客户备付金集中存管有关事项的通知》，要求备付金集中存管。

（3）对于无证经营整治问题，央行于 2017 年 11 月下发了《关于进一步加强无证经营支付业务整治工作的通知》（银办发〔2017〕217 号文），并下发了持证支付机构自查内容。217 号文称，要加强无证机构整治，加大处罚力度，坚决切断无证机构的支付业务渠道，遏制支付服务市场乱象，整肃支付服务市场的违规行为；从严惩处违规为无证机构提供支付服务的市场主体，坚决整治严重干扰支付服务市场秩序的行为，规范支付业务活动；以持证机构为切入点，全面检查持证机构为无证机构提供支付清算服务的违规行为。[②] 按照 217 号文，2017 年 12 月底前，持证机构应该已经完成自查自纠阶段。

（4）2017 年，央行共注销 19 张"支付业务许可证"。被注销的 19 家支付机构中，"预付卡发行与受理"项共有 13 家，其次是"银行卡收单"项共 6 家。特别是乐富支付业务的终结，进一步说明了央行对"银

---

① 《多部门关于印发〈非银行支付机构风险专项整治工作实施方案〉的通知》，http://www.gov.cn/xinwen/2016-10/13/content_5118605.htm。

② 《关于进一步加强无证经营支付业务整治工作的通知》，http://imhdfs.icbc.com.cn/userfiles/public/static/5bddb7b6f11f4f0588a5d6eab30dc36d.html。

行卡收单"业务的监管力度越来越大。截至 2017 年底，共有 69 家支付机构遭央行处罚，累计 98 次，罚款总额达 2667 万元。其中，中国人民银行上海分行连续开出 30 余张罚单。上海的 47 家支付公司均遭到处罚。对于支付机构的处罚原因，最多的为上海支行开出的 30 余张"违反支付业务规定"罚单，其次为 27 张"违反银行卡收单业务相关规定"的罚单。15 家第三方支付机构遭数次处罚，随行付支付有限公司仅 2017 年就被处罚 5 次，累计罚款 19.5 万元，4 次是因为违反银行卡收单业务相关规定。易票联支付有限公司首次被处罚，因违反非金融机构支付服务管理规定、银行卡收单业务管理规定，央行没收其违法所得约 177.95 万元，并处以违法所得 2 倍的罚款约 355.90 万元。这是 2017 年以来，处罚金额最高的一家支付机构。值得一提的是，央行首次公开披露对支付宝和财付通的处罚行为。2017 年 5 月 10 日，央行分别对支付宝和财付通开出 3 万元的罚单。虽然支付宝和财付通均未直接指明被罚的原因，但均提及用户实名制的问题。截至 2017 年底，共有 7 家支付机构被并购，最高收购价格达 23.8 亿元人民币。

4. 银监会等单位发布对非法集资的系列处置方案

（1）国务院法制办就《处置非法集资条例（征求意见稿）》公开征求意见

为防范和处置非法集资，保护社会公众合法权益，维护经济金融安全和社会秩序，中国银行业监督管理委员会起草了《处置非法集资条例（征求意见稿）》。2017 年 8 月 24 日，国务院法制办公室就《处置非法集资条例（征求意见稿）》公开征求意见。根据征求意见稿，非法集资是指未经依法许可或者违反国家有关规定，向不特定对象或者超过规定人数的特定对象筹集资金，并承诺还本付息或者给付回报的行为。非法集资参与人应当自行承担因参与非法集资受到的损失。省级人民政府全面负责本行政区域内处置非法集资工作。县级以上地方人民政府确定的处置非法集资职能部门履行非法集资预防监测、行政调查处理和行政处罚等职责；其他部门按照职责分工配合做好处置非法集资相关工作。处置非法集资过程中，有关地方人民政府应

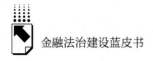
当采取有效措施维护社会稳定。①

（2）银监会办公厅发布《关于银行业金融机构做好非法集资监测预警工作的通知》（银监办发〔2016〕59号）

该通知要求银行业金融机构要切实履行社会责任，充分发挥客户众多、机构网点遍布城乡以及掌握大量账户资金信息等优势，建立健全工作机制，落实工作责任，做好非法集资监测预警工作，加强对涉嫌非法集资各类线索的收集研判，及时提供给地方防范和处置非法集资工作领导小组办公室。

（3）中国人民银行颁布《关于进一步加强对涉嫌非法集资资金交易监测预警工作的指导意见》（银发〔2016〕201号）

该指导意见提出要高度重视涉嫌非法集资资金交易监测预警工作，完善非法集资资金交易监测预警工作机制，妥善处理非法集资可疑交易线索，强化客户身份，完善内部控制制度和措施以及加大对金融机构的监督管理力度，切实保障人民群众利益，维护金融稳定。

（4）处置非法集资部际联席会议发布相关通知

《处置非法集资部际联席会议关于做好当前及今后一段时期防范和处置非法集资宣传教育工作的通知》（处非联发〔2016〕3号）和《处置非法集资部际联席会议办公室关于做好2016年防范非法集资宣传月活动有关工作的通知》（处非联办函〔2016〕45号）要求各省（区、市）要充分认识新形势下做好宣传教育工作的重要意义，把思想和行动统一到中央的部署和要求上来，深入贯彻落实《关于进一步加强对涉嫌非法集资资金交易监测预警工作的指导意见》和国务院电视电话会议精神，全面加强防范和处置非法集资宣传教育工作，真抓实干、主动作为，着力拓展宣传教育的广度、深度，加大力度推进宣传工作制度化和常态化。通过持续、深入、有效的宣传，提高社会公众的法律金融知识水平和风险识别能力，使之能够分辨什么是合法的、什么是非法的；培育公众理性投资、风险自担的正确理念，自觉

---

① 程小琴：《打击非法集资力度升级》，《知识经济》（中国直销）2017年第9期，第66～70页。

远离和抵制非法集资；培养公众理性表达诉求、依法维护权益的意识，保障非法集资处置工作顺利开展，维护社会稳定。

5. 国务院办公厅发布《互联网金融风险专项整治工作实施方案》（国办发〔2016〕21号）

为贯彻落实党中央、国务院决策部署，鼓励和保护真正有价值的互联网金融创新，整治违法违规行为，切实防范风险，建立监管长效机制，促进互联网金融规范有序发展，国务院办公厅发布互联网金融风险专项整治工作实施方案，重点整治以下问题：①P2P网络借贷和股权众筹业务；②通过互联网开展资产管理及跨界从事金融业务；③第三方支付业务；④互联网金融领域广告等行为。①

6. 最高检印发通知加强和改进金融检察工作

2017年8月，最高人民检察院印发《关于认真贯彻落实全国金融工作会议精神加强和改进金融检察工作的通知》（以下简称《通知》），要求各级检察机关充分发挥检察职能作用，加强和改进金融检察工作，为健全金融法治，保障国家金融安全提供有力司法保障。②《通知》强调，各级检察机关要认真履行检察职责，紧紧围绕集聚金融风险、影响金融安全的重点领域和关键环节，加大惩治和预防金融犯罪及金融领域职务犯罪工作力度。严厉打击严重危害金融安全、破坏金融秩序的犯罪，充分发挥批捕、起诉职能，坚决整治严重破坏金融市场秩序的行为，坚决查处那些兴风作浪的"金融大鳄"、搞权钱交易和利益输送的"内鬼"，对重大案件实行挂牌督办，形成有效震慑。特别是要加大证券期货犯罪打击力度，严厉惩治欺诈发行股票、债券，违规披露、不披露重要信息，内幕交易、泄露内幕信息，利用未公开信息交易，操纵证券期货市场等破坏证券期货市场秩序的犯罪。积极参与互联网金融风险专项整治工作，坚决查处利用互联网实施的非法吸收公众存

---

① 《国务院办公厅公布〈互联网金融风险专项整治工作实施方案〉》，http：//www.gov.cn/xinwen/2016－10/13/content_ 5118523. htm。

② 《最高检印发通知加强和改进金融检察工作》，http：//china. cnr. cn/ygxw/20170823/t20170823_ 523914087. shtml。

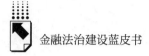
款、集资诈骗、组织领导传销活动等犯罪，特别是对打着创新旗号大搞"庞氏骗局"等金融欺诈活动的，要依法严厉打击。

7. 人力资源和社会保障部发布《关于加强与公安机关协作配合严厉打击社会保险欺诈犯罪的通知》

2016 年 2 月，人力资源和社会保障部办公厅发布《关于加强与公安机关协作配合严厉打击社会保险欺诈犯罪的通知》（人社厅发〔2016〕14号），要求统一思想，提高认识，严厉打击社会保险领域的欺诈犯罪；加强与公安机关的协作配合，依法做好案件的查处和移送工作；健全行政执法与刑事司法衔接机制，加强信息互联共享，切实提升社会保险欺诈查处效能。

8. 中国保监会对《反保险欺诈指引（征求意见稿）》公开征求意见

2017 年 12 月，为提升保险业全面风险管理能力，防范和化解保险欺诈风险，根据《中华人民共和国保险法》《中华人民共和国刑法》等法律法规，中国保监会起草了《反保险欺诈指引》及《反保险欺诈应用指引第 1号：车险反欺诈指引》，并向社会公开征求意见。

B.11
洗钱犯罪问题研究

王　新[*]

摘　要： 鉴于日益严峻的洗钱态势，反洗钱已经被提升到维护国家安全和国际政治稳定的战略高度，是国际合作的重点领域之一。经过刑事立法的变迁，我国刑法已形成了区别打击洗钱犯罪的罪名体系，从而为遏制洗钱犯罪提供了较为完备的刑法武器。但是，在反洗钱的立法和实务中，特别是面对金融科技对反洗钱犯罪规制的挑战，我们依然需要与时俱进，完善我国洗钱犯罪的刑法规制问题。

关键词： 洗钱　恐怖融资　上游犯罪　反腐败　互联网金融

一　引言

洗钱通常是指将非法所得的财物予以合法转化的过程及手段，在法律属性上是指掩饰、隐瞒犯罪所得及犯罪收益的来源和特性并且使之合法化。洗钱行为在国际上的官方定义最早来源于1998年的《联合国禁止非法贩运麻醉药品和精神药品公约》（即《维也纳公约》）第3条内容，"明知财产来源于麻醉药品或精神药品的犯罪，为隐瞒或掩饰该财产的真实性质、来源、所在地、处置、转移、相关的权利或所有权，而故意转换或转移该项财产"。《维也纳公约》的目的在于要求缔约国将涉毒品犯罪的赃款"漂白"行为予

---

[*] 王新，北京大学法学院教授，博士生导师。

以犯罪化，因此在条约规定上采用了列举式方法规定各种洗钱行为方式，这种立法方法与其说是对洗钱行为下定义，不如说是对洗钱行为的一种描述性规定。虽然易于理解、具有较强的操作性，但是从概念的角度来看不具有周延性，术语的抽象概括性较弱，难以涵摄新技术手段下派生出的新型洗钱方式。

就洗钱行为的内容而言，它主要是指通过一切手段改变非法收入的性质，从而使其在表面上具有合法属性。根据《英格兰与威尔士注册会计协会关于识别与处理洗钱指南》的规定，洗钱主要包括三个阶段：放置阶段（placement stage），即行为人通过物理性手段人为处置非法所得的收益；离析阶段（layering stage），行为人通过制造复杂、多层次的结构性交易，将非法收益与来源彻底分离，意图掩盖审计线索和资金的真实所有人；混同阶段（integration stage），通过上述各种"漂白"行为将非法资金呈现出合法资产的外观表征。通常情况下，一旦非法收入的性质在离析阶段成功被剥离，它将在混同阶段与合法收益被并入同一资产池而成为正规资本投资的来源。[①]

二　我国洗钱犯罪的立法沿革

洗钱犯罪在我国法律上是一个"舶来品"，它是我国改革开放后参与国际市场竞争、加入国际组织之后产生的一项国际责任，从这一层面来说，我国的洗钱犯罪实质上是将国际义务予以国内法转化过程中的产物。总而言之，我国反洗钱立法经历了三个阶段。

（一）第一阶段：1989~1997年

我国改革开放之前奉行的是高度集中的计划经济政策，商品与金融资本交易受到国家严格的管控，国际贸易与交流渠道闭塞，通过银行账户及金融

---

① 阮方民：《洗钱罪比较研究》，中国人民公安大学出版社，2002，第373~374页。

产品来大规模转移非法所得并不现实。除此之外，作为传统洗钱犯罪常见的上游犯罪，如恐怖活动犯罪、金融诈骗犯罪及走私犯罪等，在我国当时并不多见，基于此，我国在79刑法中并没有规定洗钱犯罪。然而，改革开放之后，随着国际交往的日益频繁，洗钱行为及其问题日益凸显，立法层面也开始关注并做出回应。1989年12月4日，第七届全国人大常委会第九次会议批准了《联合国禁止非法贩运麻醉药品和精神药物公约》（1988年联合国通过），这也成为我国国内最早的关于洗钱犯罪的国际约束。次年，我国颁布了《关于禁毒的决定》，从国内立法的层面首次规定了有关毒品犯罪的洗钱行为，其中第4条第1款规定："为犯罪分子窝藏、转移、隐瞒毒品或犯罪所得的财务的，掩饰、隐瞒、出售毒品获得财务的非法性质和来源的，处七年以下有期徒刑、拘役或管制，可以并处罚金。"这也成为我国最早的洗钱犯罪立法。

经过几年的司法实践后，1994年最高人民法院对《关于禁毒的决定》第4条的适用条件与标准予以进一步明确，颁布了《关于禁毒的解释》并将《关于禁毒决定》中第4条第1款规定为独立的犯罪，即"掩饰、隐瞒毒赃性质、来源罪"。最高人民法院以司法解释的方式指出，该罪是指明知出售毒品所得的财物而通过金融机构中转、投资等方式，掩盖其非法性质和来源，或者明知是出售毒品所得的财物而有意向司法机关隐瞒其非法性质和来源的行为。

（二）第二阶段：1997～2001年

1997年刑法修订后，我国首次将洗钱犯罪单独作为一个罪名放入刑法典之中，即191条规定："明知是毒品犯罪、黑社会性质的组织犯罪、走私犯罪的违法所得及其产生的收益，为掩饰、隐瞒其来源和性质，处五年以下有期徒刑或者拘役，并处或者单处洗钱数额百分之五以上百分之二十以下罚金；情节严重的，处五年以上十年以下有期徒刑，并处洗钱数额百分之五以上百分之二十以下罚金：（一）提供资金账户的；（二）协助将财产转换为现金或者金融票据的；（三）通过转账或者其他结算方式协助资金转移的；

（四）协助将资金汇往境外的；（五）以其他方法掩饰、隐瞒犯罪的违法所得及其收益的性质和来源的。单位犯前款罪的，对单位判处罚金，并对其直接负责的主管人员和其他直接责任人员，处五年以下有期徒刑或者拘役。"与《关于禁毒的决定》相比，97刑法所规定的洗钱犯罪主要有以下几点进步：第一，扩大了上游犯罪的范围，使洗钱犯罪的法网更加严密，97刑法根据当时经济发展新形势，将洗钱的上游犯罪由涉毒犯罪扩展到黑社会性质组织犯罪及走私犯罪；第二，进一步明确了本罪主观构成要件的内容，囿于当时知识条件与刑法理论发展水平，1990年《关于禁毒的决定》对洗钱犯罪的主观构成要件规定得较为粗糙，在法条规定上没有严格区分主观心态与犯罪意图，而是将二者合并为一个主观心态来处理，而97刑法则明确区分了本罪的主观心态与行为目的，从而为界定犯罪提供了更为明确的客观标准；第三，在立法技术上，97刑法更为先进，采用了概括加列举的方式，在对洗钱行为进行总体界定之后，列举了5种常见的洗钱行为模式。

（三）第三阶段：2001年至今

2001年12月，全国人大常委会通过《刑法修正案（三）》，其中第7条对刑法第191条的洗钱罪做出了修改，修改内容扩充了上游犯罪的范围，将恐怖活动犯罪列入上游犯罪之中，并在单位犯罪的那一款里增加了一个档位的法定刑规定。此次修改主要是为了回应当时国际社会反恐的呼声，即通过国内立法将联合国《制止向恐怖主义提供资助的国际公约》下的国际责任予以落实，希望通过立法从资金源头上切断对恐怖主义活动的资助。除此之外，2006年6月，全国人大常委会通过《刑法修正案（六）》，再次对洗钱罪进行修订，本次修法在原有洗钱罪的基础上继续扩大了洗钱犯罪上游的犯罪范围，将贪污贿赂犯罪、破坏金融管理秩序犯罪、金融诈骗犯罪增入上游犯罪之中。由此形成了我国现有的洗钱犯罪格局，目前刑法第191条所规定的7类洗钱犯罪上游犯罪共包含90多个罪名，此次修改一方面是回应经济犯罪下产生的大规模洗钱活动，另一方面是回应《联合国反腐公约》中的责任。

另外，我国在行政立法上关于反洗钱的规定与刑法共同构筑了反洗钱的法律规制体系。其中，《反洗钱法》与中国人民银行颁布的行政法规弥补了刑法规制滞后、预防性不足的缺陷，从资金运作的前端开始监控，有效地遏制了行前行为。例如，我国《反洗钱法》在洗钱上游犯罪的规定上突破了刑法的既有范围，使上游犯罪范围包括但不限于刑法第 191 条法定的七种类型，为日后增加新的上游犯罪留下了较大的空间；明确规定了金融机构工作人员及相关部门监管人员的预防、监控职责，例如建立健全客户身份识别制度、客户资料和交易信息保存制度，大额交易、可疑交易及结构性交易报告制度等。另外，在《反洗钱法》颁布之前，中国人民银行出台的三部行政法规就在弥合刑法前端监管不足的问题上起到了积极的作用：其中，《金融机构反洗钱规定》在反洗钱的责任主体方面将当时国内几乎所有的金融从业机构囊括其中，包括商业银行、政策性银行、有储蓄业务的信用合作社及邮政储蓄部门、信托投资公司、财务公司及外资金融机构；在洗钱的上游犯罪中，该规定采取了一种开放立法模式，为反洗钱上游犯罪的增设留下法律适用空间，使得贪污受贿、金融诈骗等当时没有被规定入刑法的犯罪所产生的非法受益处置行为可以受到规制。《人民币大额和可疑交易报告管理办法》在银行业系统内建立了人民币大额和可疑交易的报告制度，《金融机构大额和可疑外汇资金交易报告管理办法》则建立了外汇资金的大额和可疑交易报告制度。这两个规定从反洗钱的查处实践出发，从交易的金额、频率、流向、用途、性质等方面来检测异常情形的人民币及外汇支付交易。

三 洗钱罪构成要件的问题

（一）上游犯罪行为人在洗钱罪中的正犯问题

洗钱罪的主体问题由来已久，其主要争论焦点在于刑法第 191 条规定的洗钱罪是否适用于实施上游犯罪的行为人？由此，理论界与实务界也形成了两种对立的观点，一种观点认为基于洗钱罪上游犯罪的严重性，上游犯罪行为人所实施的掩饰、"漂白"非法所得行为应当构成洗钱罪[1]；另一种观点则是基于"事后不可罚的理论"，认为洗钱罪的主体只能是上游犯罪分子以外的人。

1. 上游犯罪行为人不能成为洗钱罪的正犯

"否定说"目前主要有两种理论支撑。第一种理论是基于"事后不可罚理论"发展而成的。该理论认为上游犯罪的行为在犯罪既遂后对非法所得进行掩饰、转移等"漂白"行为是犯罪的一种自然延伸，虽然侵犯了不同于上游犯罪的其他法益或利益，但是此种行为的实施按照社会经验来看属于上游犯罪行为的必然结果，而要求行为人防止此行为的发生缺乏期待可能性。同时，由于实施上游犯罪的行为人已经因上游犯罪受到刑法的惩罚，就不宜再受到作为下游犯罪的洗钱罪的惩罚，否则有违"禁止双重惩罚"原则。因此，上游犯罪的主体实施相关洗钱行为，仍是一种不可罚的事后行为，不能再独立构成洗钱罪。另一种理论基于罪刑法定原则。持该立场的学者认为，从立法论上来说，将"自洗钱"规定为洗钱罪或许更合适，但在解释论上，只能在刑法条文规定的范围内确定行为主体范围。刑法第191条规定的"明知"，表明了洗钱者并非上游犯罪行为人，另一方面，刑法第191条规定的"提供""协助"等概念，本身就说明本罪行为仅限于"帮助"他人洗钱，而自洗钱排除在外。[2] 另外，还有学者从体系性解释的角度对洗钱罪法条进行解释，从刑法第191条所列举的前四项常见洗钱行为方式来看，"提供""协助"等行为方式均属于为他人隐瞒、"漂白"赃款来源性质提供便利，由此可见这四项行为只能由上游犯罪以外的人来实施。至于第5项"以其他方法掩饰、隐瞒犯罪的违法所得及其收益的性质和来源"这一行为方式，虽然没有明确的"协助""帮助"等措辞，但主要是指行为人将犯罪分子的违法所得及其收益，以投资、购置不动产、房贷等各种方式用于合法的经营、使用，再从中获取收益或转让、出售，从而隐瞒其违法所

---

[1] 赵秉志：《刑法新教程》，中国人民大学出版社，2001，第562页。
[2] 张明楷：《刑法学》（第五版），法律出版社，2016，第793页。

得的真实来源和性质。① 刑法第 191 条第 1 款第 5 项从语义学的视角来看，是对前项行为方式的一种总括性归纳，其作用在于兜底那些与前四项行为性质相似、危害性相当，但没有被立法予以具体化描述的洗钱行为。它与前四项行为属于"总分"的关系，但是在行为方式与行为性质上具有同质性，因此，无论法条如何表述，在语义的解释上不能偏离"帮助""协助"的辅助性质。基于此，该观点认为洗钱罪的主体只有上游犯罪以外的其他人才能构成。

2. 上游犯罪行为人可以成为洗钱罪正犯

肯定说的学者认为，"事后不可罚"理论的思想基础在于赃物罪所涵摄的处分赃物行为可以被上游犯罪的构成要件予以评价，其伴随在上游财产犯罪的事后处分行为之内。基于此，在判断某个行为是否属于"不可罚的事后行为"时应当遵循一个标准，即该行为能否为上游犯罪的构成要件所包含且没有引起新的法益损害，如果引起新的法益损害的财产处分行为不能被上游犯罪所包含，那么该行为不能适用"事后不处罚"理论，而应当被独立评价。②

但是笔者认为，虽然广义的洗钱犯罪包括传统的赃物罪，但是我国刑法第 191 条的洗钱罪在行为构成及法益保护上都不同于传统的赃物犯罪，对上游犯罪行为所实施的洗钱行为的定性问题，应当根据洗钱的特殊性以及与上游犯罪的互动关系来予以重新审视。首先，洗钱罪所保护的是双重法益，即该行为不仅妨害了司法机关对犯罪行为及其赃物的追踪，而且还在处理赃物的过程中直接侵害了国家的金融管理秩序。而该行为所造成的新的法益侵害是不能被所有上游犯罪行为，如毒品犯罪、贪污贿赂犯罪等所包含的，其行为也不能在这些上游犯罪的构成要件内予以一并评价。在这种情形下，洗钱犯罪并非上游犯罪事后赃款处分行为的一种自然延伸，而是一个具有独立评价意义的新的法益侵害行为，而由上游犯罪人实施的事后洗钱行为应当单独

---

① 周道鸾、张军：《刑法罪名精释》，人民法院出版社，1998，第310页。
② 赵金成：《洗钱犯罪研究》，中国人民公安大学出版社，2006，第 127～128 页。

构成第 191 条之洗钱罪。其次，上下游犯罪行为的包含与评价问题，还可能受到犯罪的在不同国家的管辖权影响。在金融科技环境下，不仅洗钱活动具有跨国界的特点，而且上游、下游犯罪之间也可能存在跨国界问题，如上游的走私犯罪在另一国完成，而事后的洗钱行为则在本国发生，如果按照我国的刑法规定，对于该上游走私犯罪我国并无管辖权，那么下游的洗钱犯罪即使在我国完成也不可能被上游犯罪吸收。然而，由于我国刑法第 191 条将洗钱罪的犯罪主体（正犯）限定在上游犯罪以外的第三人，因此可能会放纵这种情形下的跨国洗钱行为，不利于对洗钱犯罪的打击。[①] 最后，由于洗钱罪规制的是对特定上游犯罪所产生赃物进行"漂白"的犯罪行为，如果不能证明洗钱人参与上游犯罪，则既不能以上游犯罪罪名论处，也不能以洗钱罪定罪处罚，从而导致放纵犯罪人的结果。[②]

（二）洗钱罪上游犯罪的共犯问题

洗钱罪的上游犯罪中，很多都是组织型犯罪，如黑社会性质组织犯罪、恐怖活动犯罪、毒品犯罪及破坏金融秩序犯罪，在司法实践中，实施上游犯罪的行为人经常教唆、协助他人从事对非法所得进行"漂白"的行为，这种洗钱行为从分工上来看是在上游犯罪行为人的要求或协助之下完成的，由于介入了上游犯罪以外的第三人，此种辅助性的洗钱行为与上游犯罪行为人直接从事的洗钱活动在性质上并不相同，因此上游犯罪的行为人教唆或者帮助他人实施洗钱行为，能否构成洗钱罪一直颇具争议。

目前我国关于洗钱犯罪的立法对这一问题没有明确的规定，但学者根据国外关于"包庇罪""赃物罪"等立法及司法实践成果，对这一问题进行类比解释。目前学术界存在数罪并罚说与不罚说两种主要观点。其中，数罪并罚说占据主流地位。根据所持理论不同，张明楷教授将并罚说归纳为三种主

[①] 王新：《国际视野中的我国反洗钱罪名体系研究》，《中外法学》2009 年第 3 期。

[②] 目前德国对《刑法典》第 261 条第 1 款予以修订，将上游犯罪的行为人纳入洗钱罪主体，弥补上述法律漏洞。参见欧阳博安：《洗钱的定义和反洗钱法的义务主体》，载俞光远主编《反洗钱的理论与实践》，中国金融出版社，2006，第 522 页。

要观点。第一种观点认为，如果被教唆或被帮助人成立包庇与赃物罪，按照共犯从属性说的理论，上游犯罪的行为人应当独立地构成洗钱罪的帮助犯；第二种理论从教唆犯的特殊社会危害性出发，认为虽然教唆犯是一种共犯行为，但是该行为使他人产生犯罪意图从而增加社会危害风险，与上游犯罪行为人直接从事的赃物罪相比，不缺乏期待可能性，换言之，包庇赃物罪的教唆行为并非上游犯罪在正常情况下的一种自然延伸结果，因此不缺乏期待可能性，应当受到刑法的单独制裁；第三种理论以日本判例中的"防御权滥用"为根据，认为上游犯罪的行为人亲自实施的隐匿赃物行为是属于刑事诉讼法中被告人防御自由范围内的行为，然而教唆、帮助他人包庇、掩饰自己的非法所得超出了防御自由的范围，不仅侵害刑事司法功能，而且不具有逻辑自洽性，应予以处罚。① 而不罚说则是与洗钱罪上游犯罪正犯问题一样，采取"期待可能性"理论，从法律逻辑角度论证上游犯罪行为人共犯行为的不可罚性，该说认为，如果上游犯罪行为人自己作为赃物罪的正犯尚不具有期待可能性，那么从事较正犯更轻的共犯行为，则更不具有期待可能性，因此不具有可罚性。② 另外，还有学者从刑事诉讼法中防御权使用的难易程度出发，论证上游犯罪行为人请求他人藏匿、掩饰赃物的行为并不困难，不具有期待可能性。

近年来，我国有学者根据共犯理论发展的成果，对洗钱罪上游犯罪共犯不可罚说进行批判。有学者认为，事后行为不可罚理论是建立在特定的法定刑之下的理论，在分析洗钱罪上游犯罪行为人所从事的教唆、帮助他人对自己非法所得进行"漂白"的行为时不能简单地套用"事后不可罚"理论，而应当对法定刑的平衡问题进行考量。具体而言，经过《刑法修正案（六）》修改后的洗钱罪，最高法定刑提高至十年有期徒刑，在这种法定刑的配置下，实践中有可能出现上游犯罪的法定刑反而低于通过教唆、帮助他人从事洗钱或其他掩饰、隐瞒犯罪所得的法定刑，如走私普通货物、物品

---

① 张明楷：《外国刑法纲要》，清华大学出版社，2007，第722页。
② 〔日〕西田典之：《日本刑法各论》，刘明祥、王昭武译，中国人民大学出版社，2007，第357页。

罪，其罪定法定刑可处三年以下有期徒刑或拘役，如果该走私犯罪的行为人教唆或帮助走私犯罪以外的他人实施对走私赃款的洗钱行为且情节严重，按照现行刑法最低可被判处五年有期徒刑，这就造成了上游犯罪与洗钱罪之间的罪刑失衡问题，在具体的案件中，可能会出现实施上游犯罪的正犯行为反而会比实施洗钱罪的帮助行为受到更轻的惩罚。在这种情形下，如果仍然简单套用"事后不可罚"理论，排除上游犯罪成立洗钱罪的共犯行为，则会使同一洗钱案件中的不同行为人受到不公平的刑法评价[①]；而且不可罚的观点会丧失刑法的预防功能，反而会逆向鼓励洗钱罪甚至掩饰、隐瞒非法所得犯罪的上游犯罪。

另外，上游犯罪共犯问题还包括上游犯罪的教唆犯、帮助犯能否成为洗钱罪主体？对于这一问题，目前理论界主要持肯定的观点。有学者从犯罪性质的角度进行分析，认为洗钱罪上游犯罪的教唆犯与帮助犯与上游犯罪的主犯行为在刑法评价上具有非同质性，而且二者所侵犯的客体也不相同，作为上游犯罪的共犯，教唆行为人或帮助行为人通常对犯罪非法所得不具有实际的支配地位，而事后对犯罪所得所实施的掩饰、隐瞒等"漂白"行为，通常不受上游犯罪的教唆、帮助目的所支配，换言之，事后的洗钱行为并非教唆、帮助行为的自然发展结果，事后的藏赃行为不缺乏期待可能性，因此应当构成洗钱犯罪。[②] 但是，在上游犯罪实施之前，共犯教唆人、帮助人就与正犯行为人存在共谋，或者教唆人及帮助人存在谋利的目的，此时上游犯罪的共犯与洗钱罪之间存在牵连关系，从目的行为所实施的整体上来看，教唆行为人或帮助行为人所实施上游犯罪的行为是一种手段行为，而事后所从事的洗钱活动才是谋利这一目的支配下的真正动机，而洗钱行为则是一种目的行为，在这种情形下，应按照牵连犯的规则，在目的行为与手段行为之中择一重罪处罚，从而符合罪刑相适应的精神。

---

① 林维：《洗钱罪共犯问题研究——兼论事后不可罚行为的处罚》，载《金融犯罪的全球考察》，中国人民大学出版社，2008，第 382 页。

② 张阳：《洗钱罪若干问题研究》，载《金融犯罪的全球考察》，中国人民大学出版社，2008，第 404 页。

除此之外，我国司法实践也持肯定的观点，认为洗钱罪上游犯罪的教唆犯或帮助犯可以构成新罪，并且在定罪量刑上采取数罪并罚做法。

（三）洗钱罪中的主观要件

根据刑法第 191 条的规定，洗钱罪在主观构成要件中的认识要素需要达到"明知"的程度，按照刑法总则 14 条关于故意犯罪的规定，洗钱罪只能是故意犯罪。而故意犯罪在主观形态上分为直接故意与间接故意两类，对于"明知"的语义内涵及范围的不同解读，洗钱罪的故意内容也有不同，对此理论界颇有争议："明确认知说"认为，"明知"是指行为人事实上已经知道犯罪对象的具体内容，体现的是行为人主观上的一种确定性认识程度[1]；"可能性说"认为，我国刑法条文所规定的"明知"是一种可能性的认知程度，不要求行为人确切、确定地知道犯罪对象，只要这种认知在一般情况下足以知道犯罪对象，就构成"明知"的程度[2]；除此之外，还有学者根据刑法其他罪名及司法解释的规定，类推解释第 191 条中"明知"的含义，认为"明知"应当是指"知道和应当知道"两层含义，根据刑法第 219 条"侵犯商业秘密罪"及 1992 年最高人民法院、最高人民检察院颁布的《关于办理盗窃案件具体应用法律的若干问题的解释》的规定，"知道"应指明确、明白认识的程度，而"应当知道"则是指可能知道或者怀疑他人的财务是犯罪所得。[3] "明确认知说"与"可能性认知说"虽然对"明知"所反映的故意形态上有分歧，但是对"明知"的理解没有超出主观故意的范畴，而"知道和应当知道说"则认为洗钱罪的主观心态既包括故意也包括过失。笔者认为，从罪刑法定及体系性解释的角度来看，"明知"应当属于故意范畴的认识要素，另外，我国刑法第 191 条洗钱罪属于目的犯，即行为人主观上具有掩饰、隐瞒毒品犯罪等法定七类上游犯罪所产生的赃物的目的。根据我国传统刑法理论，由特定犯罪目的所指引的行为人在主观心态上对犯罪结

---

[1] 张明楷：《如何理解和认定窝藏、销赃罪中的"明知"》，《法学评论》1997 年第 2 期。

[2] 钊作俊：《洗钱犯罪研究》，《法律科学》1997 年第 5 期。

[3] 李希慧：《论洗钱罪的几个问题》，《法商研究》1998 年第 2 期。

果具有直接追求性，而只有直接故意才可能产生这种犯罪目的。[①] 由此可知，若严格按照罪刑法定原则，从目的犯角度来解读我国刑法第 191 条洗钱罪，则该罪在主观要件上只能由直接故意构成，排除了间接故意及过失洗钱的可能性。

1. 洗钱罪中的间接故意问题

从法律逻辑上来说，洗钱罪可以由间接故意构成，当行为人明知自己的财物处置行为会使来自法定 7 类上游犯罪的非法所得及收益披上合法的外衣，却采取听之任之的放任态度，则此时行为可能会构成间接故意的洗钱罪。从国际公约的规定来看，《反腐败公约》并没有限定洗钱犯罪的主观形态，由于洗钱行为方式不同，行为人的主观方面要求也不尽相同，这意味着间接故意的洗钱犯罪可以被纳入缔约国法律的调整范围。根据目前国际通行的定义，完整的洗钱行为包括放置、离析及混同三个阶段，根据洗钱行为在三个阶段的不同特点，国际公约对洗钱行为的构成要求也允许有差异性规定。具体而言，在放置和离析阶段的洗钱活动中，行为人需要具有对财产非法属性的认识，同时也要具有"隐瞒或掩饰犯罪所得"的目的，因此这些类型的洗钱行为属于目的犯，在主观要件上只能是直接故意。而对于混同阶段的洗钱活动，行为方式通常是对财产进行占有、使用等处分行为，只要行为人认识到自己占有、使用或处分的财产来源于法律规定的特定犯罪，就可以构成洗钱罪，并不要求行为人具有掩饰或隐瞒非法所得来源、性质等目的，此时行为人的主观心态既可以是积极帮助他人"漂白"犯罪，也可以是消极放任这种洗钱结果的发生。[②] 由此可知，洗钱罪的主观要件中是可以包括间接故意的。除此之外，从司法实践来看，我国将洗钱罪规定为目的犯的立法模式可能会束缚司法机关查处和认定洗钱犯罪的工作。犯罪目的具有主观性、抽象性和复杂性等典型特征，在诉讼证明上标准难以被实务工作者掌握，鉴于此，最高人民法院在司法解释中常常采用列举具体情形的方式来

---

① 杨春洗、杨敦先、郭自力主编《中国刑法论（第三版）》，北京大学出版社，2005，第 72 页。

② 徐汉明、贾济东、赵慧：《中国反洗钱立法研究》，法律出版社，2005，第 197 页。

推定主观目的。但是这种推定在司法适用中存在两个问题：其一，被列举的具体情形与犯罪目的之间是否具有高度的逻辑相关性；其二，被列举的具体情形本身是否具有科学性。目的犯在司法证明上的困境，使得该类犯罪在认定中要么放纵犯罪，要么容易造成"唯结果论"的结果归责，因此洗钱罪的目的犯规定将严重限制洗钱犯罪的刑事法网。值得一提的是，我国在《反洗钱法》的制定中，充分考虑了国际公约的要求及洗钱罪司法实务中的问题，只规定掩饰、隐瞒等洗钱的行为方式，而没有附加行为的目的要求，这也为我国将来完善洗钱罪的立法规定提供了思路。

2. 洗钱罪中的过失问题

近年来，国内有部分学者主张将洗钱犯罪的主观构成要件扩大至包括过失犯罪，将那些应知但不知或因重大过失而实施的洗钱行为予以犯罪化。[1]支持该观点的学者主要从两个方面来论证其观点的合理性：其一，国际条约虽然普遍地将洗钱罪视为故意犯罪，但其只是最低要求。国际性及部分区域性的反洗钱立法实践中存在将故意与过失一并纳入反洗钱打击范围的先例。例如，1990年制定的欧洲《反洗钱公约》就在"明知"、"故意"及"目的"等主观要素之外，将"疏忽"与纳入洗钱罪的主观构成要件中；《美洲反洗钱示范法》及《联合国禁毒署反洗钱示范法》也都在条文中将"故意"与"过失"肯定为洗钱罪的主观要件；另外，德国、瑞士等国家也规定了过失洗钱的刑事责任。其二，如上所述，有学者认为我国刑法第191条规定的"明知"要素包括"知道"与"应当知道"两种认识程度，其中"应当知道"侧重强调行为人在客观上的注意义务，应当理解为一种过失的主观要素。这种过失的解读实际上是将"应当知道"与疏忽大意过失中的应当预见进行对比所得出的结论。[2]"应知"应理解为"虽然不知但可能知道"，也就是以"不知"为前提，由此表明行为人的主观心理状态是过失。另外，还有学者以刑法第219条"侵犯商业秘密罪"的规定为参照，刑法第219

---

① 李希慧：《全球化视野下洗钱犯罪的刑法立法对策浅探——以我国加入的国际公约为参照》，载《金融犯罪的全球考察》，中国人民大学出版社，2008，第371页。

② 陈兴良：《"应当知道"的刑法界说》，《法学》2005年第7期。

条将"明知"与"应知"同时规定为犯罪的主观要件，通说认为侵犯商业秘密罪的罪过形式包括过失，即在"应知"主观心态下，行为人所实施的侵犯商业秘密行为是本罪的过失形态。[①]

笔者认为，从语义解释的角度来看，"应当知道"是一种经由已知事实而推定的认识状态，将其理解为一种过失心态并非毫无道理。但是推究立法本意，"应当知道"应被限定在一种推定的"故意"，虽然在表述上与"知道"并列，但其内涵及外延应被"知道"所包含。根据1998年《关于依法查处盗窃、抢劫机动机动车案件的规定》及2002年《关于办理走私刑事案件适用法律若干问题的意见》等司法解释的规定，"明知"都被规定为"知道或应当知道"，但是根据上述被解释的罪名都属于故意犯罪，可以推知司法机关倾向于将"应当知道"认定为一种故意的主观要件。因此，根据罪行法定的原则，在现有法律规定的条件下，不宜将过失的洗钱行为纳入刑法规制范围内。但是，随着科技手段的发展，新形式的洗钱行为层出不穷，是否有必要将洗钱罪扩大到过失犯罪，确实是个值得研究的问题。

四 我国刑法中洗钱犯罪的规制范围

从刑法典的体系性地位来看，洗钱罪属于"包庇与赃物罪"范畴下的一类罪名；从犯罪整体尤其是组织型、财产型犯罪的整体行为分工上来看，洗钱罪属于一种事后对赃款的掩饰、隐瞒行为。这种特殊性决定了对洗钱罪的司法认定上应当从两个方面进行考虑，一方面，按照罪刑法定原则查明具体洗钱行为的上游犯罪是否属于法定的上游犯罪；另一方面，审查具体的洗钱行为是否符合洗钱罪所规定的构成要件内容。后一点主要涉及的是司法论上的法律适用问题；而前者主要涉及的是罪名在立法论上的体系性问题，即洗钱罪在刑法体系中的应然规制范围。由此引出了两个争论：其一，洗钱罪的上游犯罪的合理范围；其二，洗钱罪与本罪之外洗钱行为的关系。

[①] 高铭暄：《新型经济犯罪研究》，中国方正出版社，2000，第842页。

（一）洗钱罪的上游犯罪与国际公约的关系

我国刑法中有关洗钱犯罪的立法实践主要来自国际公约及国际组织中所承担的国际义务。国际反洗钱立法的趋势是呼吁将一切犯罪所得的赃款赃物的"漂白"行为都纳入国内刑法的打击范围。例如，1990 年联合国关于洗钱金融活动小组提出的报告中也明确指出洗钱犯罪不只限于清洗毒品犯罪所得，还应包括清洗其他严重犯罪所得和牟取巨额财富的犯罪所得。[①] 一直以来，我国学术界就我国是否完全履行国际公约义务而将国际公约规定的严重犯罪列为洗钱罪的上游犯罪这一问题存在争议。由此而形成了"肯定说"与"否定说"两种针锋相对的观点。

1. 否定说：扩增洗钱罪上游犯罪范围

持否定说的学者认为，我国并没有履行国际组织及国际公约所规定的义务，在反洗钱立法上还不完善，需要进一步扩大反洗钱罪上游犯罪的范围。关于将哪些犯罪类型增扩至上游犯罪中，根据犯罪种类的不同可以将学者的观点进一步划分为四大类。其一，将上游犯罪界定为一切收益型犯罪，这被称为最广义的上游犯罪，囊括了几乎所有能产生非法所得及收益的犯罪行为，该观点在上游犯罪的判断上具有弹性，只要某个犯罪行为产生了非法所得或收益，就可以成为洗钱罪的上游犯罪。该理论从《联合国打击跨国有组织犯罪公约》及《联合国反腐公约》的规定出发，认为两公约确定的洗钱犯罪之上游犯罪的最大范围是一切能产生所得及收益的犯罪行为，而我国目前的洗钱罪立法对公约要求的上游犯罪的最小范围都没有达到，因此为了切实履行公约义务、扩大反洗钱犯罪的刑事法网，有必要将刑法第 191 条规定的洗钱罪上游犯罪扩大为"一切能产生所得及收益的犯罪"。[②] 其二，有些学者主张将部分金融犯罪及税收犯罪纳入洗钱罪的上游犯罪中，如偷税罪、证券市场上的内幕交易罪、市场操纵罪等严重犯罪一般会获取巨额非法

[①] 最高人民检察院办公厅：《新刑法实务全书》，红旗出版社，1997，第 378 页。

[②] 李希慧：《全球化视野下洗钱犯罪的刑法立法对策浅探——以我国加入的国际公约为参照》，载《金融犯罪的全球考察》，中国人民大学出版社，2008，第 371 页。

所得，为了日后使用的便利，现实中这些犯罪行为人必然会采取转移、掩饰等手段对这些赃款进行洗白，因此将这些类型犯罪列为洗钱罪的上游犯罪有利于更有效地防范洗钱行为。① 其三，有学者从立法技术而非具体犯罪种类上扩增洗钱罪上游犯罪的数量，这些学者主张采用列举式立法与口袋性规定相结合的方法来扩增洗钱罪上游犯罪的范围，一方面将严重财产型犯罪增加列入上游犯罪范围，另一方面在法条表述上增加"其他可以产生违法所得及其收益的犯罪"。② 这样把原来刑法第191条所规定的上游犯罪的封闭性范围转变成开放、弹性的范围，增强司法适用上的灵活性。最后，还有学者以法定刑的高低为标准，认为将有期徒刑6个月以上的犯罪都纳入洗钱罪的上游犯罪当中。③ 前三种观点所扩增的上游犯罪并没有设置具体的标准，会造成司法适用上标准模糊、无从适用的问题，有违罪刑法定原则。第四种观点虽然在司法适用上设置了法定刑标准，具有可操作性，但是该观点忽略了洗钱罪的立法目的及其所保护的法益内涵，单纯地将法定刑6个月以上的严重犯罪纳入洗钱罪的上游犯罪范围中，忽视了洗钱罪与其上游犯罪所具有的内在逻辑，如果以此来扩大洗钱犯罪的刑事法网，则会背离洗钱罪的立法初衷，造成刑罚权的滥用。

2. 肯定说：符合国际公约要求

持肯定说的学者从刑法的体系性视角与功能视角出发，认为我国刑法中的洗钱罪规定虽然没有达到上述两个国际公约的最低要求，但是我国刑法典中有较为系统、完善的"包庇与赃物罪"罪名体系，而洗钱罪只是其中一种罪名，因此从打击掩饰、洗清严重犯罪的非法所得的角度来说，我国的刑事立法是符合国际公约规定的。国际公约所指的洗钱犯罪是一种类型犯罪，而非某一种具体罪名，而国际公约所规定的立法义务只是一种指导规范，考虑到各个成员国的文化传统、经济社会发展状况及法治建设水

① 《洗钱罪与对策研究》课题组：《我国反洗钱工作的现状与问题》，《犯罪与改造研究》2006年第2期。
② 李仁真、王江凌：《上游犯罪法律问题研究》，《人民检察》2006年第5期。
③ 刘宪权、吴允锋：《论我国洗钱罪的刑事立法完善》，《政治与法律》2005年第6期。

平的差异，国际公约并不要求也不可能要求成员国对洗钱犯罪做出整齐划一式的规定，相反，国际公约的真正目的在于让成员国在认可并承担反洗钱义务的前提下，根据国内法律传统和刑事政策对洗钱类犯罪进行适宜的规定。正是这种国内立法思想上的差异，导致了各国洗钱罪规定的多样化格局，例如，有的国家立法在洗钱罪认定上尤其在犯罪客观构成要件上存在差异；有的国家立法则在洗钱罪的上游犯罪类型、范围上存在不同；还有的国家在法定刑及反洗钱打击力度上存在差异，有些国家将洗钱罪列入重罪范围给予严厉打击，而有的国家则将洗钱罪作为一般犯罪进行处罚。①在我国，洗钱犯罪是一个学术概念，而非一个规范的法律术语，刑法典将洗钱罪规定为一个独立的罪名，但是在洗钱罪之外，我国还存在其他洗钱行为，换言之，即使某种掩饰、隐瞒非法所得的行为不符合洗钱罪法定构成要件，也可能构成其他的赃物型犯罪而受到刑法追责。结合洗钱罪罪名下的上游犯罪与其他赃物型犯罪中洗钱行为的上游犯罪范围来看，我国刑法对有关洗钱犯罪的规定实质上符合国际公约的规定。从这个意义上讲，我国刑法第 191 条的洗钱罪可以被视为狭义的洗钱犯罪，而单纯从我国刑法对洗钱犯罪上游犯罪范围的规定来否定我国对国际公约义务的履行，显然过于片面。

我国自 97 刑法设立洗钱罪以来，陆续通过 2001 年《刑法修正案（三）》及 2006 年《刑法修正案（六）》扩增了洗钱罪的上游犯罪范围，由此形成了现有的 7 类上游犯罪。根据金融行动特别工作组（FATF）对上游犯罪所指定的种类，我国刑法第 191 条所列举的 7 类犯罪并不符合 FATF 的要求，但是 FATF 在评估中认为我国刑法中的洗钱犯罪是广义的洗钱犯罪，不仅包括第 191 条洗钱罪，还涉及第 312 条"掩饰、隐瞒犯罪所得、犯罪所得利益罪"及第 349 条"窝藏、转移、隐瞒毒品、毒赃罪"，而三个罪名加在一起所规制的上游犯罪范围符合 FATF 的要求。国际公约一般从广义角度来评估成员国的反洗钱立法，而持否定观点的学者一般从狭义的角

---

① 参见罗智勇《洗钱罪的国际立法状况》，《湖南大学学报》2001 年第 3 期。

度（即刑法第191条规定）来论证我国洗钱罪立法的不足，二者评价标准存在明显的差别。基于此，笔者认为我国目前的反洗钱刑事立法基本上符合国际组织及国际条约的规定。

（二）"洗钱罪"与第312条"掩饰、隐瞒犯罪所得、犯罪所得利益罪"的关系

根据《联合国打击跨国有组织犯罪公约》可知，洗钱犯罪在行为构成上的核心要件中需要具备"明知财产是非法所得，而隐瞒、掩饰该财产的真实性质、来源、所在地、处置、转移、所有权或有关权利"。基于此，我国刑法通说认为，刑法中的洗钱行为不仅包括第191条洗钱罪，还包括洗钱罪之外的其他掩饰、隐瞒非法所得的赃物型犯罪。例如，有学者认为：中国的刑事立法中，洗钱罪仅是一个独立的罪名，而不是一类犯罪的罪名集合体，如果为刑法第191条所规定的洗钱罪的上游犯罪以外的其他犯罪提供资金账户、现金存储与支付、外汇兑换、金融票据与其他有价证券买卖，向境外转移资金或者以其他方式掩饰、隐瞒犯罪所得的，虽然不构成洗钱罪，但是按照现行刑法的规定可以第312条"掩饰、隐瞒犯罪所得、犯罪所得利益罪"及第349条"窝藏、转移、隐瞒毒品、毒赃罪"定罪处罚。还有学者从洗钱罪的立法演变分析认为，第349条"窝藏、转移、隐瞒毒品、毒赃罪"与第191条"洗钱罪"都是我国刑法中洗钱犯罪体系的特殊洗钱罪名。现行刑法第349条实际上是从1990年《关于禁毒的决定》中"窝藏毒品、毒赃罪"演变而来的，除了在罪量及量刑幅度两个方面的修改外，罪状描述基本继受了原决定中的规定内容。由于1990年《关于禁毒的决定》是对《维也纳公约》之国际义务的国内法转化，第349条的"窝藏、转移、隐瞒毒品、毒赃罪"可以被视为涉毒洗钱罪名。然而，刑法第191条的上游犯罪也包括洗钱行为，这就造成了两个罪名在规制范围上的重合，为了避免法律适用上的冲突，97刑法在罪名的体系性安排上将第191条洗钱罪放在分则"破坏金融管理秩序"一节中，通过法律拟制将洗钱罪的行为方式限定在了金融交易领域，这意味着在涉毒洗钱犯罪中，第349条规制的洗钱

方式比第 191 条更广。① 从这个层面来说，虽然我国的洗钱罪罪名是狭义的范畴，但是从整个刑法体系中的反洗钱立法上看，我国的反洗钱犯罪是广义的。②

另外，国际组织也从广义的视角来看待我国刑法中有关反洗钱犯罪的规定。我国加入金融行动特别工作组（FATF）之后，FATF 在 2007 年 6 月 29 日对我国反洗钱和恐怖融资工作的整体评估中，从广义的范畴来评估我国的洗钱罪，认为中国根据刑法典的三个条文将洗钱行为予以犯罪化，及第 191 条"洗钱罪"、第 312 条"掩饰、隐瞒犯罪所得、犯罪所得利益罪"，及第 349 条"窝藏、转移、隐瞒毒品、毒赃罪"。③ 由此可见，FATF 认为我国的洗钱罪是广义的类罪名，而第 191 条所规定的洗钱罪是狭义的洗钱犯罪。在分析我国以上三个条文时，FATF 认为属于特别规定的第 191 条洗钱罪效力要优先于普通规定的第 312 条。但是，从立法延续性的角度出发，FATF 的评估报告认为：在第 191 条和第 312 条之间明显存在重叠的内容。例如，第 312 条也使用了"以其他方法"的概括性表述，这与第 191 条所规定的第 5 种行为方式之间的区别非常细微，会导致在实践中很难把握两者的界限。基于此，我国目前通说认为两个罪名都属于广义的洗钱犯罪下的具体规定，且第 191 条与第 312 条之间是一种特殊规定与普通规定的法条竞合关系。但笔者认为，这种观点仅仅是从两个罪名表述的字面含义所得出的，并没有深层分析两个罪名各自的构成要件及其内在的逻辑关系。从剖析我国反洗钱罪名体系的角度出发，有必要厘清洗钱罪与掩饰、隐瞒犯罪所得、犯罪所得利益罪之间的关系，这不仅有助于两罪在司法适用上的准确性，而且直接关系到掩饰、隐瞒犯罪所得、犯罪所得利益罪在我国反洗钱罪名体系中的定位和存在价值。

---

① 周锦依：《洗钱罪立法进程中的矛盾解析》，《国家检察官学院学报》2016 年第 2 期。
② 朱建华：《中国洗钱犯罪规定与国际公约规定的对策》，载《金融犯罪的全球考察》，中国人民大学出版社，2008，第 378 页。
③ Financial Action Task Force："First Mutual Evaluation Report on Anti-Money Laundering and Combating the Financing of Terrorism on the People's Republic of China", 29 June 2007.

首先，从犯罪分类上可知，两个罪名所保护的法益在内容上有交集但并不包容。在我国刑法典的体例性编排上，"掩饰、隐瞒犯罪所得、犯罪所得收益罪"与"洗钱罪"被放置在不同的章节里。"掩饰、隐瞒犯罪所得、犯罪所得收益罪"被放置在刑法分则第六章"妨害社会管理秩序罪"的第二节"妨害司法罪"之中，这表明该罪所规制的主要是传统的赃物型犯罪行为。"洗钱罪"虽然也被学界通说认为是"包庇与赃物罪"大范畴下的罪名，即如同传统赃物罪一样，洗钱罪也妨害司法机关的工作，对抗司法机关对上游犯罪的追查；然而，从我国司法实际情况来看，洗钱活动往往通过金融机构及其业务使大量的上游犯罪非法资产进入社会生产领域，其侵害的主要法益是金融管理秩序。因此，我国立法将放置在刑法分则第三章第四节的"破坏金融管理秩序罪"中。犯罪分类与保护法益的差异导致两罪在法定刑上也不尽相同，从立法目的上看，刑法第312条所列举的行为方式在分工上都属于洗钱行为的"处置"阶段，即只改变上游犯罪非法所得的处所和占有关系，并未改变非法所得的非法性质和来源，缺乏后续的赃款合法转化手段，这与洗钱罪的核心构成要件有本质区别。

其次，两罪在犯罪构成上也不相同。就犯罪对象而言，根据我国刑法的规定，"掩饰、隐瞒犯罪所得、犯罪所得收益罪"有两个犯罪对象：其一，是犯罪所得；其二，是犯罪所得的利益。根据2015年最高人民法院颁布的《关于审理掩饰、隐瞒犯罪所得、犯罪所得收益刑事案件适用法律若干问题的司法解释》第10条可知，前者主要指本罪之外的上游犯罪行为人通过实施犯罪所直接获得的赃款、赃物；后者在法条中被表述为由犯罪所得产生的收益，是指"上游犯罪行为人对犯罪所得进行处理后得到的孳息、租金等"，是一种财产增殖的表现。虽然两罪的犯罪对象上存在重合，即犯罪所得，但是洗钱罪所规制上游犯罪赃款都来源于严重的犯罪，如毒品犯罪、恐怖犯罪即黑社会性质组织犯罪等严重危害社会秩序的犯罪。而掩饰、隐瞒犯罪所得、犯罪所得收益罪中的上游犯罪则是概括或抽象的，可以将其理解为一切犯罪所得及其产生的收益。另外，犯罪行为方式不同，虽然两个罪名在法条表述上都包含"掩饰、隐瞒"这一行为要素，但是二者掩饰、隐瞒的具体行为方式与程度是不同的。根据《联合国禁止非法贩运麻醉药品和精神药物公约》的规定，洗钱行为方式可以包含三种类型：其一，转换或者转移犯罪所得财产；其二，隐瞒或掩饰该财产的真实性质、来源、所在地、处分、转移、所有权或者有关权利；其三，明知是犯罪所得而获取、占有或者使用犯罪所得财产。这三种类型又可以进一步分为七种方式，即转换、转让、隐瞒、掩饰、获取、持有及使用。我国有学者将这七种行为方式归纳为两类，即"具体的行为形式"与"抽象的行为形式"，前者是指可以作为事实构成要件要素而直接从字面含义理解其意思的行为方式，如转换、转让、获取、持有及使用五种方式；后者是指作为规范的构成要件要素，需要司法工作人员介入价值判断并在刑法的整体语境下理解才能揭示其内涵的行为，而隐瞒、掩饰就属此类。[①] 与洗钱罪不同，"掩饰、隐瞒犯罪所得、犯罪所得收益罪"的行为方式则直接由刑法列举规定出来，主要包括窝藏、转移、收购、代为销售及其他掩饰、隐瞒方式五种类型。根据理论界的解释，窝藏主要指为上游犯罪所得及其利益提供藏匿处所；转移是指帮助上游犯罪行为人搬动、运输赃款；收购是以交易的方式有偿购买大量赃物的行为；代为销售则是指接受上游犯罪行为人委托帮助其销赃的行为。[②]

虽然在立法技术上，两罪都使用了概括式立法，在法条表述上使用了"以其他方法掩饰、隐瞒"的行为方式，但是从目的性与体系性角度去解读可以发现，该表述在两个罪名中所涵摄的意义并不相同。对于洗钱罪第1款第5种行为方式的理解，学术界一直存有争议，主要有两种学术观点：一种是"弥补说"，该说认为考虑到新型洗钱方式会随着社会经济发展而层出不穷，立法以一种开发式的形式涵盖那些暂时没有被立法所规定但是具有洗钱性质的犯罪行为，从而弥补列举式立法所存在的缺陷与不足；[③] 另一种学说被称为"高度概括说"，该学说主张我国刑法所列举的几种具体的洗钱行为

---

① 阮方民：《洗钱罪比较研究》，中国人民公安大学出版社，2002，第138~139页。
② 肖扬主编《中国新刑法学》，中国人民公安大学出版社，2003，第240页。
③ 赵金成：《洗钱犯罪研究》，中国人民公安大学出版社，2006，第121页。

方式都应满足"掩饰、隐瞒犯罪的违法所得及其收益的性质和来源"这一共同特征，因此第191条第1款第5项的规定实质上是立法者对洗钱行为的抽象归纳与高度概括。① 然而从立法目的上来看，第一种学说似乎更符合刑法规范的保护目的，即立法者想通过一个"概括式"的兜底规则，将所有可能发生的洗钱行为都纳入第191条的打击范围内。换言之，如果行为人实施了第191条第1款前四项以外的行为为上游犯罪洗钱，我国司法机关可以根据第5项的规定，通过司法解释对新出现的洗钱行为予以类型化，另外法院在个案审判中，也可以根据第5项的规定，通过比照前四项的行为将具有相同性质及危害程度的其他洗钱行为认定为洗钱罪从而定罪处罚。但是对第191条第1款第5项的解释使用必须符合该法条的规范保护目的和条文内在的逻辑关系，且不能超越洗钱行为的予以边界而进行类推适用，换言之，第5项规定的内容应当是对前四项列举内容的补充归纳，在行为方式与法益危害程度上与前四项所列举的方式应具有"相当性"。这种补充的涵盖行并非包罗万象、毫无限制，它与前四项的"提供资金账户""协助财产转移""通过转账协助资金转移""协助将资金汇往境外"等列举的行为方式在手段类型与行为危害上具有同质性。而第312条中的"以其他方法掩饰、隐瞒"，也是对前四种列举行为（窝藏、转移、收购及代为销售）等具体行为方式的兜底归纳，应当与前四种行为方式具有同质性。但是根据罪名保护的法益不同，第312条中的"以其他方法掩饰、隐瞒"的行为范围较第191条洗钱罪要窄，其行为只是改变上游犯罪所得及其收益的处所和占有关系，并不改变非法财产的非法性质和来源，这与洗钱罪中的"以其他方法掩饰、隐瞒"有着本质的区别。

最后，作为两罪共有的主观构成要件要素"明知"，在认识内容上也不尽相同。第191条洗钱罪要求犯罪主体必须明知非法所得及其收益来源于法定的7类上游犯罪；而第312条则只要求本罪主体明知其所处置的是非法所

---

① 参见赵秉志主编《中国刑法案例与学理研究（分则篇二）》（上册），法律出版社，2001，第217页。

得及其收益，即财物的赃物属性，而该赃款来源于何类上游犯罪则并不需要考虑。①

（三）"洗钱罪"与第349条"窝藏、转移、隐瞒毒品、毒赃罪"的关系

从洗钱犯罪的立法背景与发展变化来看，第349条"窝藏、转移、隐瞒毒品、毒赃罪"继受于《关于禁毒的决定》所创设的"掩饰、隐瞒毒赃性质、来源罪"，而后者是我国履行国际反洗钱公约而制定的单行刑法，因此从立法的沿革来看，第349条实质上也是洗钱犯罪，而且是狭义的洗钱犯罪。"窝藏、转移、隐瞒毒品、毒赃罪"与"洗钱罪"在犯罪对象上都包括毒品犯罪所得的财务，在行为方式上都要求实施"转移"和"隐瞒"等手段，在主观要件上都出于故意。正式基于以上因素，FATF曾在对我国反洗钱的评估报告中认为两罪之间内容重叠，会导致实践中难以把握两者的界限。

笔者认为，从静态的法律术语出发，两罪在犯罪对象和行为方式之间确实存在重叠成分，但强调点不同，具体而言，洗钱罪中"转移"和"隐瞒"的对象针对法定的7类上游犯罪的违法所得及其收益，并最终要达到使赃款得以表面合法化的效果；而"窝藏、转移、隐瞒毒品、毒赃罪"中所实施的"转移"和"隐瞒"行为，则是针对犯罪所得的财物本身，该罪中的"转移"并不强调对赃款属性的改变，而仅仅是对赃款赃物的空间地理位置的转换；而该罪中的"隐瞒"也是针对赃物、赃款本身状态，而并不包括改变其非法属性及来源并使之合法化的努力。由此可知，如果行为人仅仅通过"转移"或"隐瞒"的行为方式，达到掩盖毒品犯罪所得财物的存在状态及物理空间，并未转变其非法性质和来源，则应当认定为"窝藏、转移、隐瞒毒品、毒赃罪"；如果行为人既实施了"转移"或"隐瞒"毒品犯罪所

---

① 王新：《竞合抑或全异：辨析洗钱罪与掩饰、隐瞒犯罪所得、犯罪所得利益罪之关系》，《政治与法律》2009年第1期。

得财物的存在状态之行为，又对该毒品犯罪所得财物予以清洗，从而实现"转移"或"隐瞒"其非法性质和来源的目的之行为，则前行为是洗钱行为的预备行为或者手段行为，根据我国刑法中实行行为吸收预备行为、目的罪吸收手段罪的原理，在此种情形下应当认定为洗钱罪。

综上可知，第 349 条"窝藏、转移、隐瞒毒品、毒赃罪"与第 191 条的"洗钱罪"是性质截然不同的两个罪名，在本质属性方面，两罪之间不存在法条竞合的关系。FATF 在评估报告中对两罪重叠内容的评价结论，是建立在我国刑法静态的法律用语基础上所得出的结论。在司法实践中，我们应当根据两罪的立法目的，从犯罪对象、行为方式、目的要件、犯罪主体等方面来认定两者的界限。

五　金融科技对反洗钱犯罪规制的挑战

以互联网金融为代表的金融科技创新深刻改变了传统金融的运营模式与交易方式，传统的线下场域交易及业务程序的时空性逐渐让渡给了线上的虚拟平台，而互联网技术的应用简化了程序的繁琐，使得众多交易可以实现即时性完成。这种科技创新在促进资金流动、增加交易量的同时，也给传统的金融监管体系带来了巨大的冲击，其中反洗钱犯罪法律体系就受到了前所未有的挑战：一方面现有的反洗钱法律体系凸显滞后性，不足以应对金融科技下所派生出的新的洗钱形式；另一方面，洗钱犯罪的新特点给反洗钱犯罪的监管、侦查及国际反洗钱合作等方面带来了新的挑战，行政法与刑法之间衔接不畅的问题愈发严重。

对于金融科技给反洗钱监管带来的冲击问题，实际上国际组织早有前瞻性的预见，金融行动特别工作组（FATF）早在 2003 年版的《40 条建议》中就曾指出"各国应特别关注新发明或新科技进步带来的便于掩饰身份的洗钱风险"，随着互联网线上金融交易的迅猛发展，FATF 在 2012 年版的《40 条建议》中对金融科技背景下的洗钱行为做出更明确的指导："各成员国及其金融机构，应对正在开发的新产品、新商业模式，以及其在新技术下应用时所可能产生的潜在风险进行审查与评估。"除此之外，FATF 在 2006 年发布的《新支付方式报告》、2008 年发布的《商业网站和互联网支付系统洗钱和恐怖融资脆弱性研究报告》及 2010 年的《新支付方式洗钱报告》中，比较全面地对金融科技下新产品类型及交易模式所存在的潜在风险进行分析，其中涉及客户身份识别、限额管理、交易记录保存及移动终端支付等领域所存在的洗钱风险。鉴于互联网金融创新最早起源于西方资本市场发达的国家，就时间点来看，FATF 的指导建议是紧密跟随科技步伐的。但是互联网金融等金融科技创新在我国起步较晚，在 2009 年时中国人民银行才在其发布的《中国反洗钱报告》中将利用第三方支付平台进行洗钱的犯罪列为中国十大洗钱犯罪类型之中。我国的反洗钱法律体系主要是规制传统金融领域内的业态种类与交易形式，致使当前传统反洗钱法律体系难以应对金融科技下新型洗钱活动的挑战。

（一）金融科技下的洗钱风险

金融科技的发展增加了资金流转的渠道，拓宽了金融交易形态与交易主体。这为洗钱活动提供了更多的空间与便利。在现实中，金融科技下的洗钱风险主要存在于两个维度：一是在金融科技应用于传统业务，即电子支付及第三方移动支付场景下所产生的洗钱风险；二是存在于金融科技拓展业态，即 P2P 网贷及密码货币所派生的洗钱风险。

在金融科技应用的传统业态中，金融业务的手续都可以在电子终端及网络环境下完成，以电子支付为例，网络移动终端的支付不同于通过票据凭证划转资金，支付的迅时性在一定程度上会伴随着监控严密性的减损。电子支付的"脱媒性"，使用户可以直接通过互联网操作实现资金的线上流转，这种电子交易无须经过人工识别，以大批量的小额交易为主，传统监管下的大额、可疑交易制度无法有效检测到潜在的洗钱行为。另外，鉴于第三方支付平台的介入，部分网络用户在线上交易中可以脱离银行账户，直接向在第三方平台上注册的账户中储存资金，由于一些第三方支付平台对用户注册信息的真实性审核不严密，用户身份及其资金来源都无法得到有效的判断。网络支付的迅时性，使资金多批次流转成为可能，这给反洗钱的资金追踪带来了较大的困难。其次，网上支付的非面对面性质割裂了客户身份识别与资金监测的内在联系和整体性。部分第三方支付机构基于银行账户的客户身份识别方式与该客户后续资金交易并没有内在关系，客户身份认证时提供的银行账户和客户交易时使用的银行账户可以为不同的账户，这削减了客户身份识别的作用。[①] 例如，一些第三方支付平台及网贷平台，无法具体核实交易信息的真实性，用户完全可以盗用、冒用甚至伪造他人身份证信息完成注册。再次，线上交易的迅时性打破了金融交易的时空界限，跨国洗钱、资金跨境转移更加便利。互联网金融的交易结算不再受制于时间、地点等因素，第三方支付平台具有全天候结算特点，线上支付系统以电子货币替代了现实生活中的真实货币，资金在全球范围内可以自由流转，尤其以比特币为代表的密码货币，可以在全球范围内实现"投资—变现"的统一操作，而密码货币在中间环节的流转在现有技术条件下无法监控，这为洗钱活动提供了便利的场所。

（二）利用金融科技的洗钱行为与传统监管体系的龃龉

传统的洗钱行为大多是通过银行等金融机构的货币资本业务来实现的，金融科技下的新业态拓宽了洗钱的渠道，事实上为犯罪分子绕开银行系统利用非金融机构提供的支付服务进行洗钱提供了便捷，增加了资金流转中监管与追踪的困难。首先，从资金流向上来说，互联网金融催生的新型融资形式与运营模式，使得资金流通渠道较以往大大增加，这也为上游犯罪非法所得之赃款的转移、隐瞒、融合及跨境流转提供了更广阔的"渠道"。移动终端钱包、线下扫码支付等新型支付转账手段，及众筹、P2P等新型融资模式，为洗钱犯罪提供了更广阔的资金隐匿与掩饰渠道，随着用户的增加，大量的交易次数使得洗钱活动更容易藏身其中。另外，我国市场环境下的新生事物与监管往往存在时空间隔的特点，在互联网金融环境下，客户准入门

---

① 童文俊：《互联网金融洗钱风险与防范对策研究》，《浙江金融》2014年第4期。

槛低、交易程序简化、操作便捷，网络平台责任规范缺失、监管机制滞后，再加上资金支付与流转的便捷与迅时性，交易平台往往会产生大量的多层次、多次数的资金流转，这类资金可以在平台上通过"化整为零"的方式分散输出，最后流转集合，给追踪与监控带来了巨大困难。金融科技创新本身是一个中性事物，它是一把"双刃剑"，在带来变革与机遇的同时也不免伴随着风险与挑战，而金融创新的本身无法消化甚至消解这些问题。这就使互联网金融等金融科技创新极有可能成为滋生洗钱犯罪的土壤及集散地。

其次，互联网金融产品对客户身份识别存在疏漏。这种疏漏一定程度上是互联网金融产品在前期为争夺客户资源而有意为之的营销手段。在金融科技创新的推动下，现代金融发展理念越发明了，即通过互联网等相关技术的支持，为客户提供便捷、高效及优质的服务，但是商业理念与国家法律政策及安全政策并非总是契合，相反，它们有时存在巨大的张力。以比特币为例，比特币作为一种以数字货币存在的互联网金融投资产品，用户注册的门槛极低，用户只需要在平台上注册一个"钱包"即可，而且注册手续不需要填写个人真实信息，单个用户所注册的钱包数量也不受限制，区块链上的操作受制于后台特殊的编码模型，而线上变现市场交易不仅不受限制，而且超越地域时空的阻隔。这种在暗网下进行的以密码货币为媒介的互联网投资活动，完全颠覆了传统监管模式与犯罪侦查模式，由于密码货币没有发行银行、没有用户注册信息、没有账户及余额，甚至连发行数量也是由平台后台特殊的计算模型所支配，这使得监管机构唯一可以调查的场域只有区块链和线上变现市场。这种游离于监管机制之外的特性，使得藏匿于密码货币交易中的洗钱活动、资金转移难以被监控，法律监管只能被迫后置，其技术复杂性（如密码货币与真实货币的兑换"汇率"及区块链空间）都超出了监管甚至司法人员的知识范围。另外，电子支付也存在巨大的洗钱风险。互联网金融环境下，电子支付与转账已经成金融交易的主要手段之一，而利用网络支付工具开展洗钱活动也成为网络洗钱的重要形式。网络支付系统通过数字证书、数字签名认证交易双方的身份，但是目前很多网络支付形式并没有实现网络实名制，这种放松对用户身份验证的做法并不符合监管机构的要求，网络用户可以通过使用他人甚至虚假身份进行账户注册，从而隐匿洗钱犯罪行为人的真实身份。另外，网络支付系统无法审查付款方的资金性质和来源，如网络洗钱行为人可以开通一个在第三方支付平台上的资金存储账户，然后将上游犯罪所得存入平台上的账户内，由此犯罪行为人可以利用在线支付与转账进行隐蔽的洗钱活动，这与信用卡支付存在书面记录而可以保存洗钱线索的支付方式有着本质的区别。① 由于第三方支付平台并非传统的金融机构，其不具备交易检测报告系统，而在运营前期甚至不受监管机构的制约，这使得平台自身及监管机构都无法对网上交易支付情况及资金流向进行审查，无法监测大额及可疑的交易活动，这使得网络支付与转账成为洗钱犯罪理想的栖息地。

再次，互联网金融与电子商务的结合，使得赃款变现更加便捷与隐蔽。以互联网为媒介的电子商务打破了传统商业格局间的壁垒，实现了经营渠道与业务范围的多元化。很多电子商务平台与互联网金融相结合，客户不仅可以在网络平台上购物，也可以在网络平台上支付与转账，甚至以淘宝、京东为代表的电商平台还允许客户间进行借贷融资。这使得电商平台可能同时成为上游犯罪与洗钱犯罪的集散地，上游犯罪的赃款可以直接通过电商平台的交易转换成实物，而这些实物具有资金支付后迅时到账的属性，再加上某些电商从货源到配送一体化的服务模式，很多网购商品交易后将由电商物流直接发送，这些电商不仅难以审查用户资金的来源，甚至对配送地址、收货人的身份也无法识别，这就给洗钱犯罪带了极大的便利。

（三）对传统洗钱罪保护法益的影响

学术界对洗钱罪的犯罪客体一直存有争议，现行刑法将洗钱罪放置在刑法分则第三章第四节中，由此可以推测，立法者认为洗钱罪所侵害的法益主

---

① 高宇皓：《互联网金融背景下的反洗钱对策思考》，《时代金融》2016年第6期中旬刊。

要是"金融管理秩序"。在传统金融业务的环境下，这种解释还说得过去，但是在互联网金融的背景下，洗钱罪法益的问题日益凸显。通说认为，"洗钱罪的犯罪客体是复杂客体，包括国家金融管理秩序和司法机关的正常活动"。① 这一观点认为，从立法编排上来说，刑法将洗钱罪规定在"破坏金融管理秩序罪"中，由此可知洗钱罪的法益首先是保护国家金融管理秩序；除此之外，洗钱罪的对象是上游犯罪所得及其收益，这些赃款赃物需要由司法机关依法追缴、处理或没收，从这个意义上说，洗钱罪所侵害的法益还包括司法机关的正常活动。另外，学界对洗钱罪的犯罪客体还存在其他不同观点，归纳起来主要是以下几点：第一种观点，洗钱犯罪从法典编排及立法目的来看，是简单客体，侵害的主要是国家的金融管理秩序，该说认为如果将司法活动纳入洗钱罪的法益当中，就会导致洗钱罪成为掩饰、隐瞒犯罪所得、犯罪所得收益罪的特别规定，不利于发挥两罪在想象竞合上的明示机制；② 第二种观点认为洗钱罪客体也是复杂客体，其基本观点与通说类似，但是该说认为洗钱罪侵害的客体有主次之分，主要客体仍然是金融管理秩序，而司法机关活动只是次要或者附随的客体③；第三种观点认为，洗钱罪所侵害的客体是一种多重的不定项客体，犯罪客体随着上游犯罪及行为方式的不同，而呈现可变性。④

然而在互联网金融环境下，很多洗钱行为可以从非银行机构的第三方支付平台上进行操作，这使得用金融管理秩序这一客体无法有效规制新型的洗钱方式。基于此，学术界关于如何界定洗钱罪的法益及如何在刑法典中安排洗钱罪的位置产生了多种不同观点：其一，有观点认为，"从犯罪客体的特殊性出发，洗钱犯罪应单设一章"⑤；其二，有观点认为，"在互联网环境下，洗钱罪侵犯的主要客体为司法机关的正常活动，次要客体为金融管理秩

① 王作富主编《刑法分则实务研究》（上），中国方正出版社，2013，第488页。
② 张明楷：《刑法学》（第五版），法律出版社，2016，第793页；持该立场的学者还有，吕岩峰：《洗钱罪初论》，《法制与社会发展》1998年第1期。
③ 莫红宪、叶小琴：《洗钱罪的若干问题》，《江苏公安专科学校学报》2001年第5期。
④ 赵秉志主编《新刑法教程》，中国人民大学出版社，1997，第493页。
⑤ 徐汉明、贾济东、赵慧：《中国反洗钱立法研究》，法律出版社，2005，第244页。

序，应将洗钱罪置于妨害司法罪之中"[①]；其三，还有观点认为，"关于洗钱罪名的归类和在刑法分则中的体系定位，一般只具有立法技术和学理方面的意义，并不会影响我国打击洗钱活动的司法实践效果，因此完全可以不必过分拘泥于这方面的争论"。[②] 其中，学术界对第二种观点所提出的重新界定洗钱罪之法益的讨论较多，从犯罪属性上来看，洗钱罪符合妨害司法罪的本质特征，详言之，洗钱罪的本质特征是掩饰、隐瞒特定犯罪所得来源和性质，使其成为合法收入，为司法机关指控犯罪、追缴犯罪所得设置障碍，以逃避法律处罚，从而严重妨碍了司法机关的正常活动。[③] 在互联网金融的背景下，洗钱犯罪在行为方式及法益侵害等方面从破坏金融管理秩序向妨害司法秩序转变，即通过互联网实施的洗钱虽然在形式上侵害了金融管理秩序这一法益，但其行为人的主要目的在于通过网络便捷手段转移非法所得，进而逃避法律制裁。由此可以看出，洗钱罪已经不仅是一种破坏金融管理秩序的犯罪，而且更是一种有关赃物处置的妨害司法犯罪。[④] 除此之外，将金融管理秩序作为洗钱罪的主要客体，严重限缩了反洗钱的刑事法网，不利于对新型洗钱行为的规制。尽管很多互联网洗钱行为已然是通过金融机构实施的，侵犯了金融管理秩序，但是互联网金融所产生的新型运营模式极大地拓宽了通过非金融机构进行洗钱的渠道，比如利用第三方支付平台所进行的资金转入与转出，这些行为超出传统金融秩序管理的界限。事实上，在金融科技的影响之前，司法解释对洗钱罪的法律适用规定就已经突破了"金融管理秩序"的法益界限，法益保护的范围拓展到了非金融领域中的社会秩序，如2009 年最高人民法院颁布的《关于审理洗钱等刑事案件具体应用给法律若干问题的解释》第 2 条的规定，"具有下列情形之一的，可以认定为刑法第一百九十一条第一款第（五）项规定的'以其他方法掩饰、隐瞒犯罪所得

---

① 皮勇、张启飞：《互联网环境下我国洗钱犯罪立法问题及完善》，《青海社会科学》2016 年第 2 期。

② 王新：《反洗钱：概念与规范诠释》，中国法制出版社，2012，第 198 页。

③ 张惠芳：《浅议洗钱罪》，载单长宗等主编《新刑法研究与适用》，人民法院出版社，2000。

④ 卢勤忠：《我国洗钱罪立法完善之思考》，《华东政法学院学报》2004 年第 2 期。

及其收益的来源和性质'：（一）通过典当、租赁、买卖、投资等方式，协助转移、转换犯罪所得及其收益的；（二）通过与商场、饭店、娱乐场所等现金密集型场所的经营收入相混合的方式，协助转移、转换犯罪所得及其收益的；（三）通过虚构交易、虚设债权债务、虚假担保、虚报收入等方式，协助将犯罪所得及其收益转换为'合法'财物的；（四）通过买卖彩票、奖券等方式，协助转换犯罪所得及其收益的；（五）通过赌博方式，协助将犯罪所得及其收益转换为赌博收益的；（六）协助将犯罪所得及其收益携带、运输或者邮寄出入境的；（七）通过前述规定以外的方式协助转移、转换犯罪所得及其收益的"。由此可知，洗钱罪的保护法益在实务中已由传统的"金融管理秩序"扩展为复合法益。

六　余论

我国的刑法中所规定的洗钱犯罪是广义的洗钱罪范畴，虽然在规制的犯罪类别与范围上基本符合国际公约所要求的内容，但这种符合仅仅满足了国际公约义务中的最低标准。单独就刑法第191条洗钱罪的规定来看，在立法规定及立法技术上还存在很多问题，洗钱罪的间接故意及过失问题、7类上游犯罪以外的重刑犯罪所得的洗钱行为及上游犯罪行为在洗钱罪的共犯等问题，在现有刑法规定中都无法得到有效的解决，这大大削弱了洗钱罪的规制效果。另外，随着金融科技的发展，利用互联网金融模式所从事的洗钱活动在手段方式上超出了传统刑法的规制便捷，在犯罪范围上具有跨国性、在资金转移上具有迅时性，给侦查活动及司法适用带来了巨大挑战，使得新的洗钱行为与传统洗钱罪之间产生龃龉。如何根据新的发展形势调整洗钱罪的规定、完善我国洗钱犯罪的刑法规制体系，是当下洗钱犯罪研究必须面对的问题。

附　　录

Appendices

B.12
2016～2017年中国十大
金融法治事件

张微林*

一　完善产权保护制度

（一）事件概述

1. 中共中央、国务院发布完善产权保护制度的意见

2016年11月27日召开的中央全面深化改革领导小组第二十七次会议，审议通过了《中共中央　国务院关于完善产权保护制度依法保护产权的意见》（以下简称《意见》），对完善产权保护制度、推进产权保护法治化有关

---

* 张微林，法学博士，金融学博士后，中信集团法律合规部，主要研究方向为宪法学与行政法学、农村金融与乡村治理等。

工作进行了全面部署，并从加强各种所有制经济产权保护、妥善处理历史形成的产权案件、完善财产征收征用制度等十个方面提出具体改革措施。

《意见》指出，产权制度是社会主义市场经济的基石，保护产权是坚持社会主义基本经济制度的必然要求。有恒产者有恒心，经济主体财产权的有效保障和实现是经济社会持续健康发展的基础。可见，以制度建立产权的保障基础是市场经济的必然要求。解决我国产权保护中存在的一些薄弱环节和问题，必须加快完善产权保护制度，依法有效保护各种所有制经济组织和公民财产权，增强人民群众财产财富安全感，增强社会信心，形成良好预期，增强各类经济主体创业创新动力，维护社会公平正义，保持经济社会持续健康发展和国家长治久安。

《意见》特别强调："坚持平等保护。健全以公平为核心原则的产权保护制度，毫不动摇巩固和发展公有制经济，毫不动摇鼓励、支持、引导非公有制经济发展，公有制经济财产权不可侵犯，非公有制经济财产权同样不可侵犯。"同时，《意见》明确了产权保护的十大任务：加强各种所有制经济产权保护；完善平等保护产权的法律制度；妥善处理历史形成的产权案件；严格规范涉案财产处置的法律程序；审慎把握处理产权和经济纠纷的司法政策；完善政府守信践诺机制；完善财产征收征用制度；加大知识产权保护力度；健全增加城乡居民财产性收入的各项制度；营造全社会重视和支持产权保护的良好环境。

2. 最高人民法院决定再审顾雏军等三起重大涉产权案件

2017年12月28日，最高人民法院公布人民法院依法再审顾雏军案、张文中案、李美兰案等三起重大涉产权案件。这是自2016年《中共中央国务院关于完善产权保护制度依法保护产权的意见》颁布以来，司法部门落实《意见》的重要标志，也是"两个一批"政策，即"坚持有错必纠，抓紧甄别纠正一批社会反映强烈的产权纠纷申诉案件，剖析一批侵害产权的案例"的重要进展。

（二）专家点评

南京大学法学院教授范健认为：改革开放以来，在根植法律、秉持创新、立足国情的基础上，中国形成了独具特色的产权保护法律框架。但是，国有产权受保护不足、私有产权被侵害严重等问题依然存在。2016 年《中共中央国务院关于完善产权保护制度依法保护产权的意见》以及 2017 年《关于营造企业家健康成长环境弘扬优秀企业家精神更好发挥企业家作用的意见》展示了中国在立法、执法、司法、守法等方面坚定完善产权保护制度的决心，对增强人民群众财产财富安全感，营造企业家健康成长环境具有重要意义。

最高人民法院所做出的三个涉产权案件再审决定就彰显了其以公正司法保护产权的态度，但要落实"两个一批"，司法部门必须妥善处理历史形成的产权案件，严格遵守法律的实体规则和程序规则，警惕运动式司法裁判，严格依法做到该纠的坚决纠，不该纠的决不纠。在彰显法的正义性的同时，严格维护司法的稳定性、权威性、严肃性，只有这样，司法才能真正构筑产权保护的坚实堡垒。

（三）法治意义

《意见》首次提出"公有制经济财产权不可侵犯，非公有制经济财产权同样不可侵犯"的平等保护原则，触及重大宪法问题，体现出财产权平等的市场经济法治观念，将推动宪法修改，具有重大的法治意义。

二 大力推进普惠金融

（一）事件概述

1. "两权"抵押融资试点

2016 年 3 月，中国人民银行会同相关部门联合印发《农村承包土地的经营权抵押贷款试点暂行办法》和《农村住房财产权抵押贷款试点暂行办法》。"两个办法"从贷款对象、贷款管理、风险补偿、配套支持措施、试点监测评估等多方面，对金融机构、试点地区和相关部门推进落实"两权"

抵押贷款试点明确了政策要求。

一是赋予"两权"抵押融资功能。维护好、实现好、发展好农民土地权益，落实"两权"抵押融资功能，盘活农民土地用益物权的财产属性。二是推进农村金融产品和服务方式创新。在贷款利率、期限、额度、担保、风险控制等方面加大创新支持力度。三是建立抵押物处置机制。允许金融机构在保证农户承包权和基本住房权利前提下，依法采取多种方式处置抵押物，完善抵押物处置措施。四是完善配套措施。试点地区要加快推进农村土地承包经营权、宅基地使用权和农民住房所有权确权登记颁证，建立完善农村土地产权交易平台，建立健全农村信用体系。五是加大扶持和协调配合力度。在货币政策、财政政策、监管政策、保险保障等方面，加大扶持和协调配合力度。

2. 央行定向降准助推普惠金融

2017年9月，中国人民银行颁布《关于对普惠金融实施定向降准的通知》。根据国务院部署，为支持金融机构发展普惠金融业务，聚焦单户授信500万元以下的小微企业贷款、个体工商户和小微企业主经营性贷款，以及农户生产经营、创业担保、建档立卡贫困人口、助学等贷款，中国人民银行决定统一对上述贷款增量或余额占全部贷款增量或余额达到一定比例的商业银行实施定向降准政策。此次对普惠金融实施定向降准政策，是根据国务院部署对原有定向降准政策的拓展和优化，以更好地引导金融机构发展普惠金融业务。

中国人民银行精准调控向普惠金融倾斜，既避免了大水漫灌冲击结构性改革和金融去杠杆进程，又能为实体经济提供有效支持，有利于实体经济内在动能不断完善。此次定向降准政策的结构性支持力度更大、针对性更强；有利于支持小微企业、"三农"发展，促进创业创新和新动能成长、扩大就业，增强经济发展活力和包容性；推动了金融机构发展普惠金融，更好地实现普惠目标。

（二）专家点评

2016年10月27日，中央财经领导小组办公室副主任、中央农村工作领导小组办公室副主任韩俊在 2016 年中国金融年度论坛上表示：在现行的信贷政策下，担保抵押的资产是否充分是决定银行贷款的主要条件。大量农村的小微企业，普通农户、贫困人口因为没有多少担保抵押品，贷款需求很难得到满足，这是国家推进普惠金融发展需要关注的重点。农村承包土地经营权和农民住房财产权抵押贷款试点是解决农民贷款抵押担保难题的有效突破。但因为担心农村土地处置难，金融机构开展此项业务还有不少顾虑，需要进一步完善试点的相关政策。

普惠金融是我国金融体系的短板，从今年来看，涉农贷款信贷出现了增长乏力的局面。发展普惠金融要体现机会平等，但也不能搞成慈善金融，要走出一条兼顾公平和商业可持续性的真正惠及广大农户、农村小微企业及贫困人口的普惠金融之路。

（三）法治意义

各项试点调控倾向于普惠金融目标的实现，而普惠金融的本质就是纠正由市场经济不完善导致失灵引发的资源分配不公平，进一步消除贫富差距，实现社会公平，具有重要的法治意义。

三 互联网风险专项整治工作

（一）事件概述

2016 年 10 月 13 日，国务院办公厅公布了《互联网金融风险专项整治工作实施方案》，对互联网金融风险专项整治工作进行了全面部署和安排，按照"打击非法、保护合法，积极稳妥、有序化解，明确分工、强化协作，远近结合、边整边改"的工作原则，区别对待、分类施策，集中力量对 P2P 网络借贷、股权众筹、互联网保险、第三方支付、通过互联网开展资产管理及跨界从事金融业务、互联网金融广告等重点领域进行整治。

相关部委随后同时发布了包括 P2P 网络借贷、股权众筹、第三方支付、网络资管跨界金融、互联网金融广告、互联网保险在内的六个子方案。例如，银监会会同工业和信息化部、公安部、国家互联网信息办公室等部门印发《网络借贷信息中介机构业务活动管理暂行办法》，为网贷行业规范发展提供了制度依据；银监会会同工业和信息化部、公安部、国家工商总局、国家互联网信息办公室等十四个部委联合印发《P2P网络借贷风险专项整治工作实施方案》，在全国范围内开展网贷风险专项整治工作。

银监会明确P2P整改重点：校园贷和现金贷。

2017年4月10日，银监会正式发布《中国银监会关于银行业风险防控工作的指导意见》（以下简称《指导意见》），要求在全国范围内进一步加强银行业风险防控工作，切实处置一批重点风险点，消除一批风险隐患，严守不发生系统性风险底线。《指导意见》要求，重点做好校园网贷的清理整顿工作。网络借贷信息中介机构不得将不具备还款能力的借款人纳入营销范围，禁止向未满18岁的在校大学生提供网贷服务，不得进行虚假欺诈宣传和销售，不得通过各种方式变相发放高利贷。《指导意见》称，做好"现金贷"业务活动的清理整顿工作。网络借贷信息中介机构应依法合规开展业务，确保出借人资金来源合法，禁止欺诈、虚假宣传。严格执行最高人民法院关于民间借贷利率的有关规定，不得违法从事高利放贷及暴力催收。

（二）专家点评

中国人民大学法学院副院长杨冬指出：互联网金融专项整治工作的启动与互联网金融协会的成立打出了"组合拳"，有力打击了互联网金融乱象，整顿了行业秩序，有利于引导互联网金融健康发展，防止劣币驱逐良币，对于维护金融消费者利益具有重要意义。

互联网金融专项整治活动有三大重大价值和意义：首先，切实打击了违法犯罪行为。经过半年多时间的排查，把市场上的一些"火情"、风险控制住了，以最小的成本和最快的速度控制了风险，减少了投资者的损失。其次，积累经验，创新监管机制。通过排查，使中央监管部门掌握了当前互联网金融大量案例和数据，有助于下一步在互联网金融协会协助下，形成基于

大数据的有效风险监控系统。最后，互联网金融本质上具有普惠性，能够为创客和中小企业提供切实有效的资金支持。

（三）法治意义

此次专项整治提出了禁止性行为，为互联网金融创新明确了法律底线和政策红线，而法律本身就是消解风险的手段，专项整治就是要扭转此前偏离的方向，引导创新回归法治轨道。

四　中国股票市场熔断机制暂停实施

（一）事件概述

2015 年 9 月 7 日晚间，上海证券交易所、深圳证券交易所、中国金融期货交易所三大交易所发布熔断机制征求意见通知称，拟在保留现有个股涨跌幅制度前提下，引入指数熔断机制。中国拟将沪深 300 指数作为指数熔断的基准指数，拟设置 5%、7% 两档指数熔断阈值，涨跌都熔断，日内各档熔断最多仅触发 1 次。12 月 4 日，上交所、深交所、中金所正式发布指数熔断相关规定，并于 2016 年 1 月 1 日起正式实施。

2016 年 1 月 4 日，沪深两市小幅低开，此后一路震荡下行。作为熔断机制基准指数的沪深 300 指数在 4 日 13 时 12 分触及 5% 的第一档熔断阈值，两市个股按照规则暂停交易 15 分钟。恢复交易后，恐慌情绪并未能得到遏制，沪深 300 指数继续下挫，13 时 33 分跌幅扩大至 7% 的第二档熔断阈值，导致"二次熔断"，当日股票期现货交易全面暂停。2016 年 1 月 7 日再度触发两次熔断，并伴随千股跌停，全日交易时间仅为 15 分钟，开市不足半小时便草草收场。刚刚跨入新年仅四个交易日，A 股便四次触发熔断。

2016 年 1 月 7 日晚 10：30 左右，上交所、深交所官网消息，为维护市场平稳运行，经中国证监会批准，1 月 8 日起暂停实施指数熔断机制。从 1 月 4 日始，至 1 月 7 日被叫停，熔断机制成为中国证券史上最短命的股市政策。

（二）专家点评

中国政法大学资本金融研究院院长刘纪鹏认为：股市四天两熔断不仅仅是技术上的问题，其中最根本的问题在于股市内在制定矛盾没有解决。本来熔断机制应当是灾害状态下的一种预防性措施，但到了我国证券市场却变成一种"日常"了。这其中的内在矛盾是非常严重的。

技术措施的调整并不难。尤其是，在熔断之余，我们还有涨跌停板制度。不过，我们在监管思路上确实出了一定的问题，许多政策的出台，包括限制董监高减持"大小非"（指非流通股），全部都是短期行为。监管部门并没有着力解决一些制度性矛盾，却只是在技术上小调，小调不好又出了大问题。所以，主张废止熔断机制。

（三）法治意义

中国的股票交易是市场化的，尤其是对于股票市场上的中、小交易者而言，其交易行为是基于市场机制做出的，而交易的后果则是自己承担的。然而，股票市场的规则制定者和监管者却有着浓厚的行政色彩，其行为具有明确的行政目的性。熔断事件再次表现出市场机制与行政管理间的矛盾和冲突，厘清政府、监管机构、交易组织和交易者之间的关系，是中国股票市场法治化的核心问题。

五　以市场化方式推进银行债转股

（一）事件概述

近年来，我国非金融部门企业债占 GDP 的比重越来越高，企业债务负担过重的弊病愈发凸显，特别是石油石化、煤炭、化工、钢铁等资本密集型重化工行业的杠杆率上升趋势较为明显，降杠杆压力较大。在宏观经济增速放缓、经济运行步入新常态的大环境下，随着经济增速的下滑，企业的投资回报率不断下行，但是贷款利率还停留在近年来比较高的位置。因此，陷入经营困难的企业数目不断增多，债务违约风险上升，商业银行贷款质量有所下降，不良贷款率和关注类贷款占比同比均有所增长，不良贷款的快速增加导致银行不良处置压力大增。与此同时，国内债券、信托等直接融资工具违约事件也时有发生，非银行金融机构不良资产处置压力也在不断增大。

2016 年 10 月 10 日，国务院发布《关于积极稳妥降低企业杠杆率的意见》，并同时发布《关于市场化银行债权转股权的指导意见》，标志着我国债转股从 2017 年后正式重启。之所以启动债转股，主要是由于近年来中国企业杠杆率高企，债务规模增长过快，债务负担不断加重，突出表现在企业债务违约风险事件数量激增，为此，国家从降低企业杠杆率、防范和化解金融风险角度出发，重新启动银行对企业债权转为持有股权。本次债转股坚持扶优原则，坚持市场化、法治化，债转股企业转股的债权、转股的价格、实施机构由市场主体自主协商确定。

（二）专家点评

中国行为法学会金融法律行为研究会会长朱小黄认为：20 世纪末，债转股政策曾经作为化解金融风险的重要手段，对推进我国银行业改革发挥过重要的作用。但也要看到，银行债转股政策对社会信用建设，尤其是银行信用构成一定的冲击。因此，集中式的银行的债转股就成为整个社会信用建设的敏感点，如果是市场主体自发形成的是可以的，但如果有组织地大规模进行就需要谨慎行事。需要综合考量历史与现实、对信用体系的正负效用、对全社会信用建设的影响，分析经济周期与银行不良率，甚至会重新思考分业经营和全能银行体制的问题。

如果没有做全面的分析，就大规模进行银行"债转股"，有可能彻底摧毁社会信用体系。这是因为，一方面，银行"债转股"动摇了基本的信用体系，公然保护违约行为；另一方面，使得社会对负债预期、还债预期产生深刻的影响。当前的历史条件与 20 世纪末有本质上的区别，因此，从社会信用整体、法治建设角度出发，银行债转股政策的具体落实需要采取更加谨慎的原则。

银行"债转股"政策的推行也需要特别谨慎，不能盲目贪大，要坚持市场化和法制化的原则。第一，参与主体的市场化，参与交易的各方主体地位平等，且都需自愿参加；第二，债转股的价格需要市场化，市场化评估作价是基于对企业偿债能力和盈利预期的分析；第三，更加强调资产回报率，引入竞标制度等一系列市场化的指标；第四，也是最为重要的，要减少乃至脱离纯行政目的的干预，政府仅需发挥引导作用，由资产管理公司或者第三方机构来主导。此外，债转股作为一种市场交易行为也不能只限于国有企业，具有转股价值的其他企业都可以通过商业谈判实施。

（三）法治意义

银行债转股涉及众多的参与者和性质不同的金融机构及监管机构，自然对整个社会影响巨大。做得好，就是解决经济矛盾的好事；做得不好，则会给经济社会留下极大的隐患。实施债转股应坚持以市场化运作为原则，尊重市场主体之间通过利益交换进行自主选择。有序的市场化债转股的实施可以打破杠杆率过高情况下，实体经济与虚拟经济之间的恶性循环，有助于降低系统性金融风险，维护金融体系的稳定发展，对中国金融长期稳健运行提供更加有利的环境。

六　证监会重拳频出整顿资本市场

（一）事件概述

2017年被金融业称为"史上最严"监管年，监管令密集发布，大额罚单不断开出。证监会对资本市场乱象连出重拳整顿。

1. 鲜言遭终身入市

2017年3月30日，中国证监会正式公布对鲜言操纵"多伦股份"〔拟改名为"匹凸匹金融信息服务（上海）股份有限公司"] 一案做出行政处罚，同时开出逾 34 亿元的罚金，这也是证监会开出的"史上最大罚单"。此后，加强事中、事后监管成为常态。证监会表示，经查明，鲜言主要存在通过实际控制、使用涉案账户、采用多种手段操纵"多伦股份"股价，未按规定报告、公告其持股信息等违法事实。尤其值得注意的是，回溯鲜言操纵"多伦股份"的行为可知，在此案件中鲜言存在多种手法操纵股价。

2. 龙薇传媒处罚案

龙薇传媒公司利用高杠杆率以"蛇吞象"式并购万家文化，且在银行融资尚不到位的情况下进行虚假披露误导市场，引发二级市场波动。证监会于 2017 年 11 月 8 日下发《行政处罚及市场禁入事先告知书》称，赵薇夫妇控制的龙薇传媒在自身境内资金准备不足，相关金融机构融资尚待审批，存在极大不确定性的情况下，以空壳公司收购上市公司万家文化，且贸然予以公告，对市场和投资者产生严重误导。证监会拟决定对黄有龙、赵薇给予警告，并分别处以 30 万元罚款，采取五年证券市场禁入措施。

3. 泽熙投资徐翔案

2010 年至 2015 年，徐翔单独或伙同王巍、竺勇，先后与 13 家上市公司的董事长或实际控制人（均另案处理），合谋控制上市公司择机发布"高送转"方案、引入热点题材等利好消息；徐翔、王巍基于上述信息优势，使用基金产品及其控制的证券账户，在二级市场上进行涉案公司股票的连续买卖，拉抬股价；徐翔以大宗交易的方式，接盘上述公司股东减持的股票；上述公司股东将大宗交易减持股票的获利部分，按照约定的比例与徐翔等人分成，或者双方在共同认购涉案公司非公开发行的股票后，以上述方式拉抬股价，抛售股票获利，或实现股票增值。2017 年 1 月 23 日，青岛市中级人民法院正式对徐翔案一审宣判：被告人徐翔等犯操纵证券市场罪，判处徐翔有期徒刑五年六个月，同时并处罚金 110 亿元。

（二）专家点评

西南政法大学民商法学教授赵万一：证券市场作为各种利益的交汇地和

风险发散地，以严格的监管和严密的信息公示作为其良性运行的基础。证券市场的任何行为都应当具有合法性，法律所施加于市场主体的各种义务必须得到严格遵守，任何故意诈害投资者的行为都是为我国法律所禁止的行为。法律不是用来唬人的稻草人，而是长满牙齿的猛虎。君子爱财，无可厚非，但必须取之有道，这是法律的使命使然。不但国家公权力不能肆无忌惮，私人资本也不能为所欲为，任何人都要为自己的恶意、任性或无知付出代价，无论你是普通人，还是明星，只要你一踏进证券市场，你就是受证券法保护和约束的平等投资者。

（三）法治意义

这些事件不仅体现了当前形势下严监管的监管动向，最重要的是，其一定程度上暴露了中国资本市场存在的诸多问题，以及证券法、公司法的制度缺漏和监管层监管方式、手段的匮乏，可能引领资本市场监管和相关法律制度改革的新方向。

七 中国人民银行等七部委叫停 ICO

（一）事件概述

2017 年以来，由于参与门槛低、造富效应、缺乏监管、市场投机等原因，首次代币发行（Initial Coin Offering，ICO）呈现无序迅猛发展态势，风险不断积聚。2017 年 9 月 4 日，中国人民银行联合网信办、工业和信息化部、工商总局、银监会、证监会、保监会发布《关于防范代币发行融资风险的公告》，将 ICO（首次代币发行）界定为"未经批准非法公开融资的行为，涉嫌非法发售代币票券、非法发行证券以及非法集资、金融诈骗、传销等违法犯罪活动"，并规定，自《公告》发布之日起，各类代币发行融资活动应当立即停止。从此，ICO 在中国丧失了二级流通市场。

回顾伊始，ICO 本是新型的科技创新产物，但 2016 年下半年以后，事情变味了。因为 ICO 开始由小众群体逐步扩散至大众市场，月度融资额出现爆发式增长。资本的涌入以及大批投资者的蜂拥使得 ICO 身价倍增，短时间内达到峰值 759 美元/块。充斥着泡沫、脱实向虚的 ICO 市场引发了监管的关注，并于 9 月份靴子落地，监管利剑出鞘。

（二）专家点评

中国行为法学会金融法律行为研究会会长朱小黄指出：从法律角度考察，主权货币只是伴随国家现象的历史现象。相对法定货币而言，网络货币更有条件回归交易契约本质。任何经济交易都在国家主权范围内进行，所以现在各种流行的货币都是主权货币，即国家政权授权发行的货币。但互联网改变了这种格局，互联网是一个没有国界的虚拟世界，主权货币的交换毕竟不是最佳选择，所以创造新的网络货币是势所必然。只是这种货币要满足支付安全、交易双方认同、货币产生流程严密等技术条件。以区块链技术为基础的比特币等虚拟货币的出现正是这样大背景下创造网络通用货币的探索。

网络货币发行主体如果分散化，其法律约束力就被信用所取代，由于发行主体信用的差异和不确定性，很难形成虚拟世界通用的货币，而使网络交易成本上升、纠纷增加而提出网络司法的机制问题。但相对法定货币而言，网络货币更有条件回归交易契约本质。所以，应该在建立网络货币体系、监管体系、政策体系上下功夫。我们既不能用传统的货币理论衡量虚拟货币的性质与特点，也不能出于网络特点而放弃市场秩序对网络经济和虚拟货币的法律规范及风险管理。

（三）法治意义

网络经济是高度市场化的，由于屏蔽了行政权力的干预，更需要以自由市场观念与之相适应。所有的市场都充满风险，需要规则、秩序和信用，当然就需要逐步完善治理结构和调整法律关系。虚拟货币问题只是整个网络经济的一扇窗户，打开窗户，还有许多意想不到的场景。

八　资管新规征求意见，行业监管或将变局

（一）事件概述

2017 年 11 月中旬，中国人民银行基于金融稳定的考虑，联合银监会、证监会、保监会、外汇局几大监管部门发布《关于规范金融机构资产管理业务的指导意见（征求意见稿）》（以下简称《意见稿》），这一资管新规将对银行资产管理业务产生深远影响。过去十多年，以银行资管为代表的资管业务发展成果显著，但从银监会针对银行资管业务现场检查和非现场检查反馈的信息来看，普遍存在多层嵌套、杠杆不清、刚性兑付、监管套利和规避宏观调控等业务发展不规范问题，也很容易引发系统性金融风险。资管新规涉及银行、基金、券商、保险、信托等金融全部门，总规模达 100 万亿元的大资管，或将重新洗牌！

资管新规共二十九条，内容涉及基本原则、资产管理产品分类、投资者分类、打破刚性兑付监管要求、消除多层嵌套和通道、统计制度等诸多方面，旨在统一同类资产管理产品监管标准，有效防范和控制金融风险，引导社会资金流向实体经济，更好地支持经济结构调整和转型升级，为行业长久发展奠定基础。资管新规要点包括：①打破刚兑的监管要求甚为严厉，明确刚兑认定、分类惩处办法、投诉举报机制；②净值管理规定对银行理财、信托计划冲击较大，"基金化"是大势所趋；③规范资金池，对期限错配做出明确规定，全部实施会较当前有较大改变；④实行穿透式监管，资管产品允许一层嵌套，较前期预期有所缓和，但坚持消除多层嵌套和通道的大方向不变；⑤推动实质性第三方独立托管，推动行业发展更加规范、透明。

（二）专家点评

中国政法大学教授王涌认为，《意见稿》要成为一部真正理性的、现代化的资管业监管的法律框架，必须处理好如下几个矛盾。①监管与发展之间

的矛盾。资管业构成影子银行的主体，总量已达 100 万亿元。它对于打破金融垄断、提高金融资源的市场配置效率，发挥着重要的作用，对于中国经济的促进作用不可低估。尤其在货币超发的背景下，超发货币需要寻求出路，资管业必须大力发展，而不是萎缩。从战略上看，稳定和发展资管业是正确的选择。②精准监管与监管技术落后的矛盾。有效的监管必须是精准的监管。《意见稿》中的许多概念较为粗糙，需要修订，需要回到信托法传统，需要吸收英美等具有信托法传统的国家的立法经验。③公法上的监管目的与私法上的投资者利益保护之间的矛盾。《意见稿》的起草背景是贯彻中央关于有效防范和控制金融风险的指示，所以，《意见稿》中公法层面上的调控内容多，而涉及投资者利益保护的内容相对少。

（三）法治意义

资管新规奠定了金融监管"去刚兑、回归本源、穿透监管"的基调，可谓近年未有之巨变，资管新规落地，将对资管行业有着颠覆性的影响，意味着过去几年最具有活力、不断创新、野蛮生长的资管行业，最终将脱虚向实，回归本源。《意见稿》将构成未来中国资管业务监管的基本法律框架，意义深远。从现有《意见稿》的内容看，规制之深、之广、之细，必将一扫资管业的乱象。《意见稿》上升到法律层面，将弥补中国《证券法》和《信托法》的遗憾和空白，成为资本市场立法中的一项顶层设计。

九　国务院金融稳定发展委员会成立

（一）事件概述

我国金融监管体系长期以来是"混业经营，分业监管"，导致资管行业通道业务滋生，多层嵌套大量存在，银、证、保三会监管成本和沟通成本巨大，并容易形成监管真空，难以防范金融风险。过去，中央曾组建过金融稳定局、金融监管协调部级联席会议等制度试图解决上述问题，但成效有限。

2017年7月14日至15日，在北京召开全国金融工作会议。本次会议明确了金融的重要性，成立了国务院金融稳定发展委员会，形成了新的金融监管框架和理念。加强了政府对金融行业的宏观调控，强调防范系统性金融监管。提出"服务实体经济，防控金融风险，深化金融改革"三项任务，会议还对未来五年的中国金融工作做出了全面部署。设立国务院金融稳定发展委员会，强化中国人民银行宏观审慎管理和系统性风险防范职责，重新确定了央行的核心监管地位。11月8日，国务院金融稳定发展委员会成立，并召开了第一次全体会议。由马凯担任国务院金融稳定发展委员会主任。

国务院金融稳定发展委员明确了五方面的主要职责：一是落实党中央、国务院关于金融工作的决策部署；二是审议金融业改革发展重大规划；三是统筹金融改革发展与监管，协调货币政策与金融监管相关事项，统筹协调金融监管重大事项，协调金融政策与相关财政政策、产业政策等；四是分析研判国际、国内金融形势，做好国际金融风险应对，研究系统性金融风险防范处置和维护金融稳定重大政策；五是指导地方金融改革发展与监管，对金融管理部门和地方政府进行业务监督和履职问责等。

（二）专家点评

中国人民银行货币政策委员会委员、北京大学国家发展研究院教授黄益平指出，在"一行三会"分业监管格局以及混业经营和交叉业务变得越来越多的情况下，此举是改善监管协调、政策统筹的一个重要措施，特别是在加强金融监管协调、补齐监管短板等方面。一般来说，宏观审慎管理是央行的责任，因此，设立国务院金融稳定发展委员会的同时，强化中国人民银行宏观审慎管理和系统性风险防范职责符合国际惯例。未来央行在整体监管框架中的作用将会进一步提升。

过去"一行三会"四个部委之间的政策协调不够，信息也没有很好地共享。为此，"一行三会"曾由央行牵头成立部际联席会议，但实际的工作效果有进一步改善的空间。近年来互联网金融的发展对于"一行三会"的协调监管也提出了新的挑战，比如，蚂蚁金服、京东金融等都已经实现了混

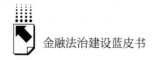

业经营，拥有很多金融牌照，如果还采取分业监管的机制是不合适的。

目前没有纳入金融监管的两个领域就是影子银行和互联网金融。其中，影子银行包括理财产品、委托贷款等，把资金挪到表外进行操作，基本的动机是规避监管。这两个领域最突出的特点是发展比较快，但是没有得到有效的监管。这其中也蕴含着极大的风险，风险最大的地方往往是看不清的地方。目前，将所有金融业务纳入监管也是为了防范系统性风险。金融监管改革的下一步就是金融监管的全覆盖，所有业务都要纳入监管，包括穿透式的监管。只有这样，才可以保证防范系统性金融风险。

（三）法治意义

国务院金融稳定发展委员会的成立是落实党的十九大报告中关于新的历史时期做好金融工作指示，"深化金融体制改革，健全金融监管体系，守住不发生系统性金融风险的底线"的具体举措。确保金融的稳定发展需要立法、司法、执法的一系列法律保障。

十　最高人民法院进一步规范金融审判工作

（一）事件概述

2017年8月9日，最高人民法院印发《关于进一步加强金融审判工作的若干意见》（以下简称《意见》），就人民法院贯彻落实全国金融工作会议精神、加强金融审判工作、保障经济和金融良性循环健康发展提出了30项意见，并强调金融审判是人民法院司法审判工作的重要组成部分，是人民法院服务和保障金融稳定发展的重要途径。

《意见》要求，要以服务实体经济为出发点和落脚点，引导和规范金融交易。要遵循经济、金融的发展规律，以金融服务实体经济为价值本源，依法审理各类金融案件。对于能够实际降低交易成本、实现普惠金融、合法合规的金融交易模式依法予以保护。对以金融创新为名掩盖金融风险、规避金融监管、进行制度套利的金融违规行为，要以其实际构成的法律关系确定其效力和权利义务。对于以金融创新名义非法吸收公众存款或者集资诈骗，构成犯罪的，依法追究刑事责任。

《意见》对互联网金融问题给予了高度的关注。《意见》规定，依法认定互联网金融所涉具体法律关系，据此确定各方当事人之间的权利义务。依法严厉打击涉互联网金融或者以互联网金融名义进行的违法犯罪行为，规范和保障互联网金融健康发展。对于涉及私募股权投资、委托理财、资产管理等新类型金融交易纠纷案件，《意见》要求，要加强对新类型金融案件的研究和应对，准确适用合同法、公司法、合伙企业法、信托法等法律，确定各方当事人之间的权利义务。发布指导性案例，通过类案指导，统一裁判尺度。

《意见》把依法防范和化解金融风险，切实维护金融安全放到了更为重要的位置。要求通过充分发挥破产审判的功能，依法处置"僵尸企业"，推动经济去杠杆。对于已不具备市场竞争力和营运价值的"僵尸企业"，及时进行破产清算，化解过剩产能，降低企业杠杆率。对于虽然丧失清偿能力，但仍能适应市场需要、具有营运价值的企业，则要综合运用破产重整、和解制度手段进行拯救，优化社会资源配置，实现企业再生。

非法集资行为危害人民群众财产安全和社会稳定，打击惩治非法集资行为是防范金融风险的重点。《意见》要求，要依法公正高效审理非法集资案件，持续保持对非法集资犯罪打击的高压态势。针对非法集资犯罪案件参与人数多、涉案金额大、波及面广、行业和区域相对集中的特点，加强与职能机关、地方政府的信息沟通和协调配合，提升处置效果，切实保障被害人的合法权益，有效维护社会稳定。

为依法服务和保障金融改革，《意见》在建立和完善适应金融审判工作需要的新机制方面，也有诸多新的举措。面对金融改革和金融监管机构调整的新形势和新要求，《意见》规定，要维护金融监管机构依法履行监管职责，积极推动、监督和维护金融监管机构依法行政。强化金融监管和金融审判的衔接配合，推动形成统一完善的金融法治体系。通过有效引入外部资

源，探索完善金融审判的多元化纠纷解决机制，促进金融纠纷依法、公正、高效解决，切实维护各方当事人的合法权益，有效降低当事人的维权成本。

（二）专家点评

中国人民大学法学院教授叶林认为：服务实体经济、防控金融风险、深化金融改革，是全国金融工作会议提出的重要部署，是正在形成的社会共识，应当成为指导人民法院金融审判工作的依归。在现行法律法规的框架下，如何根据金融活动的特殊性及司法审判活动的规律性，有效落实金融工作的三项任务是摆在各级人民法院面前的重大课题。

最高人民法院发布的《关于进一步加强金融审判工作的若干意见》，提供了未来一段时间内金融审判工作的重要指引。①金融审判既要鼓励、规范金融创新，又要把握金融关系的法律本质，按照"实质优于形式"的原则，准确适用金融法律法规，不拘泥于金融关系的形式和表象。②金融审判既要通过个案处理裁判，助推金融风险的化解，又要采用发布指导案例、加强与职能机关和地方政府的协调配合，积极发挥人民法院在防控金融风险上的独特作用。③对于有运营价值的企业，要重视破产重整、和解的积极意义，既要关停僵尸企业，又要预防破产案件诱发的金融风险；对于涉及地方交易场所案件，要加强行政处置与司法审判工作的衔接，有效防范区域性金融风险。④人民法院要建立适合金融审判活动的新机制。

在法院系统内部，应当不断提升审判人员的专业化水平，加强全国法院系统内部的信息共享；在外部关系上，应当引入外部资源，引入专家参与案件处理，发挥投资者保护组织和行业组织的积极作用，完善金融案件的多元化纠纷解决机制。

（三）法治意义

金融审判是人民法院司法审判工作的重要组成部分，是人民法院服务和保障金融稳定发展的重要途径。最高人民法院为深入贯彻习近平总书记在全国金融工作会议上发表的重要讲话精神，研究部署具体工作举措，紧紧围绕服务实体经济、防控金融风险、深化金融改革三项任务，就加强金融审判工作出台了《意见》。从法理上说，市场经济本质是法治经济，任何经济行为都应在法治轨道上运行，金融也不例外。我国目前已在这方面打造了较为完善的法律体系，《意见》的出台解决了金融案件审理的"有法可依"问题。

所以，在金融创新的大潮中，风控大幕也同时徐徐拉开，可以说，我国的金融行业正在迈入重塑之路，而且是往越来越好的方向转变，2018 年，让我们拭目以待。

B.13
2016～2017年相关金融法律法规

关仕新*

（一）全国人大及其常委会修改的金融法律

2016 年 12 月 25 日，第十二届全国人民代表大会常务委员会第二十五次会议通过全国人民代表大会常务委员会关于授权国务院在河北省邯郸市等 12 个试点城市行政区域暂时调整适用《中华人民共和国社会保险法》有关规定的决定，自 2017 年 1 月 1 日起施行。

（二）全国人大及其常委会审议的金融法律

2017 年 4 月，证券法修订草案提请第十二届全国人大常委会第二十七次会议进行第二次审议。

（三）国务院制定和修改的部门金融规章

1. 2016 年 2 月 6 日，《国务院关于修改部分行政法规的决定》，修订《农业保险条例》。

2. 2016 年 2 月 6 日，《国务院关于修改部分行政法规的决定》，修订《中华人民共和国外资保险公司管理条例》。

3. 2016 年 2 月 6 日，《国务院关于修改部分行政法规的决定》，修订《机动车交通事故责任强制保险条例》。

4. 2016 年 2 月 6 日，《国务院关于修改部分行政法规的决定》，修订

---

* 关仕新，《检察日报》理论部编辑、记者。

《证券公司风险处置条例》。

5. 2016 年 2 月 6 日，《国务院关于修改部分行政法规的决定》，修订《证券交易所风险基金管理暂行办法》。

6. 2016 年 3 月 10 日，国务院公布《全国社会保障基金条例》（国务院令第 667 号），自 2016 年 5 月 1 日起施行。

7. 2017 年 8 月 2 日，国务院公布《融资担保公司监督管理条例》（国务院令第 683 号），自 2017 年 10 月 1 日起施行。

（四）国务院制定和修改的规范性金融文件

1. 2016 年 1 月 3 日，《国务院关于整合城乡居民基本医疗保险制度的意见》（国发〔2016〕3 号）。

2. 2016 年 4 月 12 日，《国务院办公厅关于印发互联网金融风险专项整治工作实施方案的通知》（国办发〔2016〕21 号）。

3. 2017 年 1 月 19 日，《国务院办公厅关于印发生育保险和职工基本医疗保险合并实施试点方案的通知》（国办发〔2017〕6 号）。

4. 2017 年 2 月 6 日，《国务院办公厅关于创新农村基础设施投融资体制机制的指导意见》（国办发〔2017〕17 号）。

5. 2017 年 6 月 20 日，《国务院办公厅关于进一步深化基本医疗保险支付方式改革的指导意见》（国办发〔2017〕55 号）。

6. 2017 年 6 月 29 日，《国务院办公厅关于加快发展商业养老保险的若干意见》（国办发〔2017〕59 号）。

7. 2017 年 8 月 4 日，《国务院办公厅转发国家发展改革委商务部人民银行外交部关于进一步引导和规范境外投资方向指导意见的通知》（国办发〔2017〕74 号）。

8. 2017 年 8 月 29 日，《国务院办公厅关于完善反洗钱、反恐怖融资、反逃税监管体制机制的意见》（国办函〔2017〕84 号）。

9. 2017 年 9 月 1 日，《国务院办公厅关于进一步激发民间有效投资活力促进经济持续健康发展的指导意见》（国办发〔2017〕79 号）

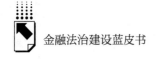

10. 2017 年 11 月 9 日，《国务院关于印发划转部分国有资本充实社保基金实施方案的通知》（国发〔2017〕49 号）。

（五）各部委制定和修改的部门金融规章

1. 2016 年 1 月 11 日，中国保险监督管理委员会发布《中国保险监督管理委员会派出机构监管职责规定》（中国保险监督管理委员会令 2016 年第 1 号）。

2. 2016 年 4 月 19 日，中国证券监督管理委员会、财政部、中国人民银行公布修订后《证券投资者保护基金管理办法》（中国证券监督管理委员会、财政部、中国人民银行令第 124 号）。

3. 2016 年 6 月 14 日，中国保险监督管理委员会发布《保险资金间接投资基础设施项目管理办法》（中国保险监督管理委员会令〔2016〕第 2 号）。

4. 2016 年 11 月 8 日，中国证券监督管理委员会财政部公布《关于修改〈期货投资者保障基金管理暂行办法〉的决定》（中国证券监督管理委员会财政部令第 129 号）。

5. 2016 年 12 月 12 日，中国证券监督管理委员会公布《证券期货投资者适当性管理办法》（证监会令第 130 号）。

6. 2016 年 5 月 19 日，中国人民银行公布中国人民银行令〔2016〕第 1 号——关于废止、修改部分规章和政策性文件的决定，包括：废止《关于进行外汇（转）贷款登记的通知》、修改《经营、装帧流通人民币管理办法》《中国人民银行假币收缴、鉴定管理办法》等。

7. 2016 年 6 月 6 日，中国人民银行、中国银行业监督管理委员会公布《银行卡清算机构管理办法》（中国人民银行中国银行业监督管理委员会令〔2016〕第 2 号），自发布之日起施行。

8. 2016 年 6 月 16 日，中国证券监督管理委员会公布《关于修改〈证券公司风险控制指标管理办法〉的决定》（证监会令第 125 号）。

9. 2016 年 7 月 13 日，中国证券监督管理委员会公布《上市公司股权激励管理办法》（证监会令第 126 号）。

10. 2016 年 8 月 17 日，中国银行业监督管理委员会、工业和信息化部、公安部、国家互联网信息办公室令公布《网络借贷信息中介机构业务活动管理暂行办法》（中国银行业监督管理委员会、工业和信息化部、公安部、国家互联网信息办公室令〔2016〕第 1 号）。

11. 2016 年 9 月 8 日，中国证券监督管理委员会公布《关于修改〈上市公司重大资产重组管理办法〉的决定》（证监会令第 127 号）。

12. 2016 年 9 月 30 日，中国证券监督管理委员会公布《内地与香港股票市场交易互联互通机制若干规定》（证监会令第 128 号）。

13. 2016 年 12 月 28 日，中国人民银行公布修订后《金融机构大额交易和可疑交易报告管理办法》（中国人民银行令〔2016〕第 3 号）。

14. 2017 年 1 月 25 日，中国保险监督管理委员会发布《中国保险监督管理委员会行政处罚程序规定》（中国保险监督管理委员会令〔2017〕第 1 号）。

15. 2017 年 4 月 18 日，中国证券监督管理委员会公布《期货公司风险监管指标管理办法》（证监会令第 131 号）。

16. 2017 年 5 月 3 日，中国证券监督管理委员会公布《区域性股权市场监督管理试行办法》（证监会令第 132 号）。

17. 2017 年 6 月 6 日，中国证券监督管理委员会公布《证券公司和证券投资基金管理公司合规管理办法》（证监会令第 133 号）。

18. 2017 年 7 月 5 日，中国银行业监督管理委员会公布《中国银监会关于修改〈中国银监会中资商业银行行政许可事项实施办法〉的决定》（中国银监会令〔2017〕第 1 号）。

19. 2017 年 7 月 7 日，中国证券监督管理委员会公布《关于修改〈中国证券监督管理委员会发行审核委员会办法〉的决定》（证监会令第 134 号）。

20. 2017 年 9 月 8 日，中国证券监督管理委员会公布《关于修改〈证券发行与承销管理办法〉的决定》（证监会令第 135 号）。

21. 2017 年 10 月 13 日，中国人民银行、中国银行业监督管理委员会公布修订后的《汽车贷款管理办法》（中国人民银行、中国银行业监督管理委员会令〔2017〕第 2 号），自 2018 年 1 月 1 日起施行。

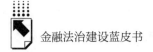
22. 2017 年 10 月 25 日，中国人民银行公布修订后《应收账款质押登记办法》（中国人民银行令〔2017〕第 3 号）。

23. 2017 年 11 月 8 日，中国银行业监督管理委员会公布《中国进出口银行监督管理办法》（中国银监会令〔2017〕第 3 号）。

24. 2017 年 11 月 9 日，中国银行业监督管理委员会公布《农业发展银行监督管理办法》（中国银监会令〔2017〕第 4 号）。

25. 2017 年 11 月 15 日，中国银行业监督管理委员会公布《国家开发银行监督管理办法》（中国银监会令〔2017〕第 2 号）。

26. 2017 年 11 月 17 日，中国证券监督管理委员会公布《证券交易所管理办法》（证监会令第 136 号）。

27. 2017 年 12 月 7 日，中国证券监督管理委员会公布《关于修改〈证券登记结算管理办法〉等七部规章的决定》（中国证券监督管理委员会令第 137 号），公布修改后的《证券登记结算管理办法》《全国中小企业股份转让系统有限责任公司管理暂行办法》《转融通业务监督管理试行办法》《证券发行上市保荐业务管理办法》《期货交易所管理办法》《期货公司监督管理办法》《期货公司资产管理业务试点办法》。

（六）各部委制定和修改的部门金融规范性文件

1. 2016 年 1 月 18 日，中国保监会印发《保险机构董事、监事和高级管理人员任职资格考试管理暂行办法》（保监发〔2016〕6 号）。

2. 2016 年 1 月 18 日，《中国保监会关于全面推进保险法治建设的指导意见》（保监发〔2016〕7 号）。

3. 2016 年 1 月 18 日，中国保监会印发《保险机构董事、监事和高级管理人员任职资格考试管理暂行办法》（保监发〔2016〕6 号）。

4. 2016 年 1 月 19 日，《中国保监会关于加强互联网平台保证保险业务管理的通知》（保监产险〔2016〕6 号）。

5. 2016 年 1 月 19 日，《中国保监会关于加强互联网平台保证保险业务管理的通知》（保监产险〔2016〕6 号）。

6. 2016 年 1 月 21 日，《中国保监会关于印发〈责任保险统计制度（试行）〉的通知》（保监发〔2016〕8 号）。

7. 2016 年 1 月 25 日，《中国保监会关于调整保险业监管费收费标准等有关事项的通知》（保监发〔2016〕9 号）。

8. 2016 年 2 月 2 日，中国保监会印发《深化保险标准化工作改革方案》（保监发〔2016〕15 号）。

9. 2016 年 2 月 25 日，《中国保监会关于开展财产保险公司备案产品自主注册改革的通知》（保监发〔2016〕18 号）。

10. 2016 年 3 月 7 日，《中国保监会关于规范中短存续期人身保险产品有关事项的通知》（保监发〔2016〕22 号）。

11. 2016 年 3 月 23 日，《中国保监会办公厅关于进一步加强保险业信访工作的指导意见》（保监厅发〔2016〕24 号）。

12. 2016 年 4 月 5 日，中国人民银行公布《支付结算违法违规行为举报奖励办法》（中国人民银行公告〔2016〕第 7 号）。

13. 2016 年 4 月 17 日，《中国人民银行、银监会、证监会、保监会关于支持钢铁煤炭行业化解过剩产能实现脱困发展的意见》（银发〔2016〕118 号）。

14. 2016 年 4 月 22 日《公安部、中国人民银行关于建立涉毒反洗钱工作机制的通知》（公禁毒〔2016〕406 号）。

15. 2016 年 4 月 25 日，《关于银行类保险兼业代理机构行政许可有关事项的通知》（保监中介〔2016〕44 号）。

16. 2016 年 4 月 27 日中国人民银行、中国银行业监督管理委员会公布修订后《国内信用证结算办法》（中国人民银行、中国银行业监督管理委员会公告〔2016〕第 10 号）。

17. 2017 年 4 月 27 日，《中国保监会关于发布〈产险单证（JRT0051－2017）行业标准〉的通知》（保监发〔2017〕39 号）。

18. 2016 年 4 月 30 日，《中国人民银行、中国银行业监督管理委员会关于加强票据业务监管促进票据市场健康发展的通知》（银发〔2016〕126

号）。

19. 2016 年 5 月 4 日，《中国保监会关于印发〈保险公司资金运用信息披露准则第 4 号：大额未上市股权和大额不动产投资〉的通知》（保监发〔2016〕36 号）。

20. 2016 年 5 月 6 日，《中国保监会关于进一步加强保险公司合规管理工作有关问题的通知》（保监发〔2016〕38 号）。

21. 2016 年 5 月 11 日，中国保监会、财政部印发《建立城乡居民住宅地震巨灾保险制度实施方案》（保监发〔2016〕39 号）。

22. 2016 年 5 月 18 日，中国人民银行公告〔2016〕第 11 号——中国人民银行决定废止的政策性文件目录。

23. 2016 年 5 月 20 日《国家发展改革委办公厅、商务部办公厅、人民银行办公厅、海关总署办公厅、税务总局办公厅、工商总局办公厅、质检总局办公厅关于推动电子商务发展有关工作的通知》（发改办高技〔2016〕284 号）

24. 2016 年 5 月 25 日，《中国人民银行关于进一步完善存款准备金平均法考核的通知》（银发〔2016〕153 号）。

25. 2016 年 5 月 26 日，《中国人民银行、农业部、中国银行业监督管理委员会、中国证券监督管理委员会、中国保险监督管理委员会、国家外汇管理局关于做好现代种业发展金融服务的指导意见》（银发〔2016〕154 号）。

26. 2016 年 6 月 3 日，《中国人民银行关于修改〈大额存单管理暂行办法〉第六条的公告》（中国人民银行公告〔2016〕第 13 号）。

27. 2016 年 6 月 13 日，《中国人民银行关于进一步加强银行卡风险管理的通知》（银发〔2016〕70 号）。

28. 2016 年 6 月 21 日，中国人民银行，国家工商行政管理总局颁发公告，修改《中国人民银行、国家工商行政管理局关于贯彻落实〈国务院办公厅关于禁止非法买卖人民币的通知〉的通知》（中国人民银行、国家工商行政管理总局公告〔2016〕14 号）。

29. 2017 年 6 月 22 日，《中国保监会关于进一步加强保险公司开业验收工作的通知》（保监发〔2017〕51 号）。

30. 2016 年 6 月 29 日，《中国残联、财政部、中国人民银行、国务院扶贫办关于加强康复扶贫贷款、扶贫小额信贷和财政贴息工作的通知》。

31. 2016 年 6 月 27 日，《中国保监会关于商业车险条款费率管理制度改革试点全国推广有关问题的通知》（保监产险〔2016〕113 号）。

32. 2016 年 6 月 30 日，《中国保监会关于进一步加强保险公司关联交易信息披露工作有关问题的通知》（保监发〔2016〕52 号）。

33. 2016 年 7 月 4 日，《中国保监会关于延长老年人住房反向抵押养老保险试点期间并扩大试点范围的通知》（保监发〔2016〕55 号）。

34. 2016 年 7 月 21 日，《中国保监会关于进一步规范保险理赔服务有关事项的通知》（保监寿险〔2016〕131 号）。

35. 2016 年 7 月 15 日，《中国保监会关于进一步加强保险公司股权信息披露有关事项的通知》（保监发〔2016〕62 号）。

36. 2016 年 8 月 16 日，《中国保监会关于印发〈中国保险业标准化"十三五"规划〉的通知》（保监发〔2016〕73 号）。

37. 2016 年 8 月 10 日，《中国保监会关于保险公司在全国中小企业股份转让系统挂牌有关事项的通知》（保监发〔2016〕71 号）。

38. 2016 年 8 月 31 日，《中国人民银行、财政部、发展改革委、环境保护部、银监会、证监会、保监会关于构建绿色金融体系的指导意见》。

39. 2016 年 9 月 2 日，《中国保监会关于进一步完善人身保险精算制度有关事项的通知》（保监发〔2016〕76 号）。

40. 2016 年 9 月 2 日，《中国保监会关于强化人身保险产品监管工作的通知》（保监寿险〔2016〕199 号）。

41. 2016 年 9 月 30 日，《中国人民银行关于加强支付结算管理防范电信网络新型违法犯罪有关事项的通知》（银发〔2016〕261 号）

42. 2016 年 10 月 20 日，国家发展和改革委员会、中国人民银行、国家质量监督检验检疫总局等印发《关于对严重质量违法失信行为当事人实施联合惩戒的合作备忘录》的通知（发改财金〔2016〕2202 号）。

43. 2016 年 10 月 9 日，《中国保监会关于印发〈保险公司城乡居民大病保险投标管理暂行办法〉等制度的通知》（保监发〔2016〕86 号）。

44. 2016 年 11 月 22 日，中国保监会发布关于废止《关于印发〈人身保险内含价值报告编制指引〉的通知》的通知（保监发〔2016〕98 号）。

45. 2016 年 11 月 26 日，《中国人民银行关于进一步明确境内企业人民币境外放款业务有关事项的通知》（银发〔2016〕306 号）。

46. 2016 年 12 月 2 日，《中国保监会关于调整保险业监管费和保险罚没收入缴款方式等有关事项的通知》（保监发〔2016〕103 号）。

47. 2016 年 12 月 5 日，《财政部、中国人民银行关于调整中央预算单位银行账户管理有关事项的通知》（财库〔2016〕210 号）。

48. 2016 年 12 月 14 日，中国人民银行公布《中国人民银行金融消费者权益保护实施办法》（银发〔2016〕314 号）。

49. 2016 年 12 月 22 日，《中国银监会关于印发银监会信访工作办法的通知》（银监发〔2016〕53 号）。

50. 2016 年 12 月 22 日，《中国银监会关于印发中国信托登记有限责任公司监督管理办法的通知》（银监发〔2016〕54 号）。

51. 2016 年 12 月 29 日《中国人民银行、发展改革委、教育部、公安部、财政部、商务部、税务总局、工商总局、质检总局、银监会、证监会、保监会、外汇局、最高人民法院关于促进银行卡清算市场健康发展的意见》（银发〔2016〕324 号）。

52. 2016 年 12 月 30 日，《中国人民银行办公厅、保监会办公厅关于投保人与被保险人、受益人关系确认有关事项的通知》（银办发〔2016〕270 号）。

53. 2016 年 12 月 30 日，《中国银监会关于进一步加强商业银行小微企业授信尽职免责工作的通知》（银监发〔2016〕56 号）。

54. 2016 年 12 月 30 日，《中国银监会关于民营银行监管的指导意见》（银监发〔2016〕57 号）。

55. 2016 年 12 月 30 日，中国保监会印发《财产保险公司保险产品开发指引》（保监发〔2016〕115 号）。

56. 2016 年 12 月 30 日，中国保监会印发《保险公司合规管理办法》（保监发〔2016〕116 号）。

57. 2017 年 1 月 3 日，《中国人民银行、工商总局关于个体工商户"两证整合"登记制度改革涉及银行账户管理有关事项的通知》（银发〔2017〕3 号）。

58. 2017 年 1 月 9 日，《中国银监会关于规范银行业服务企业走出去加强风险防控的指导意见》（银监发〔2017〕1 号）。

59. 2017 年 1 月 20 日，《财政部、中国人民银行关于印发〈国债做市支持操作现场管理办法〉的通知》（财库〔2017〕26 号）。

60. 2017 年 1 月 23 日《中国银监会　共青团中央　教育部关于开展送金融知识进校园活动的通知》（银监发〔2017〕3 号）。

61. 2017 年 4 月 7 日，《中国银监会关于提升银行业服务实体经济质效的指导意见》（银监发〔2017〕4 号）。

62. 2017 年 4 月 26 日，《中国银监会关于印发商业银行押品管理指引的通知文号》（银监发〔2017〕16 号）。

63. 2017 年 4 月 27 日，《中国保监会关于保险业服务"一带一路"建设的指导意见》（保监发〔2017〕38 号）。

64. 2017 年 5 月 4 日，《中国保监会关于保险业支持实体经济发展的指导意见》（保监发〔2017〕42 号）。

65. 2017 年 5 月 15 日，《中国银监会　国土资源部关于金融资产管理公司等机构业务经营中不动产抵押权登记若干问题的通知文号》（银监发〔2017〕20 号）。

66. 2017 年 5 月 17 日，《中国保监会关于进一步加强人身保险公司销售管理工作的通知》（保监人身险〔2017〕136 号）。

67. 2017 年 5 月 25 日，银监会、国家发展改革委、工业和信息化部、财政部、农业部、中国人民银行、审计署、税务总局、工商总局、证监会、保监会共同公布《关于印发大中型商业银行设立普惠金融事业部实施方案

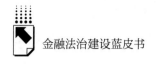
的通知》（银监发〔2017〕25 号）。

68. 2017 年 5 月 27 日，中国银监会、教育部、人力资源和社会保障部发布《关于进一步加强校园贷规范管理工作的通知》（银监发〔2017〕26 号）。

69. 2017 年 6 月 8 日，《中国保监会关于商业车险费率调整及管理等有关问题的通知》（保监产险〔2017〕145 号）。

70. 2017 年 6 月 21 日，《中国银监会关于进一步规范银行业金融机构吸收公款存款行为的通知》（银监发〔2017〕30 号）。

71. 2017 年 6 月 23 日，《中国保监会关于进一步加强保险公司关联交易管理有关事项的通知》（保监发〔2017〕52 号）

72. 2017 年 6 月 28 日，中国保监会印发《保险销售行为可回溯管理暂行办法》（保监发〔2017〕54 号）。

73. 2017 年 7 月 6 日，《中国银监会　中国保监会　河北省人民政府关于印发创建阜平县普惠金融示范县方案的通知》（银监发〔2017〕36 号）。

74. 2017 年 7 月 10 日，中国银行业监督管理委员会发布《慈善信托管理办法》（银监发〔2017〕37 号）。

75. 2017 年 7 月 11 日，中国保监会印发《信用保证保险业务监管暂行办法》（保监财险〔2017〕180 号）。

76. 2017 年 7 月 25 日，中国银监会、财政部、中国人民银行、中国保监会、国务院扶贫办发布《关于促进扶贫小额信贷健康发展的通知》（银监发〔2017〕42 号）。

77. 2017 年 8 月 25 日，《中国银监会关于印发信托登记管理办法的通知》（银监发〔2017〕47 号）。

78. 2017 年 9 月 1 日，中国人民银行关于修改《同业存单管理暂行办法》第八条的公告（中国人民银行公告〔2017〕第 12 号）。

79. 2017 年 9 月 11 日，中国保监会印发《中国保监会关于加强保险消费风险提示工作的意见》（保监发〔2017〕66 号）。

80. 2017 年 11 月 22 日，《中国银监会关于规范银信类业务的通知》（银监发〔2017〕55号）。

81. 2017年11月24日，《中国保监会关于财产保险公司和再保险公司实施总精算师制度有关事项的通知》（保监财险〔2017〕271号）。

82. 2017年12月6日，国家发展改革委、商务部、中国人民银行、外交部、全国工商联共同公布《民营企业境外投资经营行为规范》（发改外资〔2017〕2050号）。

83. 2017年12月8日，中国保监会印发《保险扶贫统计制度（试行）》（保监统信〔2017〕274号）。

84. 2017年12月13日，《中国人民银行自动质押融资业务管理办法》（中国人民银行公告〔2017〕第18号）公布，自2018年1月29日起施行。《中国人民银行自动质押融资业务管理暂行办法》（中国人民银行公告〔2005〕第25号）同时废止。

85. 2017年12月15日，中国保监会印发《中国保险监督管理委员会公职律师工作方案》（保监厅发〔2017〕43号）。

86. 2017年12月19日，《中国银监会　国家林业局　国土资源部关于推进林权抵押贷款有关工作的通知》（银监发〔2017〕57号）。

87. 2017年12月26日，《中国银监会关于印发金融资产管理公司资本管理办法（试行）的通知》（银监发〔2017〕56号）。

（七）"两高"金融类司法解释及规范性文件

1. 2016年3月4日，《最高人民法院、中国证券监督管理委员会关于试点法院通过网络查询、冻结被执行人证券有关事项的通知》（法〔2016〕72号）。

2. 2016年11有4日，最高人民法院、中国保险监督管理委员会《关于全面推进保险纠纷诉讼与调解对接机制建设的意见》（法〔2016〕374号）。

3. 2017年6月2日，《最高人民检察院关于办理涉互联网金融犯罪案件有关问题座谈会纪要》（高检诉〔2017〕14号）。

4. 2017年8月4日，《最高人民法院关于进一步加强金融审判工作的若干意见》（法发〔2017〕22号）。

社会科学文献出版社

皮书系列

✦ 皮书起源 ✦

"皮书"起源于十七、十八世纪的英国,主要指官方或社会组织正式发表的重要文件或报告,多以"白皮书"命名。在中国,"皮书"这一概念被社会广泛接受,并被成功运作、发展成为一种全新的出版形态,则源于中国社会科学院社会科学文献出版社。

✦ 皮书定义 ✦

皮书是对中国与世界发展状况和热点问题进行年度监测,以专业的角度、专家的视野和实证研究方法,针对某一领域或区域现状与发展态势展开分析和预测,具备原创性、实证性、专业性、连续性、前沿性、时效性等特点的公开出版物,由一系列权威研究报告组成。

✦ 皮书作者 ✦

皮书系列的作者以中国社会科学院、著名高校、地方社会科学院的研究人员为主,多为国内一流研究机构的权威专家学者,他们的看法和观点代表了学界对中国与世界的现实和未来最高水平的解读与分析。

✦ 皮书荣誉 ✦

皮书系列已成为社会科学文献出版社的著名图书品牌和中国社会科学院的知名学术品牌。2016年,皮书系列正式列入"十三五"国家重点出版规划项目;2013~2018年,重点皮书列入中国社会科学院承担的国家哲学社会科学创新工程项目;2018年,59种院外皮书使用"中国社会科学院创新工程学术出版项目"标识。

中国皮书网

（网址：www.pishu.cn）

发布皮书研创资讯，传播皮书精彩内容
引领皮书出版潮流，打造皮书服务平台

栏目设置

关于皮书：何谓皮书、皮书分类、皮书大事记、皮书荣誉、
　　　　　皮书出版第一人、皮书编辑部

最新资讯：通知公告、新闻动态、媒体聚焦、网站专题、视频直播、下载专区

皮书研创：皮书规范、皮书选题、皮书出版、皮书研究、研创团队

皮书评奖评价：指标体系、皮书评价、皮书评奖

互动专区：皮书说、社科数托邦、皮书微博、留言板

所获荣誉

2008 年、2011 年，中国皮书网均在全
国新闻出版业网站荣誉评选中获得"最具
商业价值网站"称号；

2012 年，获得"出版业网站百强"称号。

网库合一

2014 年，中国皮书网与皮书数据库端
口合一，实现资源共享。

权威报告·一手数据·特色资源

皮书数据库
ANNUAL REPORT(YEARBOOK)
DATABASE

当代中国经济与社会发展高端智库平台

所获荣誉

- 2016年，入选"'十三五'国家重点电子出版物出版规划骨干工程"
- 2015年，荣获"搜索中国正能量 点赞2015""创新中国科技创新奖"
- 2013年，荣获"中国出版政府奖·网络出版物奖"提名奖
- 连续多年荣获中国数字出版博览会"数字出版·优秀品牌"奖

成为会员

通过网址www.pishu.com.cn访问皮书数据库网站或下载皮书数据库APP，进行手机号码验证或邮箱验证即可成为皮书数据库会员。

会员福利

- 使用手机号码首次注册的会员，账号自动充值100元体验金，可直接购买和查看数据库内容（仅限PC端）。
- 已注册用户购书后可免费获赠100元皮书数据库充值卡。刮开充值卡涂层获取充值密码，登录并进入"会员中心"—"在线充值"—"充值卡充值"，充值成功后即可购买和查看数据库内容（仅限PC端）。
- 会员福利最终解释权归社会科学文献出版社所有。

社会科学文献出版社 皮书系列
SOCIAL SCIENCES ACADEMIC PRESS (CHINA)

卡号：386849564649
密码：

数据库服务热线：400-008-6695
数据库服务QQ：2475522410
数据库服务邮箱：database@ssap.cn
图书销售热线：010-59367070/7028
图书服务QQ：1265056568
图书服务邮箱：duzhe@ssap.cn

基本子库
SUB DATABASE

中国社会发展数据库（下设 12 个子库）

全面整合国内外中国社会发展研究成果，汇聚独家统计数据、深度分析报告，涉及社会、人口、政治、教育、法律等 12 个领域，为了解中国社会发展动态、跟踪社会核心热点、分析社会发展趋势提供一站式资源搜索和数据分析与挖掘服务。

中国经济发展数据库（下设 12 个子库）

基于"皮书系列"中涉及中国经济发展的研究资料构建，内容涵盖宏观经济、农业经济、工业经济、产业经济等 12 个重点经济领域，为实时掌控经济运行态势、把握经济发展规律、洞察经济形势、进行经济决策提供参考和依据。

中国行业发展数据库（下设 17 个子库）

以中国国民经济行业分类为依据，覆盖金融业、旅游、医疗卫生、交通运输、能源矿产等 100 多个行业，跟踪分析国民经济相关行业市场运行状况和政策导向，汇集行业发展前沿资讯，为投资、从业及各种经济决策提供理论基础和实践指导。

中国区域发展数据库（下设 6 个子库）

对中国特定区域内的经济、社会、文化等领域现状与发展情况进行深度分析和预测，研究层级至县及县以下行政区，涉及地区、区域经济体、城市、农村等不同维度。为地方经济社会宏观态势研究、发展经验研究、案例分析提供数据服务。

中国文化传媒数据库（下设 18 个子库）

汇聚文化传媒领域专家观点、热点资讯，梳理国内外中国文化发展相关学术研究成果、一手统计数据，涵盖文化产业、新闻传播、电影娱乐、文学艺术、群众文化等 18 个重点研究领域。为文化传媒研究提供相关数据、研究报告和综合分析服务。

世界经济与国际关系数据库（下设 6 个子库）

立足"皮书系列"世界经济、国际关系相关学术资源，整合世界经济、国际政治、世界文化与科技、全球性问题、国际组织与国际法、区域研究 6 大领域研究成果，为世界经济与国际关系研究提供全方位数据分析，为决策和形势研判提供参考。

法律声明

　　“皮书系列”（含蓝皮书、绿皮书、黄皮书）之品牌由社会科学文献出版社最早使用并持续至今，现已被中国图书市场所熟知。“皮书系列”的相关商标已在中华人民共和国国家工商行政管理总局商标局注册，如LOGO（▨）、皮书、Pishu、经济蓝皮书、社会蓝皮书等。“皮书系列”图书的注册商标专用权及封面设计、版式设计的著作权均为社会科学文献出版社所有。未经社会科学文献出版社书面授权许可，任何使用与“皮书系列”图书注册商标、封面设计、版式设计相同或者近似的文字、图形或其组合的行为均系侵权行为。

　　经作者授权，本书的专有出版权及信息网络传播权等为社会科学文献出版社享有。未经社会科学文献出版社书面授权许可，任何就本书内容的复制、发行或以数字形式进行网络传播的行为均系侵权行为。

　　社会科学文献出版社将通过法律途径追究上述侵权行为的法律责任，维护自身合法权益。

　　欢迎社会各界人士对侵犯社会科学文献出版社上述权利的侵权行为进行举报。电话：010-59367121，电子邮箱：fawubu@ssap.cn。

社会科学文献出版社